독자의 1초를
아껴주는 정성을
만나보세요!

세상이 아무리 바쁘게 돌아가더라도 책까지 아무렇게나 빨리 만들 수는 없습니다.
인스턴트 식품 같은 책보다 오래 익힌 술이나 장맛이 밴 책을 만들고 싶습니다.
땀 흘리며 일하는 당신을 위해 한 권 한 권 마음을 다해 만들겠습니다.
마지막 페이지에서 만날 새로운 당신을 위해 더 나은 길을 준비하겠습니다.

KB022400

게임 정보학: 게임을 개척하는 인공지능

Introduction to Game Informatics - Artifical Intelligence that Explores Game -

초판 발행 · 2020년 10월 28일

지은이 · 이토 타케시, 호키 구니히토, 미아케 요이치로
옮긴이 · 김성훈
발행인 · 이종원
발행처 · (주)도서출판 길벗
출판사 등록일 · 1990년 12월 24일
주소 · 서울시 마포구 월드컵로 10길 56(서교동)
대표 전화 · 02)332-0931 | **팩스** · 02)323-0586
홈페이지 · www.gilbut.co.kr | **이메일** · gilbut@gilbut.co.kr

기획 및 책임편집 · 이다빈(dabinlee@gilbut.co.kr) | **디자인** · 장기춘 | **제작** · 이준호, 손일순, 이진혁
영업마케팅 · 임태호, 전선하, 지운집, 박성용, 차명환 | **영업관리** · 김명자 | **독자지원** · 송혜란, 윤정아

교정교열 · 김윤지 | **전산편집** · 여동일 | **출력·인쇄** · 북토리 | **제본** · 신정문화사

▶ 잘못 만든 책은 구입한 서점에서 바꿔 드립니다.
▶ 이 책은 저작권법에 따라 보호받는 저작물이므로 무단전재와 무단복제를 금합니다.
  이 책의 전부 또는 일부를 이용하려면 반드시 사전에 저작권자와 (주)도서출판 길벗의 서면 동의를 받아야 합니다.
▶ 이 도서의 국립중앙도서관 출판예정도서목록(CIP)은 서지정보유통지원시스템(http://seoji.nl.go.kr)과
  국가자료종합목록구축시스템(http://kolis−net.nl.go.kr)에서 이용하실 수 있습니다.(CIP제어번호: CIP2020043430)

ISBN 979-11-6521-320-6 93000 (길벗 도서번호 080211)
정가 22,000원

독자의 1초를 아껴주는 정성 길벗출판사

길벗 | IT실용서, IT/일반 수험서, IT전문서, 경제실용서, 취미실용서, 건강실용서, 자녀교육서
더퀘스트 | 인문교양서, 비즈니스서
길벗이지톡 | 어학단행본, 어학수험서
길벗스쿨 | 국어학습서, 수학학습서, 유아학습서, 어학학습서, 어린이교양서, 교과서

페이스북 · www.facebook.com/gbitbook

게임 정보학: 게임을 개척하는 인공지능

INTRODUCTION TO GAME
INFORMATICS :
ARTIFICAL INTELLIGENCE THAT
EXPLORES GAME

이토 타케시, 호키 구니히토,
미야케 요이치로 지음
김성훈 옮김

게임 인공지능을 개발하는 과정에서 이미 습득한 여러 가지 게임 인공지능 기법들을 조합하거나 새로운 기법을 고안하기 마련입니다. 그러다 보면 자신의 개발 방향이 weaving 혹은 ad-hoc 같이 무결성이 확인되지 않는 궤도로 이탈하고 있지는 않은지 걱정되고 위축될 수 있습니다.

이 책은 그럴 때 읽어 보면 좋은 기초 교양 서적입니다. 게임 세계 도메인과 게임 인공지능, 그 사이의 희미한 모델을 이론으로 표현하고 있습니다. 또 각 이론을 친절하게 카테고리별로 분류해 놓았습니다. 이 두 가지 장점 덕분에 여러분은 이 책을 읽으면서 상쾌함과 안도감을 느낄 것입니다. 설령 당장 게임 인공지능을 개발하고 있지 않더라도 이 분야에 관심이 있거나 훗날 관련 업무에 종사할 분들에게 안내서 역할을 톡톡히 해 줄 것입니다.

배현직_(주)넷텐션 대표

게임을 개발하는 궁극적인 목표는 재미를 생산하는 일이고, 이런 재미를 만들려면 기존에 있는 기술을 이해해야 합니다. 이 책은 방대한 양의 이론과 알고리즘을 체계적으로 설명하고 있어 게임 공학이 발전해 온 흐름과 체계를 이해하는 데 도움을 줍니다. 게임 공학에 관심 있는 분들에게 이 책을 추천합니다.

정대천_Electronic Arts / Senior Software Engineer

해외에서는 이미 오래전부터 게임을 주제로 연구를 진행해 왔습니다. 게임은 규칙이 명확해서 컴퓨터에 탑재하기 쉽고, 기술의 진보가 '승패'와 직결되므로 인공지능의 연구 대상으로 삼기 좋은 주제입니다. 또 문제 해결, 추론, 기억, 학습 등 인간의 사고에 관한 다양한 연구 주제를 포함하고 있어서 인지 과학의 연구 대상으로도 매우 좋습니다. 특히 서양에서 지성의 상징으로 여겼던 체스는 인공지능 연구의 중심적인 역할을 해왔습니다.

반면에 일본에서는 '게임=놀이'로 여기는 경향이 있어서 게임 연구의 역사가 짧습니다. '게임 정보학'이라는 연구 그룹이 정보처리학회 내에 만들어진 때가 1999년이고, 그 전신인 '게임 프로그래밍 워크숍'이라는 심포지엄은 그보다 약간 앞선 1994년부터 개최됐습니다. 학술적인 측면에서 게임을 연구한 역사는 고작 이십여 년 정도인 셈입니다.

일본에도 장기, 바둑, 마작, 주사위 등 뛰어난 전통 놀이가 많아, 최근에는 이런 게임을 대상으로 한 연구가 해외의 연구 성과를 뒤쫓으며 장족의 발전을 이루어 냈습니다. 체스나 바둑, 장기처럼 플레이어가 많은 게임에선 탐색 알고리즘이나 머신 러닝에 대한 연구 성과가 쏟아져 나오고, 각 게임에 특화된 기술을 설명하는 책도 드문드문 보입니다. 하지만 이들을 통합한 교과서가 국내에는 아직 눈에 띄지 않습니다. 게임 정보학은 인공지능 분야에서 문제 해결, 탐색, 인식, 예측, 머신 러닝 등 다양한 연구 주제를 포함할 뿐만 아니라, 인간의 사고에 관한 인지 과학적 측면도 포함합니다. 게다가 새로운 기술을 이용한 디지털 게임도 계속 등장하면서 연구 주제는 점점 확장되고 있습니다.

모두 '게임'이라는 한 단어로 말하지만, 게임에는 체스나 바둑, 장기와 같은 고전 게임이 있는가 하면, 최첨단 VR 기술이나 로봇 기술을 이용한 새로운 게임도 있습니다. 또 〈인랑〉과 같은 여러 명이 하는 커뮤니티 게임이나 '죄수의 딜레마'와 같은 사회 게임도 있습니다. 이런 게임의 밑바탕에 있는 공통점을 밝혀

각 게임의 차이를 드러내면, 게임의 특성을 파악할 수 있고 각 게임 연구에서 배양해 온 기술도 알 수 있습니다. 이 책에서는 게임이 가진 의미를 정의부터 재검토해 의미를 숙지하고, 명확한 연구 성과가 나온 게임 분야의 기술을 살펴보면서 '게임 정보학'이라는 연구 분야를 체계적으로 파악하고자 합니다.

1부에서는 보드 게임 연구를 중심으로 게임 정보학의 정의부터 역사, 기본 개념을 알아봅니다. 2부에서는 더 구체적인 게임을 예로 들어 기초 이론을 자세히 설명합니다. 3부에서는 디지털 게임을 예로 들어 구체적인 게임 설계나 게임 AI의 응용 사례를 개관합니다. 각 부마다 다른 저자가 집필했지만, 서로 관련된 내용을 얘기하는 부분도 있습니다. 처음부터 끝까지 읽어도 좋고 각각 따로 읽어도 내용을 이해할 수 있게 구성했습니다.

게임 정보학이라는 분야는 각 게임에 특화된 기술과 이론도 많아, 책 한 권에 모두 담을 수 없는 내용도 많습니다. 그런 내용은 참고 도서와 문헌 등을 실어두었으니 참고하기 바랍니다. 또 이 분야는 나날이 발전하면서 새로운 기술이 잇달아 발표되고 있습니다. 예를 들면 이 책을 집필한 2016년부터 2017년에도 컴퓨터 바둑 분야에서 혁신적인 딥러닝과 강화 학습 기법이 등장하여 급격히 발전했습니다. 이런 일은 앞으로도 계속되리라 생각합니다. 이 책에서는 이 분야에서 지금까지 걸어온 연구의 여정을 정리하고, 그 밑바탕에 있는 기본 사항부터 차례로 쌓아 올렸습니다. 이 책은 현 시점의 이 분야에 있어 하나의 지침이 되는 초학자를 위한 교과서가 될 것입니다.

2018년 3월

이토 타케시

지금까지 게임과 관련된 책을 작업할 기회가 많았습니다. 예를 들어 〈왜 게임에 빠질까〉(길벗, 2014), 〈3D 게임 비주얼과 연출의 기술〉(길벗, 2018) 등입니다. 이 책들은 재미의 본질과 장치를 이해하면서 재미있는 게임이란 무엇인지를 찾고 만들어 가는 데 중점을 두었다면, 이번에는 조금 결을 달리하여 학문적인 측면에서 게임 이론 및 기술을 디지털 게임과 게임 AI에 어떻게 적용하는지 보여 줍니다.

게임 정보학은 게임을 대상으로 하는 넓은 의미에서의 정보 처리 연구 영역입니다. 게임은 게임의 구성 요소를 어떻게 보는가에 따라 다양하게 정의하는데, 특히 디지털 게임은 기술이 발전하면서 게임의 형태도 바뀝니다. 기존에 없었던 새로운 게임이 세상에 나오기도 하고, 그에 따라 게임의 정의가 변화하기도 합니다.

이 책은 게임이 가진 의미를 게임의 역사와 정의에서부터 다시 살피고, 게임의 인지 과학적인 측면과 게임의 정보 과학적인 측면 그리고 디지털 게임으로의 응용까지 개괄적으로 설명합니다. 저자들은 이런 연구를 통해 게임 저변에 있는 공통점을 밝혀 개별 게임의 차이를 드러내고, 특징을 찾아내어 게임에서 사용한 기술을 설명하고자 시도했습니다. 게다가 탐색 이론이나 머신러닝, 신경망처럼 기술적인 내용뿐만 아니라 죄수의 딜레마, 내시 균형 등 게임 이론의 기초도 함께 다루고 있어 지루하지 않게 읽을 수 있었습니다.

끝으로 이 책을 처음 받고 예상했던 작업 시간을 훌쩍 넘어 이제야 책이 나왔습니다. 믿고 기다려 주신 담당자분께 이 자리를 빌려 감사드립니다. 더 나은 책이 되도록 애써 주신 분들께도 감사합니다. 이 책을 읽는 분들도 게임 개발이나 게임 연구에 필요한 기반 지식을 얻어 갈 수 있기 바랍니다. 다시 한 번 감사합니다.

2020년 10월

김성훈

제 **1** 부

게임 정보학 개요

1부는 게임 정의에서 시작한다. 나아가 게임 정보학 분야가 인지 과학과 AI에서 중요한 지위를 차지해 온 사실을 역사적 관점도 포함해서 간단히 살펴볼 것이다. 이것으로 독자 여러분이 게임을 과학으로 인식하는 안목을 기를 수 있길 바란다. 또 2부 알고리즘 편, 3부 응용 편에서 사용하는 기본 용어도 함께 알아볼 것이다.

1장에서는 과학 관점에서 게임의 정의와 분류를 설명한다. 2장에서는 문제 해결 관점에서 게임을 바라보고, 게임 정보학의 역사를 알아본다. 3장에서는 게임 AI를 다루는 기본적인 접근 방식과 인지 과학 연구를 소개한다. 문과, 이과를 불문하고 대학 1~2학년 수준의 지식이 있으면 이해할 수 있는 내용으로 구성했으며, 게임의 AI 연구, 인지 과학 연구의 기초 지식을 가능한 한 넓고 얕게 망라하고자 했다.

1^장

게임이란

게임 정보학을 논의하기 앞서 게임이 무엇인지 정의할 필요가 있다. 한마디로 '게임'이라고 표현했지만, 게임 종류는 다양하다. 트럼프나 보드 게임, 바둑, 장기, 마작 같은 게임부터 오락실이나 가정용 게임기 같은 디지털 게임도 있다. 다양한 구기 종목이나 스포츠 경기도 게임이라고 한다. 또 인간관계나 국가 간 관계도 게임 이론을 적용하여 게임처럼 다루기도 한다. 여기에서는 무엇이 게임이고 무엇이 게임이 아닌지 게임 정보학 입장에서 정의해 보고자 한다.

GAME INFORMATICS

1.1 게임 정의

1.1.1 게임을 정의한 사람들

지금까지 사람들은 여러 가지 놀이와 게임을 다양한 입장에서 각자 지닌 관점에 따라 정의해 왔다.

20세기 초 오스트리아에서 태어나 영국에서 활약한 철학자 비트겐슈타인(L.J.J. Wittgenstein)은 언어 철학의 관점에서 게임을 정의했다. 비트겐슈타인은 '모든 게임에 적용되는 공통 개념은 없지만, 게임은 다른 게임과 서로 유사성을 가진다'고 설명했다. 이것은 언어와 마찬가지로 게임에는 다양성이 있다는 의미이며, 연관된 요소를 게임 본질이라고 생각하면 새로운 게임으로 점점 확장할 수 있다는 것을 의미한다.

프랑스 사회학자 로제 카이와(R. Caillois)는 〈놀이와 인간〉(문예출판사, 1994)에서 놀이를 다음 여섯 가지 요소로 정의했다.

1. **자유로운 활동**: 놀이하는 자가 강요당하지 않은 자발적인 선택이다.
2. **분리된 활동**: 처음부터 한정된 시간과 공간 범위 내에서 한다.
3. **확정되지 않은 활동**: 게임 전개를 미리 정하지 않는다.

4. **비생산적 활동**: 재화와 부를 새로 만들어 내지 않는다.

5. **규칙이 있는 활동**: 놀이하는 자는 약속에 따라 행동한다.

6. **허구적 활동**: 일상생활과는 동떨어진 비현실적인 행동이다.

이 요소들은 확실히 게임 특징을 잘 잡아냈지만, 게임으로 다룰 대상을 어느 범위로 하느냐에 따라 모든 요소가 필수인지는 의견이 나뉠 것이다.

1.1.2 게임의 정보학적 정의

이 책에서는 게임을 정보학적으로 파악하는 것이 목적이다. 게임을 게임답게 하는 요소를 가능한 한 단순하게 과학적으로 규정하면 다음 세 가지 요소를 빼놓을 수 없다.

1. **플레이어가 있다**: 게임을 플레이하는 플레이어가 존재한다.

2. **규칙이 있다**: 플레이어 행동을 제한하는 규칙이 있다.

3. **목표(승패)가 있다**: 플레이어가 지향하는 목표(예를 들어 게임에 이긴다, 고득점을 얻는다, 어떤 목표를 달성한다 등)가 있다.

이 세 가지 요소가 존재하고 그 상황에서 플레이어가 플레이(play)하면 게임이라는 필드(field)가 만들어진다. 그림 1-1은 다양한 플레이어가 각각 다른 목표 a와 목표 b를 달성하고자 플레이하는 상황을 나타낸 것이다.

❤ 그림 1-1 게임 필드

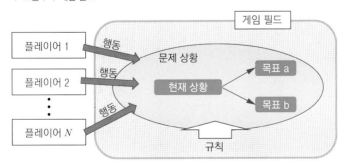

각 플레이어는 우선 규정된 범위 내의 행동을 이해해야 한다. 그리고 플레이어는 그 행동 중에서 자신의 판단에 따라 행동 하나를 선택하여 게임 상황을 변화시키고 각 목표 상태(goal state)[1]를 향해 플레이를 진행한다. 목표가 하나라도 목표 상태는 여러 가지일 수 있고 목표 상태에 이르는 길도 하나가 아닐 때가 많으므로, 게임은 마치 각본 없는 드라마처럼 진행된다. 어느 쪽이든 게임을 게임답게 하는 것은 플레이어, 규칙, 목표 세 가지다. 게임에서 플레이는 플레이어가 규칙에 따라 상태를 변화시키면서 발생한다.

이 정의를 바탕으로 세상에서 '게임'이라고 하는 것들을 살펴보자. 적어도 이 세 가지 요소를 확인할 수 있을 것이다.

예를 들어 가위바위보를 생각해 보자. 가위바위보에서 플레이어는 몇 사람이든 상관없다. 또 규칙도 존재한다. 가위바위보 규칙은 가위바위보라고 외치면서 플레이어가 동시에 세 가지 손 모양 중 하나를 내밀고, 그림 1-2의 승패 관계에 따라 승패를 결정하는 것이다. 이렇게 생각하면 가위바위보는 역시 앞서 설명한 정의에 따라 '게임'이라고 할 수 있다. 이 게임은 서로 어떤 손 모양을 내밀지 알 수 없다는 점이 중요한데, 동시에 손을 내밀어(동시성) 미리 결과를 알 수 없는 상태를 유지한다. 가위바위보를 외치는 소리는 동시성을 실현하는 중요한 역할을 맡고 있어 한 사람이라도 손을 늦게 내면 반칙이므로 게임이 성립하지 않는다.

▼ 그림 1-2 가위바위보 손 모양에 따른 승패 관계

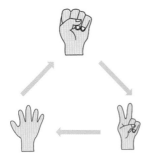

---

1 [역주] 문제의 끝 지점으로, 문제를 해결한 것처럼 보이는 상태를 의미한다.

게임 정보학에서는 이처럼 플레이어, 규칙, 목표가 명확한 것을 게임으로 생각해서 연구 대상으로 다루는 일이 많다. 거꾸로 말하면 플레이어, 규칙, 목표가 명확하지 않은 것은 정보학에서 다루기가 어려워 연구 대상이 되기 힘들다.

또 게임 정보학이 주목하는 것은 게임 필드에서 플레이 부분이다. 게임을 플레이하려면 지적 정보를 처리해야 하는데, 인간은 두뇌에서 이런 정보를 처리한다. AI 관점에서는 어떻게 이런 지적 플레이를 실현하는지에 흥미가 있을 것이다. 인지 과학 관점에서는 인간이 어떻게 이런 지적 플레이를 실현하는지, 플레이하고자 무엇을 어떻게 학습하는지에 흥미가 있을 것이다.

1.1.3 게임 정보학 연구 영역

게임 정보학에서는 다음과 같은 다양한 연구 주제를 다룬다.

(1) 게임 플레이 알고리즘과 AI

(2) 게임 학습 알고리즘과 머신 러닝

(3) 게임의 인지 과학적 연구

(4) 게임의 학습 지원, 숙달화 지원

(5) 디지털 게임과 신기술 응용

(6) 게임 이론을 이용한 인간의 행동 분석

(7) 게임의 사회적 응용, 게이미피케이션

그동안 게임은 퍼즐이나 체스를 중심으로 연구를 진행했다. 1부와 2부에서는 (1), (2), (3)을 중심으로 설명하면서 (4)도 조금 다룬다. 3부에서는 (5) 디지털 게임과 실용적인 응용 사례를 설명한다.

게임은 인간이 친숙해지기 쉽고 몰입하기 쉽다는 성질이 있다. 또 자연스럽게 경쟁심과 향상심을 자극한다. 이런 성질 때문에 신체나 두뇌의 기능 회복처럼 재활 치료, 학습 지원, 능력 개발 등 분야에 응용할 수도 있다. 한편 (6), (7)도

넓은 의미에서 게임 정보학 범주이지만, 이 책에서는 자세히 다루지 않는다. 이 책에서는 게임 AI를 중심으로 그와 관련한 인지 과학적 연구 등을 소개한다.

1.2 게임의 정보학적 분류

1.2.1 플레이 인원에 따른 분류

게임은 크게 플레이어 수가 적은 쪽부터 0인 게임, 1인 게임, 2인 게임, 3인 이상(다인수) 게임으로 나눌 수 있다. 하나씩 살펴보자.

0인 게임

0인 게임은 플레이어가 관여하지 않는 게임이다. 앞서 게임에는 플레이어가 있다고 정의한 것과 모순되지만, 플레이어가 관여하지 않는 상태에서 진행하는 게임도 있다고 해석할 수 있다. 또는 플레이어가 조작할 수 없는 NPC(Non-Player Character)(논플레이어 캐릭터)가 일정한 규칙에 따라 플레이한다고도 해석할 수 있다. 어느 쪽이든 플레이어가 관여하지 않는 상태에서 진행하는 게임은 0인 게임으로 분류된다.

대표적인 0인 게임에는 〈라이프 게임〉이 있다. 〈라이프 게임〉은 1970년 수학자 콘웨이(J.H. Conway)가 고안한 게임으로 생물의 탄생, 번영, 도태 프로세스를 재현했다. 생물 집단에는 과소 상태도 과밀 상태도 생존에 적합하지 않다는 개체군의 생태학적 측면이 있다. 이것을 수학적으로 시뮬레이션한 것이 〈라이프 게임(The game of life)〉이다. 격자 형태의 세포 하나하나에 생물의 생사를 검은색 칸(■)과 흰색 칸(□)으로 나타내며, 다음 규칙대로 반복한다.

- **탄생**: 죽은 세포 주변에 있는 세포 8개 중 정확히 살아 있는 세포가 3개 있으면 다음 턴에 그 세포가 살아난다.
- **생존**: 살아 있는 세포 주변에 있는 세포 8개 중 살아 있는 세포가 2개나 3개 있으면 다음 턴에서도 살아 있다.
- **과소**: 살아 있는 세포 주변에 있는 세포 8개 중 살아 있는 세포가 1개 이하면 다음 턴에서 그 세포는 죽는다.
- **과밀**: 살아 있는 세포 주변에 있는 세포 8개 중 살아 있는 세포가 4개 이상이면 다음 턴에서 그 세포는 죽는다.

그림 1-3은 한가운데에 있는 세포가 생과 사의 기본 규칙에 대응하는 예를 보여 준다.

▼ 그림 1-3 〈라이프 게임〉의 '탄생', '생존', '과소', '과밀'의 기본 규칙

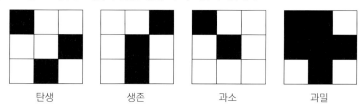

| 탄생 | 생존 | 과소 | 과밀 |

〈라이프 게임〉에서는 한번 게임 필드에 생물을 적당히 배치하면 그 뒤로는 앞서 설명한 규칙에 따라 끝없이 상태를 변화시킨다. 배치한 패턴에 따라 고정적인 움직임을 보이기도 하고, 여러 패턴을 주기적으로 반복하거나 이동·번식하는 다양한 특징 있는 패턴을 발견하기도 한다.

이런 0인 게임을 응용한 예는 많다. 예를 들어 지구 환경 시뮬레이터나 재해가 발생했을 때 피해를 예측하는 시뮬레이터 등이다. 복잡계에서는 예측 결과가 하나로 정해지지 않고 혼란을 불러일으키는 결과가 나오는 경우도 있다. 어느 쪽이든 초기 상태를 설정하고 상태 변화 규칙만 주면, 나머지는 플레이어의 영향을 받지 않고 담담하게 규칙에 따라 상태가 계속 변화한다.

1인 게임

1인 게임이란 각종 퍼즐로, 플레이어가 한 명인 게임이다. 그림 1-4와 같이 '스도쿠(넘버플레이)', '노노그램(일러스트 로직)', '빈칸 채우기 문제' 등 연필로 문제를 풀어 가는 퍼즐을 '펜슬 퍼즐'이라고 하며 전 세계에 많은 애호가가 있다. 일정한 규칙에 따라 칸을 채워 가면 정답이 나온다. 퍼즐 외에 퀴즈나 수수께끼 등도 넓은 의미에서 1인 게임이다.

▼ 그림 1-4 펜슬 퍼즐 예

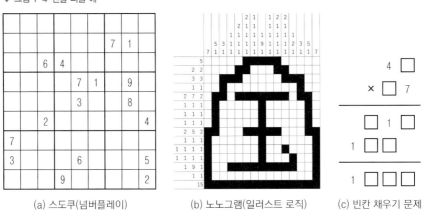

(a) 스도쿠(넘버플레이)　　　(b) 노노그램(일러스트 로직)　　　(c) 빈칸 채우기 문제

또 그림 1-5의 장기나 바둑처럼 2인 게임에서 파생된 1인 게임도 있다.

▼ 그림 1-5 외통 장기와 묘수풀이 바둑

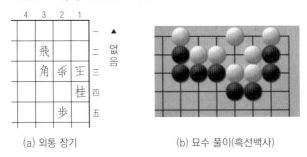

(a) 외통 장기　　　　　(b) 묘수 풀이(흑선백사)

이 퍼즐들은 인간의 사고 과정이나 문제 해결 능력을 측정하는 수단으로 자주 이용했으며 인지 과학, AI 발전에도 기여했다.

2인 게임

2인 게임은 두 명 혹은 두 팀이 겨루는 형태의 게임이다. 체스, 장기, 바둑, 오셀로 등 '보드 게임' 또는 탁구, 유도처럼 두 명이 서로 마주 보고 대전하는 '스포츠 게임' 등은 2인 게임으로 분류한다. 또 야구, 축구, 테니스의 더블스 등도 실제 플레이어 수는 많지만 팀 멤버는 팀의 승리를 위해 싸운다고 생각하면 넓은 의미에서 2인 게임으로 정의할 수 있다. 뒤에서도 설명하지만 게임 정보학의 역사는 대부분 2인 게임을 중심으로 이루어졌다. 2라는 숫자는 대전형 게임의 최소 단위이며, 상대방 생각을 읽어 낸다는 요소도 포함하고 있어 게임을 연구할 때 가장 기본적인 플레이어 인원 단위다.

▼ 그림 1-6 2인 게임 예

(a) 체스

(b) 장기

(c) 바둑

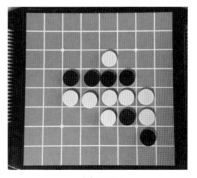

(d) 오셀로

다인수 게임

다인수 게임은 세 명 혹은 세 팀 이상이 하는 게임이다. 마작, 모노폴리, 여러 명이 플레이하는 트럼프 게임 등이 여기에 해당한다. 단 세 명이서 하는 게임은 별로 없다. 두 명이 손잡고 한 명을 함락시켜 버리는 전략적인 플레이가 가능하기 때문이다.

그림 1-7은 3인 게임 중 하나인 〈다이아몬드 게임〉('차이니즈 체커' 등으로도 부름)의 초기 배치다. 플레이어는 육각별 모양 판 위에 있는 삼각형 중 하나를 선택하여 말 15개를 배치한 상태로 시작한다. 자기 차례에서는 자신의 말이든 상대방 말이든 구별 없이 말 하나를 넘어갈 수 있다. 넘어간 지점에서 또 넘을 수 있는 말이 있으면 연속으로 넘어갈 수 있다. 이 과정을 반복해서 모든 말을 반대편에 있는 삼각형으로 빨리 이동시킨 쪽이 이긴다. 다이아몬드 게임은 세 명이 가진 힘의 균형이 잘 잡힌 게임이라서 두 사람이 결탁하기 어렵다는 성질이 있다.

▼ 그림 1-7 다이아몬드 게임의 초기 배치

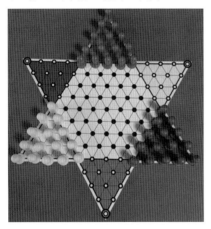

네 명이 플레이하는 게임에는 '마작'이나 '4인 장기' 등이 있고, 다섯 명 이상이 플레이하는 게임에는 '트럼프 게임'이 대부분 해당한다. 인터넷이 보급되면서 온라인에서 플레이하는 MO(Multiplayer Online)나 MMO(Massively Multiplayer

Online) 등도 많이 선보였는데, 오프라인 게임에서는 상상할 수 없을 정도로 많은 인원(수천 명에서 수만 명 규모)이 게임 필드 하나에서 플레이하는 게임도 등장했다.

1.2.2 완전정보성

규칙상 플레이어가 해도 되는 행동을 **합법수**(legal move)라고 한다. 반대로 해서는 안 되는 일, 금지된 행동을 **비합법수**(illegal move)라고 한다. 예를 들어 일본 장기에서 '같은 줄에 보병을 두 장 둘 수 없다'는 '이보 금지(같은 세로 열에 보병을 두 장 이상 놓아서는 안 된다)' 등은 전형적인 비합법수다. 또 축구에서 일반 선수는 공에 손이 닿으면 안 되는데, 이것도 금지수이므로 비합법수다.

게임의 모든 턴에서 자신뿐만 아니라 상대방을 포함하여 그때까지 모든 행동과 상태를 알 수 있는 게임을 **완전정보 게임**(perfect information game)이라고 한다. 바둑, 장기, 체스, 오셀로 같은 대부분의 보드 게임이 해당한다.

그렇지만 모든 상태를 알 수 없는 게임도 있다. 예를 들어 포커나 블랙잭 등 대부분의 트럼프 게임, 마작, 화투, 트레이닝 카드 게임, 군인 장기 등은 현재 상황이 여러 가능성이 있는 국면 중 하나라는 것만 알 수 있다. 이런 게임을 **불완전정보 게임**(imperfect information game)이라고 한다.

앞 절에서 설명한 가위바위보도 어떤 손을 낼지 결정할 때 상대방 손 모양이 셋 중 하나라는 것만 알 수 있으므로, 손을 늦게 내지 않는 한 불완전정보 게임이라고 할 수 있다.

1.2.3 확정성

게임에서 주사위나 난수 혹은 외부 요인으로 게임에 우연성이라는 요소가 개입하는 게임을 **불확정 게임**(non-deterministic game)이라고 한다. 반대로 우연적 요소를 포함하지 않는 게임을 **확정 게임**(deterministic game)이라고 한다.

확정 게임에는 장기, 바둑, 오셀로 등이 있다. 플레이어가 선택한 수는 확실하게 수행되며, 거기에 불확정적인 요소는 포함되지 않는다. 한편으로 불확정 게임은 주사위로 다음 수를 결정하는 쌍륙[2], 백개먼[3], 난수의 영향을 받는 슬롯머신이나 크리티컬 히트가 있는 게임 등이 있다. 대부분의 스포츠도 불확정 게임이다. 예를 들어 축구에서는 플레이어가 노린 곳으로 100% 차기 어렵다. 바람이나 날씨 등 기상 조건이나 컨디션, 플레이어 스킬 등의 영향을 받아 우연적 요소가 개입된다. 이런 외부 요인은 게임에 불확정성을 가져와 그 결과로 각본 없는 드라마가 연출되고 게임에 깊이와 재미를 불어넣는다.

1.2.4 제로섬

게임에서 플레이어 전체 득점의 합계가 제로가 되는 게임을 **제로섬 게임**(zero-sum game)으로 분류한다.

예를 들어 장기, 바둑, 오셀로처럼 두 명이 하는 대전 게임에서 승리를 +1점, 패배를 −1점, 무승부를 0점으로 하면, 플레이어 득점 합계는 제로가 된다. 또 마작에서는 점수봉을 주고받지만, 일반 마작은 3만 점을 점수봉 원점으로 정하고 거기서 얼마만큼 플러스되었는지 혹은 마이너스되었는지 겨룬다. 3만 점을 원점으로 했을 때, 누군가가 플러스가 되었다면 누군가는 마이너스가 되어 결과적으로 플레이어 득점 합계는 제로가 된다. 이런 게임을 '제로섬 게임'이라고 한다.

반면에 플레이어 득점 합계가 제로가 되지 않는 게임도 있다. 혼자서 하는 퍼즐 등은 퍼즐이 풀리면 기뻐서 플러스가 되고, 잘 풀리지 않으면 아쉬워서 마이너스가 될 수 있기에 **비제로섬 게임**(non-zero-sum game)으로 분류할 수 있다. 두 명

---

2 역주 두 사람 또는 두 편으로 나누어 말 15개를 가지고 주사위 2개를 굴려 판 위에 말을 써서 먼저 나가면 이기는 놀이다.

3 역주 두 사람이 보드 주위로 말을 움직이는 전략 게임이다.

이상이 하는 게임이라도 플레이어끼리 협력해서 적과 싸우는 협력형 디지털 게임 등은 팀이 이기면 플레이어 전체가 기뻐하므로 플러스가 되고, 지면 게임이 끝나 버리거나 전원이 대미지를 입어 마이너스가 된다. 이런 게임도 비제로섬 게임 일종이다.

비제로섬 게임은 오래전부터 인간과 사회 관계를 다루는 사회심리학 분야에서 **게임 이론**(game theory)으로 연구해 왔다. 두 나라 사이의 관계를 예로 들어 보자. 서로 신뢰하고 양호한 관계를 쌓을 수 있으면 호혜 관계를 구축할 수 있지만, 서로 의심을 품고 전쟁 상태에 빠져 버리면 둘 다 상처를 입게 된다. 결국 어느 한 나라가 이기더라도 모두 큰 타격을 입는다.

이런 관계를 특징적으로 나타낸 것이 바로 **죄수의 딜레마**(prisoner's dilemma)라는 게임이다. 표 1-1은 죄수가 딜레마에 빠지는 상황을 보여 준다.

이런 상황에 놓인 두 죄수를 플레이어로 보면 2인 게임이라고 생각할 수 있다. 이 두 사람이 복역할 가능성을 두고 득실 판정을 따져 표로 만든 것이 **이득표**(payoff matrix)다.

Note ≡ **죄수의 딜레마**

어떤 흉악한 범죄를 저지른 2인조가 3년 형 정도의 경미한 죄로 체포되었다. 경찰은 그 두 사람이 흉악한 사건의 범인이 아닐까 의심했지만, 확실한 증거를 찾지 못했다. 그래서 이 두 사람을 각각 독방에 넣어서 상의할 수 없는 상태로 만들고, 그들에게 '상대방의 흉악한 죄를 자백하면 상대방은 10년 형을 받지만 너는 무죄로 풀어 주겠다'는 악마적인 제안을 한다. 좋은 이야기가 아닌가.

하지만 좋기만 한 이야기는 아니다. '나도 상대방 죄를 자백하고 상대방도 내 죄를 자백한다면, 둘 모두 6년 형을 받게 된다'고 한다. 그렇다면 이 죄수는 상대방 죄를 자백해야 할까?

▼ 표 1-1 죄수의 딜레마와 이득표

상대방 \ 자신	협조: 자백하지 않는다		배신: 자백한다	
협조: 자백하지 않는다	자신: 3년	상대방: 3년	자신: 0년	상대방: 10년
배신: 자백한다	자신: 10년	상대방: 0년	자신: 6년	상대방: 6년

자신과 상대방의 두 가지 선택에 따라 네 종류의 상태를 가정할 수 있는데, 이 득 합계가 제로섬이 되지 않는다. 이득표를 자신의 시선에서 생각하면 협조한 경우의 이득은 상대방이 협조할 때 3년, 배신할 때 10년이므로 평균 6.5년이 된 다. 마찬가지로 계산하면 자신이 배신한 경우 평균은 (0 + 6) ÷ 2 = 3년이 된 다. 자신만 생각하면 배신하는 편이 이득이라는 말이 된다. 하지만 두 사람의 합계 이득을 고려하면 두 사람 모두 협조한 경우에는 두 사람의 전체 형량은 3 + 3 = 6년이 되고, 한 사람이 배신한 경우에는 10 + 0 = 10년, 두 사람이 배 신한 경우에는 6 + 6 = 12년이 된다. 두 사람의 전체 형량을 생각하면 협조하는 편이 이득이다.

이처럼 사회적인 인간관계에서는 서로 상대방을 신뢰해서 협조하면 전체가 이 득을 얻지만, 이기적인 행동을 하면 자신만 이득을 얻는 경우가 자주 있다. 두 나라 간 관계로 예를 들어 보자. 상호 호혜적인 관계를 만들 수 있으면 서로에 게 좋은 관계를 구축할 수 있지만, 서로 불신감을 가지면 최악의 경우 전쟁에 빠지고 어느 쪽이 이기더라도 양국의 손실은 커진다.

사회심리학 분야에서는 오래전부터 이런 사회 게임을 소재로 연구를 진행해 왔 고, 비제로섬 게임 상태에서 인간의 행동 선택에 대해 조건을 바꾸어 가며 많은 실험을 했다. '죄수의 딜레마'의 수학적인 성질을 5장에서 설명하므로 참고하기 바란다.

1.2.5 유한성

끝이 나는 것을 보장하는 게임을 **유한 게임**(finite game)이라고 한다. 예를 들어 오셀로, 7 늘어 놓기, 축구 등 수많은 인공적인 게임은 대부분 끝이 있다. 야구 처럼 동점일 때 연장전을 하기로 정해진 게임이라도 인간끼리 대결에서는 체력 에 한계가 있으므로, '연장은 12회까지로 하고 그래도 동점이면 무승부로 한다' 처럼 게임을 끝내는 규칙을 정한다. 도둑 잡기에서 두 사람이 남아 서로 도둑 이외의 카드를 계속 뽑는다면 게임이 끝나지 않겠지만, 확률적으로 그런 일은 일어날 가능성이 현저히 낮으므로 대체로 유한 게임으로 생각해도 좋다.

또 플레이어가 명확하게 종료를 향해서 플레이하지 않으면 종료가 보증되지 않는 게임도 있다. 예를 들어 장기 등은 상대방 장군을 잡는 것을 목표로 하지 않으면 게임이 반드시 끝난다고 할 수 없다. 상대방 장군을 잡을 충분한 실력이 없는 경우에도 같은 일이 벌어진다. AI 알고리즘이 약했던 시절에는 컴퓨터끼리 두는 장기 게임에서 이런 일이 자주 생겼는데, 수백 수를 넘어가도 승부가 나지 않는 일도 있었다. 하지만 컴퓨터 장기 선수권 같은 대회에서는 결판을 내야 한다. 주어진 시간을 다 쓰면 지는 것으로 하고, 1수는 아무리 짧아도 1초 걸린다는 규칙을 만들어 제한 시간을 강제하거나 둘 수 있는 수의 상한을 정하여 그때까지 결판이 나지 않으면 무승부로 한다는 등 규칙을 만들어 게임을 끝낼 수 있다.

그렇지만 처음부터 종료를 보장하지 않는 게임도 있다. 1인 게임에서 소개한 〈라이프 게임〉은 종료 조건을 규정하지 않으면 계속 게임이 이어진다. 반복 플레이를 전제로 하는 게임 등도 넓은 의미에서 무한정한 게임이라고 할 수 있다. 이런 게임을 **무한 게임**(infinite game)이라고 한다. 디지털 게임에서는 가상 공간의 생활을 즐기는 '세컨드 라이프'나 '동물의 숲' 등의 게임이 있다. 게임 공간이 계속 존재하는 한 명확한 종료 조건이 없으므로 게임이 끝나지 않는다. 포커나 블랙잭 같은 게임도 단판 승부로 끝나는 일은 별로 없다. 칩이 없어지면 패배라는 규칙도 생각할 수 있지만, 칩이 없어지지 않는 한 계속해서 게임은 이어진다. 이런 게임은 무한 게임으로 분류한다.

1.2.6 게임의 분류와 그 역할

게임 연구에서는 개별 게임의 성질을 객관적으로 분류하고, 성질을 이해하는 것이 중요하다. 예를 들어 장기와 바둑, 오셀로 등은 '2인 완전정보 확정 제로섬 게임'으로 분류하고, 주사위를 이용하는 백개먼이나 인생 게임 등은 '2인 완전정보 불확정 제로섬 게임'으로 분류한다. 이 확정성 차이가 게임 플레이에 커다란 영향을 주고, 게임 플레이하는 AI 알고리즘에도 큰 차이를 준다.

앞서 말한 게임 분류 정도는 최소한 알아 두면 좋다. 각 게임이 가진 성질에 주목하는 것은 각 게임에 맞는 플레이 알고리즘이나 게임을 플레이하는 사람의 사고 과정 측면에서 매우 중요하다. 이처럼 객관적으로 게임을 한층 높은 위치에서 분류하고 바라보는 시점을 갖는 것이 중요하다.

2장

게임 정보학 기초

게임 정보학은 AI와 인지 과학 연구를 토대로 생겨났다. 여기에서는 게임을 과학적으로 인식할 수 있는 기초적인 프레임인 문제 해결의 사고방식을 학습하면서 대표 게임을 중심으로 게임 정보학의 연구사를 살펴본다.

2.1 게임과 문제 해결

2.1.1 게임과 문제 해결 공간

게임은 규칙에 따라 플레이하는 필드(field)라고 1장에서 정의했다. 이렇게 파악하면 규칙에 따라 게임을 플레이할 때 상정되는 문제 해결에 이르기까지 상태 공간을 생각할 수 있다. 여기에서는 게임을 플레이할 때 문제 해결에 이르기까지 상태를 생각해 보자.

간단하게 1인 게임인 퍼즐로 예를 들어 보자. 그림 2-1은 **하노이의 탑**(Tower of Honoi)이라고 하는 전통 퍼즐이다. 이 문제를 풀 때 어떤 상태를 상정할 필요가 있을까?

▼ 그림 2-1 하노이의 탑 퍼즐

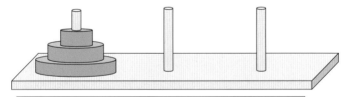

〈이동 규칙〉
• 원판은 한 장씩 기둥에서 기둥으로 이동할 수 있다
• 작은 원판 위에 그보다 큰 원판은 올릴 수 없다
〈게임 목적〉
• 모든 원판을 맨 오른쪽 기둥으로 이동한다

그림 2-2는 원판 세 장으로 된 하노이의 탑 퍼즐 상태 변화를 나타낸 것이다. 이 퍼즐은 왼쪽 위의 **초기 상태**(initial state)에서 오른쪽 아래의 목표 상태까지 상태 변화로 표현된다는 것을 알 수 있다.

❤ 그림 2-2 하노이의 탑 상태 변화도

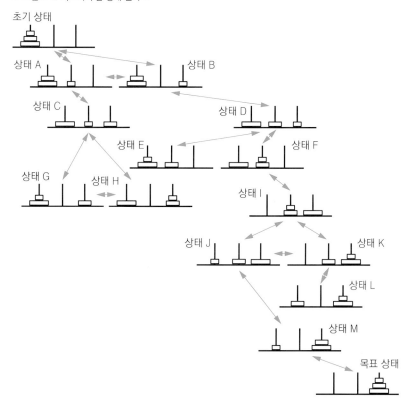

초기 상태에서 움직일 수 있는 원판은 맨 위에 있는 원판뿐이다. 그 원판을 한가운데 기둥으로 이동하거나(상태 A) 오른쪽 기둥으로 이동하거나(상태 B) 둘 중 하나이므로 초기 상태에서 다음 상태가 되는 경우는 두 가지밖에 없다. 상태 A에서 생각할 수 있는 다음 상태는 작은 원판을 원래대로 되돌리거나(초기 상태) 오른쪽으로 더 이동하거나(상태 B) 또는 두 번째 원판을 오른쪽으로 이동하는(상태 C) 세 가지를 생각할 수 있다. 이처럼 차례로 상태를 전개해 가면 이 문제에서 일어날 수 있는 다양한 상태가 표현되며, 그중에서 목표 상태가 발견된다.

인간의 사고 과정을 연구하는 인지 과학 분야에서는 1950~1960년대에 걸쳐 뉴웰과 사이먼(A. Newell and H.A. Simon)이 많은 퍼즐을 소재로 하여 문제 해결 방법을 연구했다. 이 연구에서는 **문제 해결 공간**(problem solving space)의 형태로 상태 변화 과정을 표현했는데, 퍼즐에서 규칙상 해도 되는 행동을 **조작자**(operator)라고 한다. 이들은 초기 상태에서 목표 상태에 이르는 조작자 계열을 찾으면 이 퍼즐 문제를 해결할 수 있다고 말한다.

2.1.2 일반 문제 해결자

그런데 이런 게임을 인간은 어떻게 풀고 있을까?

뉴웰과 사이먼은 **일반 문제 해결자**(General Problem Solver, GPS)를 인간의 문제 해결 모델로 제안했다.

앞서 나온 하노이의 탑 문제를 생각하면, 인간은 이런 문제가 주어졌을 때 현재 상태와 목표 상태를 비교하여 조금이라도 목표 상태에 가까워지는 수단을 선택한다.

오른쪽 기둥에 원판이 가까워질수록 목표 상태에 다가간다고 생각하면 그림 2-2에서는 오른쪽으로 갈수록 문제 해결에 가까운 상태라고 판단할 수 있다. 따라서 되도록 오른쪽 기둥으로 원판을 가져가서 목표 상태에 가까워지려고 한다. 이를 **수단-목표 분석**(Means-Ends Analysis, MEA)이라고 한다.

하지만 무턱대고 목표 상태 쪽으로 이동한다고 잘되지 않는다. 예를 들어 상태 I에서 목표 상태에 가까워지는 상태 K로 이동했지만, 그다음은 목표 상태에 가까워질 수 없게 된다. 이때는 목표 상태에서 처음 기둥으로 되돌아가 목표에 가까워질 수 있는 **하위 목표**(sub-goal)를 설정해서 (언뜻 보기에는) 멀리 돌아가는 행동을 한다. 하노이의 탑 문제로 말하면 가장 큰 원판을 오른쪽 기둥으로 이동한다는 하위 목표 1을 세울 수 있다. 이 하위 목표를 달성하려면 나머지 원판을 한가운데 기둥으로 모두 가져가야 하는데, 이것이 하위 목표 2가 된다. 이

처럼 적당한 하위 목표를 설정해서 문제를 풀어 가는 전략을 **하위 목표 설정 전략**
(sub-goal setting strategy)이라고 한다. 뉴웰과 사이먼은 이런 사고방식을 이용한
일반 문제 해결자로 다양한 퍼즐의 문제 해결 행동을 설명했다.

2.1.3 2인 완전정보 확정 제로섬 게임

게임 정보학에서는 '체스'를 중심으로 연구를 진행한 역사가 있다. 체스는 1장
에서 말한 게임 분류에 비추어 볼 때, **2인 완전정보 확정 제로섬 게임**으로 분류할
수 있다. 이런 게임은 전 세계적으로 많으며, 각 문화권에서 지적인 게임으로
사랑받았다.

체스는 그림 2-3과 같이 체스판 위에 선수(백)와 후수(흑)의 말이 배치되는 게
임으로, 두 사람이 한 수씩 정해진 길을 따라 경기를 진행해서 최종적으로 상대
방 킹을 잡으면 승리한다. 이처럼 판과 말을 이용하여 상대방 킹을 잡는 것이
목표인 게임은 세계 곳곳에 있다. 중국의 '샹치', 한국의 '장기', 타이의 '막룩',
일본 장기인 '쇼기' 등이 이런 게임에 해당한다. 이처럼 체스와 비슷한 동료 게
임을 **체스 라이크 게임**(chess like game)이라고 한다.

▼ 그림 2-3 실제 체스판과 초기 배치

(a) 체스판   (b) 체스의 초기 배치

그 밖에 체커, 오셀로, 오목, 바둑 등 2인 완전정보 확정 제로섬 게임은 수없이 많으며, 각각 수많은 플레이어가 존재한다.

2인 완전정보 확정 제로섬 게임은 다음 특징이 있다.

(1) 상대방 합법수가 서로에게 모두 공개된다.

(2) '게임 트리'라는 형태로 게임의 문제 해결 공간을 표현할 수 있다.

(3) 유한 게임은 필승법(선수필승, 후수필승, 무승부)이 존재한다.

(1)은 완전정보 게임이므로 당연하다. (2), (3)은 이후에 설명할 것이다.

2.1.4 게임 트리와 필승법

여기에서는 2인 완전정보 확정 제로섬 게임 중 가장 간단한 '틱택토'를 예를 들어 설명한다.

그림 2-4는 틱택토 게임의 한 장면과 그 규칙을 나타낸 것이다. 이 게임은 두 사람이 플레이하며, 의사 결정 상황에서 그때까지 모든 상태에 대한 완전한 정보를 얻을 수 있으므로 불확정 요소는 없다. 어느 한쪽이 이기면 다른 쪽은 지는 게임이므로 체스나 오셀로, 장기, 바둑 등처럼 2인 완전정보 확정 제로섬 게임으로 분류한다. 그림 2-4의 왼쪽 예를 살펴보면, 이후에 쌍방이 최선을 다하면 무승부가 된다는 것을 쉽게 이해할 수 있다.

▼ 그림 2-4 틱택토 플레이의 예와 그 규칙

틱택토 규칙
〈준비물〉
• 3×3의 판
〈게임 진행〉
• 선수는 O, 후수는 X를 칸에 번갈아 채워 넣는다
〈승리 조건〉
• 상대방보다 먼저 가로 · 세로 · 사선 중 하나에서
  자신의 기호를 3개 나열하면 승리한다

그림 2-5는 이 게임의 상태 변화를 문제 해결 공간으로 나타낸 것이다. 맨 위가 게임의 초기 상태고, 그 아래 세 가지 상태가 선수가 생각할 수 있는 합법수를 나타낸다. 엄밀하게는 합법수가 9개이지만, 판면의 회전을 허용하면 한가운데, 변, 귀퉁이 세 종류밖에 없음을 알 수 있다.

다시 그 아래는 선수가 한가운데 두었을 때 후수가 생각할 수 있는 수를 나타낸다. 이것도 판면의 회전을 고려하면 변이나 구석 두 종류뿐이다. 맨 왼쪽 변에 둔 경우를 생각해 보자. 그다음 후수가 그림과 같이 두면 선수가 이긴다. 마찬가지로 구석에 둔 경우와 그 이후 변화도 그림과 같이 수의 분화를 생각할 수 있다.

▼ 그림 2-5 세 번째 나열된 문제 해결 공간

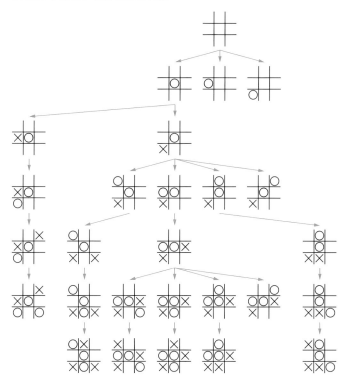

이처럼 합법수로 게임 상태를 전개해 가는 상태 변화 그림을 **게임 트리**(game tree)라고 한다. 맨 위의 초기 상태가 나무 뿌리가 되는 **뿌리 노드**(root node)고, 아래로 갈수록 가지가 갈라져 맨 끝은 나뭇잎이 되는 **잎 노드**(leaf node)다.

이처럼 2인 완전정보 확정 제로섬 게임에서는 게임 상태를 게임 트리 형태로 표현할 수 있다.

앞서 설명한 것처럼 틱택토를 게임 트리로 나타내면, 가장 왼쪽 노드에서 후수가 두 번째 수에서 변을 선택한 것은 악수임을 알 수 있다. 게임 트리에서는 그 직전 노드까지 거슬러 올라가 다른 수를 조사한다. 이런 역추적 과정을 **백트랙**(back track)이라고 한다. 즉, 선수가 한가운데를 선택했을 때 후수는 귀퉁이를 선택할 수밖에 없다. 아래의 모든 노드에 대해 마찬가지로 양자가 최선을 다하도록 노드를 선택해 가면 모든 잎 노드를 다 조사할 수 있다.

그림 2-5에서는 선수가 한가운데를 선택한 경우의 게임 트리를 검토했지만, 마찬가지로 변이나 귀퉁이를 선택한 경우의 게임 트리도 틱택토 정도 게임이라면 손으로 그려 다 조사해 볼 수 있다. 모두 조사해 보면 무승부가 된다.

이처럼 2인 완전정보 확정 제로섬 게임에서는 게임 트리 형태로 게임 상태 변화를 모두 표현할 수 있고, 이 트리를 다 조사하면 양쪽이 최선을 다했을 때 선수필승인지 후수필승인지 무승부가 될지를 판명할 수 있다. 이 조사는 게임의 **필승법**(surefire way to win)을 찾는 것이고, 필승법을 찾는 행위를 **게임을 푼다**(solving a game)라고 한다.

2.1.5 탐색량으로 본 게임 복잡도

2인 완전정보 확정 제로섬 게임에서 게임 상태를 게임 트리로 나타낼 수 있다는 것은 이미 앞서 이야기했다. 어떤 게임의 탐색 국면수는 대략 그림 2-6과 같이 나타낼 수 있다.

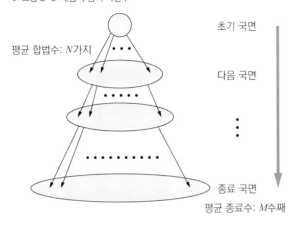

▼ 그림 2-6 게임의 탐색 국면수

평균 합법수: N가지

초기 국면

다음 국면

종료 국면

평균 종료수: M수째

가령 어떤 게임의 평균 합법수가 N가지고 결판이 날 때까지 평균 종료수가 M 이라는 것을 알고 있다면, 그 게임을 푸는 데 필요한 탐색 국면수는 대략 다음 과 같이 계산할 수 있다.

$$N \times N \times \cdots \times N = N^M(가지)$$

이 식을 써서 비교적 많은 대전 데이터가 있는 2인 완전정보 확정 제로섬 게임 에 대해 그 평균 합법수와 평균 종료수를 바탕으로 게임의 탐색 국면수를 대략 적으로 계산할 수 있다. 표 2-1은 그 대략적인 계산으로 얻은 각 게임의 탐색 국면수다.

▼ 표 2-1 게임과 탐색 국면수

게임	탐색 국면수
체커	10의 30승
오셀로	10의 60승
체스	10의 120승
중국 장기(상치)	10의 150승
일본 장기(쇼기)	10의 220승
바둑	10의 360승

일반적으로 탐색 국면수가 많은 게임일수록 탐색으로 '다음 수'를 찾기가 어려워지므로 게임 트리 탐색 기법을 이용한 게임 AI 개발이 어렵다. 실제로 게임 AI 연구의 역사를 보아도 탐색 국면수가 적은 순으로 개발을 진행해 왔다.

2.2 게임 정보학의 역사

2.2.1 체스

러시아의 컴퓨터 과학자이자 AI 연구자인 알렉산더 크론로드(A. Kronrod)는 "체스는 AI 연구의 초파리"라는 말을 남겼다. 이 말은 체스가 AI 연구에서 많은 공헌을 한 것을 두고 유전자 연구에서 초파리가 한 역할에 비유한 말이다. 그만큼 체스는 AI 연구에서 핵심이 되는 중요한 지위를 차지해 왔다.

기계가 체스를 두게 하려는 시도는 18세기로 거슬러 올라간다. 체스를 자동으로 두는 기계가 역사에 최초로 등장한 것은 1770년 헝가리의 발명가 켐펠렌(W. von Kempelen)이 만든 '터키인(The Turk)'이다.

▼ 그림 2-7 체스를 두는 기계 '터키인'

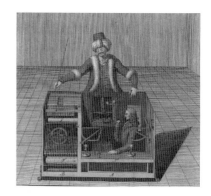

그림 2-7이 후세에 남아 있는 이 자동 기계의 그림이다. '터키인'은 스스로 체스를 두는 자동 기계로 소개되었지만, 오른쪽 그림과 같이 기계 안에 사람이 들어가 말의 위치를 선택했다는 사실이 나중에 밝혀졌다. 하지만 이 기계는 매우 교묘하게 그 구조가 숨겨져 있어, 1820년대 그 원리를 간파할 때까지 약 50년 이상 비밀을 지킬 수 있었다고 한다. 이 자동 체스 기계는 프랑스와 영국 등 유럽 각지에서 시연되었고, 나폴레옹과 대전한 기록도 남아 있다. 이런 기록만 보아도 '터키인'이 당시에 매우 주목받던 기계임을 알 수 있다. 체스를 두는 지능 부분을 인간이 담당하기는 했지만, 이 이야기에서 '자동으로 체스를 두는 기계'를 만들고 싶어 했던 유럽인의 강한 열망을 읽어 낼 수 있다.

AI의 여명기에 활약한 튜링(A. Turing), 노이먼(J. von Neumann), 섀넌(C.E. Shannon)도 '기계가 지성을 가질 수 있는가'라는 의문을 푸는 열쇠로 '기계가 체스를 둘 수 있는가'라는 질문을 던지면서 체스 연구에 강한 흥미를 보였다.

1940년대 튜링은 종이 위에서 손으로 시뮬레이션해 보는 것으로 체스 알고리즘을 연구하기 시작하여 기계 역할에 대해 논의했다. 1950년 섀넌은 튜링 연구를 이어받아 "Programming a Computer for Playing Chess(체스를 두는 컴퓨터 프로그래밍)" 논문에서 체스를 두는 자동 기계 의의를 제시하여 체스가 AI 연구에서 커다란 의미를 갖게 했다. 이 논문에서 섀넌은 체스 프로그램의 두 가지 큰 방향성을 제창한다. 하나는 게임 트리의 모든 탐색을 샅샅이 하는 기법으로 **전체 너비 탐색**(full width search)이라고 한다. 다른 하나는 가능성 있는 수만 깊게 탐색하는 기법으로 **선택적 탐색**(selective search)이라고 한다. 전자는 Type A, 후자는 Type B라고 한다.

1951년 섀넌의 동료인 프린츠(D. Prinz)가 세계 최초로 컴퓨터 체스 프로그램을 만들었다. 하지만 당시 하드웨어의 메모리와 계산 속도의 한계로 완전하게 체스는 둘 수 없었다. 1957년에 이르러서야 번스타인(A. Bernstein)과 그의 동료들이 비로소 완전하게 체스를 둘 수 있는 컴퓨터 프로그램을 구현했다. 모든 국면에서 있을 수 있는 일곱 가지 수만 고려하는 사전 가지치기 방식으로 **미니맥스 탐색**(mini-max search)을 이용했고, 당시 계산 능력으로 4수 앞까지 8분 정도의 탐색 시간을 들여 다음 수를 결정할 수 있었다. 사전 가지치기를 하려면 플레이어 경험을 경험적 지식인 **휴리스틱**(heuristic)으로 표현할 필요가 있었다.

같은 시기에 AI 연구의 선구자였던 뉴웰, 사이먼, 쇼(J.C. Show)도 NSS라는 컴퓨터 체스 프로그램을 개발했다. NSS(Newell, Simon, Show)는 세 사람의 머리글자를 따서 붙인 이름이다. 이들은 미니맥스 탐색에서 악수를 효율적으로 가지치기하기 위해 **αβ 가지치기**(alpha beta pruning) 기법을 도입했을 뿐만 아니라, 더욱 효율적으로 탐색하고자 휴리스틱 기법도 포함했다. αβ 가지치기를 이용한 미니맥스 탐색은 **αβ 탐색**(alpha beta search)이라고도 한다. 이미 이 시점에서 현재 체스 프로그램의 기초 알고리즘이 고안되었다고 해도 과언이 아니다. αβ 탐색에 관한 기술적인 내용은 6장에서 자세히 설명하므로 참고하기 바란다.

1950년대 후반에서 1960년대 초반, 매커시(J. McCarthy)가 지도하고 코톡(A. Kotok) 등 학생들이 개발한 'Kotok-McCarthy' 프로그램을 MIT에서 공개했다. 이 프로그램은 시합을 100번 정도 치른 아마추어에게 이길 수 있는 수준이었다. 1967년에는 매커시의 지도를 받은 그린블라트(R.D. Greenblatt)가 '맥핵 IV(Mac Hack IV)'라는 프로그램을 개발했는데, 이 프로그램은 인간이 참가하는 대회에서 막강한 고등학생 플레이어와 겨루어서 승리했다. 1초에 100 국면 정도를 읽을 수 있었고, 5수 앞까지 읽어 냈던 맥핵 IV는 당시 등급 기준으로 1600 이상의 실력이었다고 한다. 이 무렵의 컴퓨터는 하드웨어 성능이 그다지 높지 않아, 미니맥스 탐색을 기반으로 한 선택적 탐색(Type B)을 이용했다.

한편 같은 시기, 1963년부터 모스크바 크론로드연구실에서 개발한 **ITEP**(Institute of Theoretical and Experimental Physics) 프로그램에는 Type A 기법을 이용했다. 1965년에는 매커시가 모스크바를 방문하여 Kotok-McCarthy를 ITEP와 직접 대전했는데, 이 대전은 1966년까지 9개월에 거쳐 이어졌고 3승 1패로 ITEP가 승리했다. 이 두 기법 중 어느 쪽이 우수한지는 1970년대까지 긴 논쟁이 이어졌다.

1970년대에 들어와서 **스테이트**(D. State)와 **애트킨**(L. Atkin) 등은 **ChessX.Y**(X와 Y에는 버전을 나타내는 숫자가 들어 있음)라고 하는 프로그램을 만들었다. 이 프로그램은 **비트 보드**(bit board)라는 국면 표현 방법을 도입하여 말의 위치 표현뿐만 아니라 공격이나 방어, 이동 등을 빠르게 계산할 수 있게 되었다. 하드웨어 발달 및 $\alpha\beta$ 가지치기 알고리즘 개량 등이 함께 맞물려 이후로 컴퓨터 체스는 전체 너비 탐색(Type A) 기법으로 크게 방향을 틀게 된다.

1980년대는 개인용 컴퓨터가 보급되면서 많은 개발자가 컴퓨터 체스를 개발했다. 개발자가 많아지자 세계 마이크로 컴퓨터 체스 선수권(The World Microcomputer Chess Championships)이라는 컴퓨터 체스 대회가 열렸는데, 그러면서 더욱 경쟁적으로 개발에 뛰어들었다. 1980년대 후반 카네기멜론대학 연구자들이 개발한 '**딥 소트**(Deep Thought)' 프로그램은 그랜드마스터 수준인 2500을 넘는 등급을 물리치기에 이르렀다.

그 후 IBM은 딥 소트 연구자들과 함께 당시 세계 챔피언이었던 가리 카스파로프(Garry K. Kasparov)를 이기는 것을 목표로 컴퓨터 체스 개발에 착수한다. 그리고 딥 소트를 기반으로 체스 전용 대규모 집적회로 프로세서를 만들고, 전용 하드웨어를 장착한 컴퓨터 '딥 블루(Deep Blue)'를 개발한다. 딥 블루는 당시 계산 속도로 1초에 약 2억 개의 위치를 계산할 수 있었고, 카스파로프에게 두 번 도전했다. 첫 번째 도전인 1996년 2월에는 카스파로프가 3승 2무 1패로 이겼으며, 두 번째 도전인 1997년 5월에는 전년도 시스템을 개량한 딥 블루가 주목을 받으며 2승 1패 3무로 역사적인 승리를 거두었다. 이 경기는 특수한 하드웨어인 체스 전용 머신을 이용한 브루트 포스 방식이라고도 하는 **완전 탐색**(brute force search)의 승리였다. 카스파로프 입장에서는 내용 면에서 기대에 어긋난 부분도 있어 IBM 측에 재대결을 요청했지만, 딥 블루는 경기 후 바로 해체되었다. 현재는 그 일부가 캘리포니아주 컴퓨터 역사 박물관에 소장되어 있다. 역사적으로 이 사건을 두고 컴퓨터가 인간 챔피언에게 최초로 승리한 것은 1997년이라고 말하지만, 기력을 알고 있는 플레이어와 치른 경기 수가 너무 적어서 실제 딥 블루의 실력을 평가하기는 어렵다.

1997년 이후에도 컴퓨터 체스와 인간의 대결은 이어졌고, 2000년대 전반 무렵까지는 인간과 컴퓨터가 좋은 승부를 벌일 수 있었다. 하지만 곧 컴퓨터는 인간 챔피언을 훌쩍 뛰어넘는 수준에 도달했고, 결국 게임 AI를 강하게 만들려는 목적에서 체스는 AI 연구의 주역 자리를 내주었다.

2.2.2 일본 장기

1990년대 들어오면서 외통 장기를 주제로 연구가 활발히 진행되었다. 그 이유 중 하나는 하드웨어 성능의 한계로 두 사람이 두는 일반 장기의 모든 합법수를 탐색하기가 곤란했기 때문이다. 외통 장기는 공격하는 쪽은 장군으로만, 수비하는 쪽은 명군으로만 합법수를 한정할 수 있기에 깊게 탐색할 수 있었다. 외통 장기 연구에서는 다양한 탐색 기법이 시도되었는데, 여기에서 얻은 탐색 기술 지식은 이후 일반 장기의 탐색 기술 발전에 영향을 주었다. 이 무렵에는 하드웨어 성능의 제약으로 일반 장기의 탐색 기술로 휴리스틱을 이용하는 **최상 우선 탐색**(best-first search) 등의 기법이 주류였다. 이 탐색 기법은 4장에서 다룰 A* 알고리즘(A star algorithm)과도 관계가 깊다. 자세한 내용은 4장을 참고하기 바란다.

2000년대 들어와 다양한 신기술을 도입한 프로그램들이 등장하면서 이 분야는 매우 고도로 진화했다. 츠루오카 요시마사가 개발한 **게키사시**(激指)에서는 **실현 확률 탐색**(realization probability search)이라는 기법이 활용되었다.

이 탐색 기법은 말의 움직임에 특징량을 부여하여 어떤 국면에서 그 수를 사용할 가능성을 수치화했다. 국면 A에서 M이라는 수를 선택했을 때 국면 A'로 전환된다고 하자. 이 경우 국면 A'의 실현 확률은 다음 식으로 계산할 수 있다.

(국면 A'의 실현 확률) = (국면 A의 실현 확률) × (방법 M을 둘 확률)

이 식을 이용해서 탐색 노드(국면)별 실현 확률을 구하고, 국면의 실현 확률이 어떤 임계치를 밑돌면 탐색을 중단하고 잎 노드로 만든다. 이 방법을 통해 '있을 법한 수'만 깊이 읽으려는 사고방식이다.

게키사시는 2000년대에 오랫동안 활약하면서 이 기법의 유효성을 보여 주었다. 2005년에는 아마추어 용왕전에 특별 케이스로 참가하여, 전국 아마추어 톱 클래스가 북적대는 속에서 3승 1패 성적으로 베스트 16에 진출해서 세상을 놀라게 했다.

그 이듬해인 2006년에 등장한 호키 구니히토가 개발한 'Bonanza' 프로그램은 세계 컴퓨터 장기 선수권 대회에 처음 출장해서 첫 우승을 거두었다. Bonanza는 2007년 프로 기사 타이틀 보유자이자 당시 용왕전 우승자인 와타나베 아키라와 대전에서 아깝게 패배했지만, 꽤 선전하면서 그 강력함을 선보였다.

Bonanza의 공적으로 다음 두 가지를 들 수 있다. 하나는 컴퓨터 장기에 비트보드 개념을 도입한 것이고, 또 하나는 **평가 함수의 머신 러닝**(machine learning of evaluation function) 기법을 제안한 것이다. 특히 평가 함수의 머신 러닝 기법은 컴퓨터 장기 개발을 극적으로 진화시켰다. 그전까지는 개발자의 경험적인 지식에 기초하여 장기의 평가 함수를 수작업으로 만들었다. 그래서 장기 프로그램을 개발하기 위해서는 장기에 관한 지식을 필수로 알아야 한다고 생각했다. 그런데 Bonanza는 프로 기사들과 아마추어 강호들의 기보를 학습 데이터로 삼아, 기보에 나타난 수법과 같은 수를 선택할 수 있도록 파라미터를 조정했다. 이런 방식으로 컴퓨터 장기는 프로 기사에 가까운 평가 함수를 손에 넣을 수 있게 되었고, 커다란 진보를 이루어 냈다.

2010년 전후에는 하드웨어의 병렬화 움직임에 따라 병렬 탐색 기법이 모색되었다. 도쿄대학의 다나카 데츠로 연구실의 연구 그룹이 중심이 된 **GPS 장기**는 메모리를 공유하지 않는 소결합 병렬 계산기상에서 게임 트리 탐색의 분산 병렬을 실행하는 방법을 제안했다.

또 2010년에는 정보처리학회가 50주년을 맞아, 톱 클래스에 속하는 프로 기사에게 이길 수 있는 컴퓨터 장기 프로젝트를 발족했다. 이 프로젝트에서는 당시 생각할 수 있는 소프트웨어와 하드웨어를 융합한 최강의 프로그램을 개발했다. 컴퓨터 장기 선수권에서 우승을 다툰 '게키사시', 'GPS 장기', 'Bonanza', 'YSS(야마시타 히로시 개발)'의 네 가지 프로그램을 조합한 '아카라 2010'[1]이라

---

1 '아카라'란 불경에 나오는 수를 나타내는 단어 '아가라'에서 온 말로 10의 224승을 나타낸다. 장기의 탐색량이 약 10의 220승이라는 점에서 '아카라'로 이름 붙였다.

는 프로그램이 개발되었고, 이 네 가지 프로그램을 연결하고자 전기통신대학의 이토우 다케시 연구실이 제안한 **합의 알고리즘**(consultation algorithm) 기법을 이용했다. 합의 알고리즘이란 복수의 장기 프로그램이 골라낸 후보수 중에서 한 가지 수를 선택하는 기법을 총칭한 말로, '아카라 2010'에서는 가장 많은 프로그램이 지지한 후보수를 선택하는 **다수결 합의**(consultation by majority vote) 기법을 이용했다. 이 '아카라 2010'은 2010년 당시 최강의 여성 기사였던 시미즈 이치요 여류왕장에게 승리했다.

최근에는 평가 함수의 학습 데이터가 인간 강호의 기보에서 컴퓨터끼리의 기보로 바뀌고, 자기 대전에 기초한 **강화 학습**(reinforcement learning) 기법이 채용되어 인간을 능가하는 컴퓨터 장기가 실현되었다. 2010년 이후로는 드왕고에서 주최하는 '전왕전'이라는 형태로 프로 기사와 컴퓨터 장기의 대전을 이어 왔다. 2012년에는 톱 레벨 프로 기사를 포함한 남성 프로 기사 다섯 명과 컴퓨터 프로그램 다섯 대가 대전해서 3승 1패 1무로 컴퓨터 쪽이 이겼고, 그 후로도 매년 프로 기사와 컴퓨터가 대전했지만 컴퓨터 쪽이 우위인 대전 결과가 계속 나오고 있다.

2017년에는 현역 타이틀 보유자인 사토 아마히코 명인이 야마모토 잇세이가 개발한 'ponanza'와 대전했다. 결과적으로 ponanza가 2연승을 거두었고, 이제 인간을 능가하는 수준에 도달했음을 알 수 있다.

2.2.3 바둑

최초의 컴퓨터 바둑 프로그램은 1960년 레프코비츠(D. Lefkovitz)가 만들었다. 1962년에는 리머스(H. Remus)가 컴퓨터 바둑에 관한 첫 번째 학술 논문을 발표했는데, 이 논문에서 컴퓨터 바둑에 머신 러닝 적용을 검토했다. 그 후 1969년 조브리스트(A. Zobrist)가 최초로 초보자 수준의 인간 플레이어에게 승리한 컴퓨터 바둑 프로그램을 만들었다. 하지만 그 프로그램의 기력은 38급이라고 되어 있고, 급수가 존재하지 않을 정도로 낮은 기력이라는 점에서 대전 상대였던 사람이 거의 완전한 초보라는 사실을 미루어 짐작할 수 있다. 1960년대부터 1970년대 초반에는 소프와 월든(E. Thorpe and W. Walden)의 줄 수가 적은 바둑판을 이용한 연구나 벤슨(D. Benson)의 좁은 범위에서 돌의 사활 문제에 관한 연구가 주류를 이루었다.

1970년대 들어와 바둑 프로그램의 기초가 된 사고방식인 **영향력 함수**(influence function) 개념을 도입한다. 바둑판 위에 놓인 돌 주변에는 그 돌의 영향력이 작용한다는 개념이다. 그림 2-8은 영향력 함수의 한 예로, 돌의 거리에 따른 영향력 크기를 오른쪽 그림과 같이 표현했다. 체스나 장기 연구를 모방하여 국면을 수치화하고 평가 함수를 만들려는 사고방식에 바탕을 둔다. 이로써 본격적으로 바둑 프로그램을 개발하기 시작했다.

▼ 그림 2-8 돌 주변의 영향력 함수 예

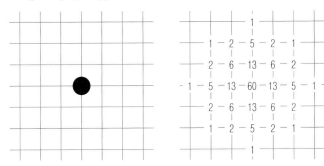

돌 주변에 발산되는 영향력(포텐셜)

1979년 라이트만과 윌콕스(W. Reitman and B. Wilcox)가 개발한 바둑 프로그램은 초보자를 상대로 9점 접바둑[2]을 두어 승리하는 15급 수준 정도였다고 한다. 이 프로그램에는 바둑판 면을 색이 같은 돌끼리 연결하는 '섹터 라인'을 도입했다. 이 개념은 이후 컴퓨터 바둑 개발에 많은 영향을 주었다.

그 후로 2000년대 전반까지는 커다란 기술 혁신도 없고, 인간 사고를 모방하는 형태의 프로그램이 주류를 이루었다. 즉, 돌의 형태나 위치를 인식하여 돌의 강

---

2   9점 접바둑이란 하수 쪽이 미리 바둑판 위에 돌을 9개 놓은 상태로 게임을 시작하는 바둑을 의미한다. 놓는 돌 개수가 많을수록 큰 핸디가 된다.

함과 사활 등을 판정하고, 그 국면의 평가 함수 등을 구축한다. 다시 정석과 포석, 전략 등을 지식으로 학습한 후 그것을 기반으로 후보수를 생성하고, 그 후보수를 선택한 경우의 우열을 비교해서 '다음 한 수'를 결정해 간다. 이른바 지식 기반과 부분적 탐색을 조합한 시스템이다.

2000년대 후반에는 **몬테카를로 트리 탐색**(Monte-Calro Tree Search, MCTS) 기법이 등장하면서 상황은 일변했다. 이 기법은 1990년대 바둑계에서 시험한 몬테카를로법을 더 연구해서 극적인 효과를 얻을 수 있었다. 이 두 기법을 구분하고자 1990년대에 이용한 몬테카를로법을 원시 몬테카를로법(pure Monte-Calro method)이라고 한다. 자세한 기술적인 내용은 다음 장으로 미루지만, 이 기법 덕분에 컴퓨터 바둑은 단숨에 아마추어 유단자에서 고단자로 뛰어올랐다.

2008년에는 실반 젤리(G. Sylvain) 등이 개발한 컴퓨터 바둑 프로그램 'MoGo'가 전미 바둑 오픈 선수권전(US Go Congress)에서 비록 9점 접바둑이었지만 프로 기사 김명완 8단에게 승리를 거두었다. 프로 기사가 공식 자리에서 접바둑이기는 해도 패한 것은 이때가 거의 처음이라고 할 수 있다. 같은 해 12월에는 UEC 컵 컴퓨터 바둑 대회의 엑시비션 매치에서 레미 클롱(Rémi Coulom)이 개발한 'Crazy Stone'이 7점 접바둑에서 아오바 카오리 4단에게 승리했다. 2010년에는 6점 접바둑에서 프로 기사에게 승리하는 프로그램이 나타나는 등 이전까지 침체를 만회할 기세로 장족의 발전을 보였다.

컴퓨터 바둑계에서 몬테카를로 트리 탐색 기법이 너무나도 극적인 변화를 가져왔기에 몬테카를로 혁명이라고도 한다. 이후로는 발전 속도가 서서히 둔화되었고, 2015년 무렵에 당시 최강으로 불리던 오시마 요지가 중심이 되어 개발한 '딥젠고(DeepZenGo)'가 프로 기사를 상대로 4점에서는 이기고 3점에서는 고전하는 수준에 머물렀다.

그러다 2016년 1월, 구글 산하의 딥마인드(Deep Mind)사가 개발한 **알파고**(AlphaGo)가 갑자기 등장했다. 네이처에 발표된 논문에서는 **심층 신경망**(Deep Neural Network, DNN)을 이용해서 임의의 국면에서 예측기를 구축하여 프로 기사가 선택하는 수와 비교할 때, 57%나 되는 높은 정밀도로 프로 기사가 선택한 수를 예측했다. 이 예측기를 **폴리시 네트워크**(policy network)라고 한다. 논문에서는 다시 같은 규모의 네트워크로 스스로 대전한 결과를 이용하여 강화 학습시켜 국면을 지정하면 그 국면의 승률을 매우 빠르게 출력할 수 있게 했다. 이 네트워크는 **밸류 네트워크**(value network)라고 하며, 일종의 평가 함수에 가까운 것을 획득했다고 말할 수 있다.

이제까지 강력한 컴퓨터 바둑 프로그램을 만들지 못했던 가장 큰 이유가 바로 평가 함수를 만들 수 없었기 때문이다. 이 발표는 커다란 충격을 주었다. 게다가 그 해 3월에는 한국 최고의 프로 기사인 이세돌 9단과 대전해서 4승 1패로 크게 승리했다. 이듬해인 2017년에는 세계 최강으로 불리는 중국 커제 9단과 대전해서 3전 전승으로 승리를 거두었다.

또 2017년 10월에는 **알파고 제로**(AlphaGo Zero)라는 신기술을 이용한 컴퓨터 바둑 프로그램 논문을 발표했다. 훈련 데이터를 이용하지 않고, 폴리시 네트워크와 밸류 네트워크를 결합한 새로운 네트워크와 탐색 기술을 이용하여 처음부터 자기 대전으로만 학습한다. 이 방법으로 기존 알파고를 웃도는 능력을 손에 넣는 데 성공했다.

컴퓨터 바둑은 몬테카를로 트리 탐색과 딥러닝이라는 커다란 돌파구를 마련하여 극적으로 실력이 발전했고, 단번에 인간을 훨씬 웃도는 실력을 얻게 되었다.

2.2.4 그 밖의 게임

체커

체커는 체스판 위에서 색이 다른 말을 이용해서 플레이하는 게임이다. 체스판에서 색이 진한 부분만 사용한다. 그림 2-9 왼쪽은 초기 배치고, 오른쪽은 게임이 진행되는 모습이다. 말은 전방으로 사선으로만 이동할 수 있다. 이동 경로 앞에 상대방 말이 있고 그다음 칸이 비어 있을 경우, 상대방 말을 넘어서 잡을 수 있다. 끝까지 이동하면 말을 뒤집어 '킹'으로 승격한다. 킹은 앞뿐만 아니라 뒤로도 이동할 수 있다. 최종적으로 상대방 말을 모두 잡거나 상대방이 더 움직일 수 없게 만든 쪽이 승리한다.

▼ 그림 2-9 체커

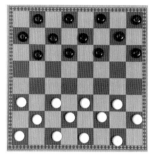
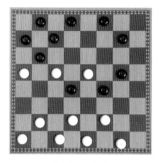

(a) 초기 배치   (b) 진행 상태

체커는 체스보다 탐색량이 적은 게임이므로 컴퓨터 하드웨어 성능이 충분하지 않았을 무렵에도 자주 연구되었다. 다양한 프로그램이 만들어졌지만, 1990년대 캐나다 앨버타대학의 셰퍼(J. Schaeffer) 교수 팀이 만든 'Chinook' 프로그램은 톱 플레이어에 육박하는 강함을 보였다. Chinook은 초반 데이터베이스, 종반 엔드 게임 데이터베이스를 보유했고, 개발자가 수작업으로 만든 평가 함수를 이용한 깊은 게임 트리 탐색으로 구성되었다. 당시 세계 챔피언 틴즐리(M. Tinsley)와 대결하여 2승 4패 33무라는 성적을 남겼다. 틴즐리는 아마 역사상 가장 강한 플레이어로, 그의 경기 인생 45년간 인간을 상대로 고작 다섯 번밖에 진 적이 없는 훌륭한 전적을 남겼다. 틀림없이 인류 최강의 플레이어다. Chinook이 많이 이기지는 못했지만, 그런 틴즐리에게 두 번 이겼다는 의미에서 충분히 강력한 프로그램이었다는 사실을 짐작할 수 있다. 1993년에도 이 대전은 이어졌지만, 경기 도중 틴즐리가 병으로 쓰러져 결국 Chinook과 대전은 결말이 나지 않은 채로 끝을 맺었다.

그 후 셰퍼 교수의 연구 그룹은 완전해를 구하는 연구로 전환해서 2007년에 완전해를 구했다. 그 결과, 선수와 후수 양쪽이 모두 최선을 다하면 무승부 게임이 된다는 사실이 드러났다.

오셀로

오셀로도 하드웨어 성능에 제약이 있던 무렵에는 좋은 연구 대상이었으며, 1970년대 후반부터 개발되었다. 기본적으로 게임 트리 탐색 기법을 이용하는 점에서 체스나 체커와 구조가 같지만, 탐색을 효율화하는 다양한 방법을 사용하여 깊은 탐색을 실현했다.

1977년 라이트(E. Wright)가 포트란(FORTRAN)으로 작성한 것이 최초 프로그램이며, 그 후 1980년 리브(M. Reeve)가 개발한 'Moor' 프로그램은 당시 세계 챔피언 이노우에 히로시와 여섯 번 대결해서 1승을 올렸다. 같은 해 카네기멜론대학의 로젠블룸(P. Rosenbloom)은 'IAGO' 프로그램을 개발하여 각종 대회에서 활약했다.

1992년에는 뷰로(M. Buro)가 'Logistello'라는 프로그램을 개발하기 시작했다. Logistello는 평가 함수를 이용한 게임 트리 탐색과 패턴을 이용했고, 게다가 10만 번 이상 스스로 대국하여 이 패턴을 학습해 갔다. 그 후 1997년 당시 세계 챔피언인 무라카미 다케시와 대전에서는 6전 전승으로 Logistello가 압승했다. 컴퓨터 바둑과 인간의 대전은 제반 사정으로 좀처럼 할 수 없었지만, 인간의 최고 수준을 넘은 것은 좀 더 이른 시기가 아니었을까 짐작한다.

또 작은 크기의 오셀로 연구에서는 4×4, 6×6 크기의 오셀로가 컴퓨터로 해석되어, 모두 후수 필승이라는 사실이 알려졌다. 8×8 크기의 오셀로는 아직 풀리지 않았지만, 강호 프로그램의 오랜 기간에 걸친 대전 결과를 보면 무승부가 되지 않을까 예상한다.

백개먼

백개먼은 주사위를 이용한 불확정 게임이다. 기원전부터 백개먼의 원형이 되는 게임을 즐긴 기록이 남아 있으며, 7세기 무렵에는 일본까지 전래되어 전 세계에 전파된 게임이다.

백개먼에 관한 연구는 컴퓨터 여명기부터 시작해서 많은 연구가 진행되었다. 최초의 강력한 백개먼 프로그램은 1979년 벨리너(H. Berliner)가 개발한 'BKG'로, 초청 경기에서 세계 챔피언 빌라(L. Villa)에게 승리했다. 이때는 컴퓨터 쪽은 주사위 눈이 잘 나왔고, 빌라 쪽이 좋은 플레이를 했다.

테사우로(G. Tesauro)는 숙달자의 게임 플레이 데이터베이스를 기반으로 신경망을 이용해서 학습하는 Neurogammon을 구축하여 1989년에 열린 국제 정보 올림피아드(International Computer Olympiad)에서 우승했다.

1991년 테사우로는 플레이 데이터베이스를 이용하지 않고, 셀프 플레이를 통해 학습하는 도전적인 프로그램인 TD-Gammon을 구축한다. 한 수 한 수가 아니라 끝까지 플레이한 승패 결과에서 수를 학습하고자 TD 학습이라는 강화 학습 기법을 이용했다. 1992년 TD-Gammon은 강한 인간 플레이어와 같은 수순에서 플레이가 가능해졌다.

불확정 게임이므로 강함을 측정하려면 상당수 플레이가 필요하고 명확하게 인간을 뛰어넘는 수준이 된 시기를 특정하기는 곤란하다. 그러나 2000년 전후로 톱 플레이어도 참가하는 네트워크 서버에서 컴퓨터가 항상 상위에 오르게 된 점을 보아 인간을 넘어서지 않았을까 생각한다.

그 밖의 게임

불완전정보 게임에는 컴퓨터 브릿지나 포커 연구가 있다. 브릿지 연구에서는 1982년 스루프(T. Throop)가 개발한 'Bridge Baron'이 선구적으로, 1997년 제1회 세계 컴퓨터 브릿지 선수권에서 우승했다. 1998년에는 기스버그(M. Gisberg)가 구축한 'GIB'가 최강 프로그램이 되었다. 2000년대 들어와서는 쿠이프(H. Kuijf)가 개발한 'Jack'이 2001년부터 2004년, 그리고 2006년에도 세계 컴퓨터 브릿지 선수권에서 우승했다. 명확하게 인간 수준을 넘어선 시기를 특정하기는 어렵지만, 2000년대 톱 플레이어에 필적하는 프로그램이 등장했다.

포커 연구에서는 1970년대 핀들러(N. Findler)가 5카드 드로우 포커 프로그램을 만들었는데, 이 프로그램은 인간의 사고 과정을 모델화하는 것이 목적이라서 그다지 실력이 좋지는 않았다. 1980년대에는 포커 플레이어인 '캐로(M. Caro)'가 텍사스 홀덤을 플레이하는 'Orac' 프로그램을 구축했다. 그 후 1990년대 'Turbo Texas Hold'em'이라는 상용 포커 프로그램을 발매했는데, 이는 규칙 기반(3.1.1절 및 10.2.2절 참고)으로 작동되었고 널리 보급되었다. 1997년 앨버타대학의 셰퍼 연구 팀은 텍사스 홀덤을 플레이하는 프로그램 Loki를 발표했고, 1999년에는 이를 다시 수정하여 'Poki'라는 프로그램을 만들었다. 2000년 이후에도 앨버타대학 연구 팀은 포커 프로그램을 계속 개량하여 상위권 플레이어와 다양한 규칙으로 대전했다. 2017년 현재는 톱 플레이어를 위협하는 프로그램도 등장했지만, 규칙 등을 제한하는 제약이 추가된 경우가 많아 아직 완전하게 인간을 뛰어넘었다고 할 수 없다.

이외에도 불확정 요소가 높은 컬링이나 축구 등 스포츠 게임을 대상으로 한 연구, 불완전정보로 커뮤니케이션이 필요한 〈인랑〉 등 많은 직업을 포함한 다인수 디지털 게임 등에 관한 연구를 진행하고 있다. 게임 AI의 연구 대상은 확정 게임에서 불확정 게임으로, 완전정보에서 불완전정보로, 2인 게임에서 다인수 게임 등 더 복잡한 양상으로 발전하는 경향을 볼 수 있다.

MEMO

3^장

게임 AI와 인지 연구

여기에서는 게임 정보학의 AI적 연구와 인지 과학적 연구의 기초를 배울 것이다. 게임을 플레이하는 AI의 3대 접근 방식을 기술하고 각 특징을 설명한다. 또 게임을 플레이하는 인간의 사고 과정을 연구하는 인지 과학 분야의 연구를 몇 가지 소개한다.

3.1 게임 AI와 알고리즘

3.1.1 게임 AI의 세 가지 접근 방식

실력 있는 게임 AI를 만들고 싶다는 목표를 바탕으로 다양한 방식으로 접근했는데, 크게 다음 세 가지 접근 방식으로 나눌 수 있다.

이 세 가지 접근 방식은 배타적이지 않고, 서로 연결하거나 하이브리드 형태로 조합해서 실용화한다.

규칙 기반 접근 방식

게임을 플레이하는 인간의 경험적 지식을 톱다운 방식으로 규칙 기반으로 기술해 가는 방법이다. 개발자가 어느 정도 해당 게임에 능숙해야 하고, 지식을 추가해서 복잡한 플레이를 실현한다.

이 접근 방식의 좋은 점은 개발자가 프로그래밍한 대로 플레이한다는 것이다. 거꾸로 말하면, 어째서 잘 플레이할 수 없었는지 혹은 잘 플레이할 수 있었는지 개발자가 파악할 수 있어 개량이나 변경하기 쉽다는 장점이 있다.

반면 나쁜 점도 있다. 지식을 추가하려면 개발자는 그 게임에 능숙해야 할 뿐만 아니라, 습득한 지식을 정성껏 사례별로 나누어 기술해야 한다. 일반적으로 숙련자가 습득한 지식은 비언어적인 지식도 포함해서 매우 방대하며, 이를 모두 기술하는 것은 불가능에 가깝다. 예외 규칙도 많고 때로는 서로 모순되는 규칙을 기술하는 경우도 있다.

실제로 규칙 기반 접근 방식만으로 인간을 뛰어넘는 성능을 실현하기는 거의 불가능하고, 다른 접근 방식을 보조하는 형태로 많이 사용한다.

탐색적 접근 방식

탐색적 접근 방식은 컴퓨터의 계산 능력을 이용하여 탐색으로 수를 발견해 가는 방법이다. 대표적인 방법으로 체스 연구로 대표되는 게임 트리 탐색을 들 수 있다. 일본 장기나 체스 같은 게임에서는 국면을 노드로 삼아, 다음에 예상되는 모든 합법수로 트리를 전개하여 게임 트리를 형성한다. 적당한 평가 함수를 설정하고, 이 게임 트리를 미니맥스 탐색 기법을 이용하여 방대하고 단조로운 탐색을 진행하면 보텀업(bottom-up) 방식으로 다음 수가 결정된다.

이 접근 방식의 좋은 점은 게임 트리 형태로 국면을 표현할 수 있어 대응하는 평가 함수만 작성하면 나머지는 컴퓨터 계산 능력에 맡겨 강력한 프로그램을 만들 수 있다는 것이다.

반면 이런 탐색적인 모델을 컴퓨터에 알려 주지 않으면 플레이할 수 없다는 단점도 있다. 평가 함수를 설계하기 어려운 게임이나 합법수가 많아 탐색에서 조합적 폭발을 일으키는 게임은 어울리지 않는다.

이런 게임에 대해서는 몬테카를로 접근 방식이라는 다른 탐색 기법도 제안되어 있어 바둑이나 불완전정보 게임 등에서 커다란 효과를 거두고 있다.

학습적 접근 방식

학습적 접근 방식은 머신 러닝 알고리즘을 이용한 접근 방식이다. 학습 알고리즘에는 다양한 종류가 있다. 컴퓨터 장기처럼 방대한 기본 데이터(플레이 로그)를 훈련 데이터로 제공하고, 평가 함수의 파라미터를 사전에 학습한 후 그 학습 결과를 대전에 활용하는 지도 학습(supervised learning)이나 강화 학습 등 방법으로 플레이 캐릭터 행동을 최적화하는 학습이 있다. 구체적으로는 에어 하키 플레이어의 행동을 **Q 러닝**(Q learning)이라는 강화 학습을 이용하여 단조로워지기 십상인 NPC 움직임을 다양하게 만드는 연구를 진행하고 있다. 딥러닝(deep learning)을 이용한 컴퓨터 바둑 프로그램 등도 이런 접근 방식 중 하나다.

학습적 접근 방식은 학습이 잘되면 인간과 같은 플레이를 모방하거나 다른 방법을 조합해서 인간의 플레이를 웃도는 성능을 보여 주기도 한다. 하지만 방대한 훈련 데이터가 필요한 경우가 있고 적절하게 파라미터를 설정해 주지 않으면 학습이 잘되지 않는 문제점이 있다. 또 무엇을 학습했는지 개발자가 알 수 없는 경우도 많고, 강도 조절이 어려워 개발자가 의도하지 않은 플레이를 학습해 버리기도 한다.

이 세 가지 접근 방식을 더 자세히 살펴보자.

3.1.2 규칙 기반 접근 방식

AI 연구의 **엑스퍼트 시스템**(expert system) 사고방식에 바탕을 둔 접근 방식으로, 게임을 플레이하는 사람의 경험적 지식을 기술해 가는 방법이다.

엑스퍼트 시스템은 **지식 기반**(knowledge base)과 **추론 엔진**(inference engine)으로 구성된다. 지식 기반은 엑스퍼트가 가진 지식을 그대로 선언적으로 기술한 것이고, 추론 엔진은 일반적인 추론을 규칙으로 기술한 것이다.

예를 들어 다음과 같은 지식 기반과 추론 엔진을 가정해 보자.

〈지식 기반〉

(1) 침팬지는 젖을 먹인다.

(2) 백조는 하늘을 난다.

(3) 찌르레기는 날개가 있다.

〈추론 엔진〉

(a) 하늘을 나는 동물은 새다.

(b) 날개가 있는 동물은 새다.

(c) 젖을 먹이는 동물은 포유류다.

이런 사실에서 다음과 같은 이론적 귀결이 확장된다.

(A) 침팬지는 포유류다.

(B) 백조는 새다.

(C) 찌르레기는 새다.

이처럼 지식 기반과 추론 엔진에서 지식이 확장되어 지적인 추론을 할 수 있다. 게임 AI에서도 이 개념을 이용해서 게임을 플레이하는 AI를 만들 수 있다.

예를 들어 삼목에서 다음과 같은 지식 기반과 추론 엔진을 기술하면 그 규칙에 따라 간단한 플레이를 실현한다.

〈지식 기반〉

(1) 첫 번째 수는 반드시 한가운데 둔다.

(2) 두 번째 수는 반드시 구석에 둔다.

〈추론 엔진〉

(a) 상대방 돌이 다음에 삼목을 완성할 것 같으면 막는 위치에 둔다.

(b) (a) 이외의 경우라면 적당한 빈칸에 랜덤하게 둔다.

물론 이 정도 지식 기반으로는 추론 엔진에서 지적인 플레이를 충분히 실현할 수 없지만, 이 지식을 기반으로 추론 엔진을 계속 확충해 가면 더욱 지적인 플레이도 실현할 수 있다.

예를 들어 장기의 초반 데이터베이스와 체스의 종반 데이터베이스 등은 이 지식 기반의 한 예다. 또 탐색의 효율화에서 탐색을 우선하는 노드를 결정할 때는 추론 엔진에서 기술된 경험적 지식을 이용한다.

규칙 기반 접근 방식의 장점은 개량과 그 결과를 개발자가 이해하기 쉽다는 것, 규칙을 추가하고 수정하기 쉽다는 것이다. 반면 단점은 복잡한 문제를 해결해야 하는 게임에서 예외 규칙을 기술하기 어렵고 규칙끼리 모순이 생긴다는 것이다. 탐색적 접근 방식 등 다른 기법을 조합하거나 보강하는 형태로 이용하기도 한다.

3.1.3 탐색적 접근 방식

앞서 게임 정보학에서는 2인 완전정보 확정 제로섬 게임을 중심으로 연구해 왔음을 언급했다. 체스를 중심으로 한 게임 AI 연구에서 알고리즘의 기본이 된 것은 **게임 트리 탐색**(game tree search) 기법이다.

여기에서는 게임 트리 탐색에 이용되는 기본 탐색 기법인 미니맥스 탐색과 몬테카를로 트리 탐색 기법을 간단히 알아보겠다.

미니맥스 탐색

체스나 장기 같은 게임은 게임 트리 형태로 게임의 문제 해결 공간을 표현할 수 있음을 이미 설명했다. 그림 3-1은 서로의 합법수가 3개씩인 게임에서 자기 차례에서 두 수 앞의 국면까지 미리 읽었을 때의 게임 트리 예다. 그림과 같이 두 수 앞은 3×3 = 9가지로 국면이 예상된다.

두 수 앞 국면에서 어느 쪽이 어느 정도 유리한지는 자신에게 유리할수록 큰 값으로, 상대방에게 유리할수록 작은 값으로, 대등할 때는 0점이 되는 것으로 각 국면을 수치화할 수 있다. 이처럼 국면의 우열을 수치화하는 함수를 **평가 함수**(evaluation function)라고 한다.

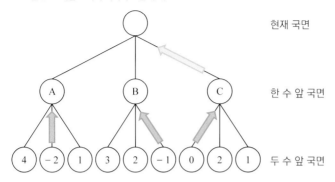

▼ 그림 3-1 게임 트리의 미니맥스 탐색 예

현재 국면

한 수 앞 국면

두 수 앞 국면

지금 그림에서 말단 노드 9개의 평가 값을 왼쪽부터 차례대로 4, −2, 1, …로 구했을 때 한 수 앞인 노드 A~C의 값은 '상대방이 자신에게 가장 불리한 수를 선택할 것'이라고 생각해서 각 자식 노드 중 미니멈(최소)인 점수의 노드를 선택한다. 다시 말해 노드 A에서는 −2가 선택된다. 마찬가지로 노드 B에서는 −1이 선택되고, 노드 C에서는 0이 선택된다. 여기에서 자신은 노드 A부터 노드 C의 평가 값 중 맥스(최대)인 수를 선택하면 되므로 노드 C가 선택된다.

이처럼 자신이 보았을 때 홀수 번째인 수에서는 최대가 되는 노드를, 짝수 번째인 수에서는 최소가 되는 노드를 반복해서 선택하여 게임 트리에서 최선의 수를 선택할 수 있다. 이런 탐색을 미니맥스 탐색이라고 하며, 게임 트리 탐색의 가장 기본적인 탐색 기법이다. 미니맥스 탐색은 알고리즘 편인 6장에 설명하므로 참고하기 바란다.

몬테카를로 트리 탐색

게임 트리로 표현되는 2인 완전정보 확정 제로섬 게임이라도 평가 함수 설계가 어려울 수도 있다. 이 경우 겨우 탐색해도 말단 노드의 평가 값을 믿을 수 없고 그 결과 좋은 수를 선택할 수 없는 문제가 발생한다. 바둑은 그중 으뜸가는 예로, 바둑돌 하나하나는 의미가 없고 연결되어야 의미가 생기기 때문에 그 연결이 가진 의미를 컴퓨터에 이해시키기 어려워 평가 함수 설계가 매우 힘들다.

이처럼 평가 함수 설계가 곤란한 게임에서 대체 수단으로 이용된 기법이 바로 **몬테카를로법**(Monte-Calro method)이다. 몬테카를로란 카지노로 유명한 모나코공화국에 있는 한 지역으로, 난수를 이용하여 시뮬레이션하기 때문에 이 지명을 상징적으로 이용했다.

몬테카를로법은 해석적으로 구하기 어려운 값을 방대한 랜덤 시뮬레이션을 통해 근사적으로 구하도록 하는 계산 이론적 접근 방식이다. 게임 세계뿐만 아니라 다양한 분야에서 이용한다.

▼ 그림 3-2 몬테카를로법으로 원주율을 구하는 예

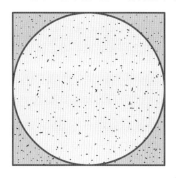

이 기법을 설명하는 예로 원주율의 근사 계산을 들 수 있다. 그림 3-2와 같이 한 변이 2인 정사각형에 접하는 원을 그리고 이 정사각형 내부에 랜덤하게 점을 1000개 찍었다고 하자. 이때 원 내부에 있는 점 개수가 786개라고 하면 (원의 내부 점 개수) : (전체 점 개수)의 비는 (원의 면적) : (정사각형의 면적)인 관계가 성립하므로 다음 식이 유도된다.

$$\frac{1}{4}(\pi \times \pi \times 1) = \frac{786}{1000}$$

이 식을 계산하면 원주율 π를 π=3.144로 구할 수 있다.

더욱 충분히 많은 점을 찍어 이 비를 구하면 대수 법칙에 따라 좀 더 원주율 값에 가까워질 것이라고 짐작할 수 있다. 이처럼 많은 난수 시뮬레이션에 기초하여 근사해를 구하는 방법을 몬테카를로법이라고 한다.

게임에서 몬테카를로법을 단순하게 응용하면 다음과 같다. 예를 들어 그림 3-3과 같이 게임의 한 국면에서 합법수가 몇 개 있고, 랜덤하게 수를 선택해서 게임이 끝날 때까지 플레이한다(이를 **플레이 아웃**(play out)이라고 한다).

▼ 그림 3-3 원시 몬테카를로법

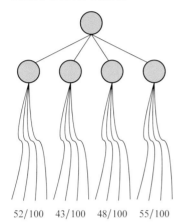

52/100   43/100   48/100   55/100

게임의 종료 조건과 승리 조건을 가르쳐 두면 게임이 끝날 때 승패를 판단할 수 있다. 플레이 아웃을 상응하는 횟수만큼 반복하면 그 국면의 승률이 구해진다. 그림 3-3과 같이 100번씩 플레이 아웃해서 왼쪽 노드부터 차례대로 52/100, 43/100, 48/100, 55/100로 승률이 구해졌다면 가장 오른쪽 노드의 승률이 높으므로 그 노드 개수가 선택된다.

하지만 컴퓨터 바둑은 역시나 단순한 몬테카를로법으로는 강해지지 않았다. 이 단순한 몬테카를로법을 **원시 몬테카를로법**이라고 한다. 여기에 다음과 같은 아이디어를 더하여 몬테카를로 트리 탐색이라는 새로운 방법으로 승화시켰는데, 이 것이 커다란 돌파구가 되었다.

한 가지 아이디어는 '플레이 아웃의 질을 높이는 것'이다. 플레이 아웃의 질이 낮으면 거의 랜덤한 플레이를 하게 되고, 있을 수 없는 플레이만 조사한다. 그러면 아무리 플레이를 많이 해서 평균을 구하더라도 타당한 결론을 이끌어 낼수 없다. 수를 선택할 때 뭔가 지식을 추가해서 시뮬레이션 질을 높일 필요가 있다. 또 한 가지 아이디어는 '가능성이 높은 수에 더 많은 계산 자원을 할당하는 것'이다. 몬테카를로 트리 탐색에서는 어느 노드에 많은 계산 자원을 할당할지 결정하고자 각 노드의 **UCB**(Upper Confidence Bound) 값을 구했다. 이 UCB 값이 클수록 더 많이 선택함으로써 계산 자원을 효율적으로 배분한다.

UCB 값은 다음 계산식으로 구한다. 우변의 처음은 후보수의 기대 값을 나타내고, 이 값이 클수록 큰 값이 된다. 다음은 후보수를 선택할수록 작은 값이 된다. 즉, 별로 선택되지 않은 후보수일수록 큰 값이 된다.

$$\text{UCB 값} = (\text{어떤 후보수가 그 시점에서 갖는 승률}) + \alpha\sqrt{\log\left(\frac{\text{모든 시행 횟수}}{\text{후보수를 시험한 횟수}}\right)}$$

이 식은 승률이 높아질 듯한 후보수, 별로 선택되지 않는 후보수일수록 UCB 값이 커진다는 것을 의미한다. UCB 값이 큰 수를 우선적으로 선택하여 계산 효율을 높일 수 있다. 또 α는 적당한 상수이며, 이 값이 클수록 더 모험적인 수에 계산 자원을 많이 할당하게 된다. 그리고 일정한 임계 값 이상의 플레이 아웃을 한 노드에 대해서는 다시 자식 노드를 전개한다. 즉, 플레이 아웃 횟수의 임계 값은 프로그램에 따라 고안된 적절한 값을 설정하면 된다.

이런 게임 트리 탐색을 **UCT**(Upper Confidence bound for Tree search)라고 한다. 이 두 가지 아이디어를 도입한 몬테카를로법을 몬테카를로 트리 탐색이라고 한다. 특히 컴퓨터 바둑 분야에서 현저한 성과를 보였다.

몬테카를로 접근 방식은 평가 함수를 설계하기 곤란한 게임뿐만 아니라, 랜덤한 플레이를 해도 종료하는 것이 보장된 게임에서 유효하다고 알려져 있다. 바둑은 종료 조건만 주면 적당히 돌을 놓아도 언젠가는 판을 마치므로, 이런 의미에서 적합한 게임이었다고 할 수 있다.

3.1.4 학습적 접근 방식

머신 러닝을 이용한 방법 전반은 학습적 접근 방식이다. 머신 러닝의 접근 방식으로는 **확률적 행동 선택**(probabilistic move selection), **강화 학습**(reinforce learning),

유전 알고리즘(genetic algorithm), **신경망**(neural network) 등을 들 수 있다.

확률적 행동 선택은 플레이어의 행동 이력 등으로 행동 빈도를 계산하여 특정 상황에서 어떤 수를 선택할지 확률적으로 선택하는 방법이다. 예를 들어 장기에서 초반 정석을 선택할 때 어떤 플레이어의 기보를 대량으로 입수할 수 있다면, 특정 국면에서 어느 플레이어가 어느 정석 순서를 많이 이용하는지 확률을 구할 수 있다. 그 빈도에 따라 수를 선택하는 방법을 쓰면 플레이어가 자주 선택하는 정석 순서를 많이 사용하는 플레이를 모방한다.

강화 학습은 학습시키고 싶은 AI 에이전트가 바람직한 플레이를 했을 때 보상을 주고, 그렇지 않을 때 불이익을 주어 더 나은 플레이를 하도록 학습시키는 방법이다. 강화 학습으로는 시간 차 학습(temporal difference learning)이나 Q 러닝 등이 있다.

유전 알고리즘은 학습시키고 싶은 파라미터를 유전자 형태로 표현한 복수의 개체를 준비하고, 더 좋은 결과를 가져오는 개체를 우선 선택하여 교차, 돌연변이, 도태 등을 반복해서 적응도가 더 좋은 개체를 발견해 가는 방법이다.

신경망이란 두뇌의 시냅스 결합을 컴퓨터상에서 본떠 형성한 인공 뉴런을 이용한다. 학습으로 시냅스 결합 강도를 조정하고 목표한 판단 능력을 갖추도록 하는 학습 모델이다. 일반적으로 실력 있는 많은 플레이어의 플레이 로그에서 플레이어의 인식이나 판단 능력을 학습하여 몸에 익히려고 할 때 이용한다. 컴퓨터 바둑에서 매우 커다란 성과를 거둔 딥러닝이란 **합성곱 신경망**(Convolutional Neural Network, CNN)의 일종으로, 다층 구조 신경망을 이용하는 방법이다. 알파고는 바둑처럼 매우 전문적이고 복잡한 시각적 국면 인식조차 학습할 수 있다는 것을 보여 주었다.

여기에서는 대표적인 것만 용어로 살펴보았는데, 자세한 기술은 머신 러닝 도서 등을 참고하기 바란다. 게임 분야에서도 많은 플레이어의 플레이 로그를 이용하여 지도 학습을 하면서 좋은 플레이를 학습시키려는 접근 방식을 다양한 형태로 전개하여 성과를 거두고 있다. 12장에서 응용 사례를 설명하므로 참고하기 바란다.

3.2 게임과 인지 과학

3.2.1 인지 과학 연구와 그 방법

게임을 플레이하는 인간의 사고에 관한 연구를 인지 과학적 연구라고 하며, AI 연구와 주를 이룬다. AI 연구에서 게임이 중요한 역할을 한 것처럼 인지 과학의 인간 사고 연구에서도 오래전부터 게임을 연구 대상으로 다루었다.

인지 과학은 인간의 다양한 인지 활동을 다각적인 시점에서 연구하는 연구 영역을 의미하며 철학, 심리학, AI, 언어학, 인류학, 뇌신경과학 등 학문과 관련이 있다.

그중 인간 사고를 다루는 '문제 해결' 연구 분야에서는 인간의 지적인 행동을 밝히고자 전통적으로 **발화 프로토콜 분석**(verbal protocol analysis) 방법을 이용했다. 이 방법은 피험자에게 어떤 과제를 부여하고, 사고 과정을 모두 발화시켜 녹음한 후 언어화해서 분석한다. 인간의 사고 과정을 조사하는 연구에 널리 이용되어 많은 지식을 남겼다. 하지만 의식적인 사항만 발화할 수 있다는 사실을 지적받았고, 무의식적인 사고를 추출하기는 어렵기 때문에 다른 다양한 측정 장치를 조합해서 발화만으로 추출하기 곤란한 내용을 보완해야 한다.

최근에는 인간의 인지 과정을 측정하는 다양한 기기를 개발하여 앞서 말한 발화 분석 등과 함께 그 기능을 해명하는 데 이용한다. 시선의 움직임을 측정하는 **시선측정장치**(eye tracking measurement device)에서는 게임을 플레이하는 인간이 어떻게 눈을 통해 정보를 얻는지 밝혀 준다. 또 두뇌 활동을 측정하는 장치로는 **뇌파계**(electroencephalograph)나 **fNIRS**(functional Near-Infrared Spectroscopy), **fMRI**(functional Magnetic Resonance Imaging) 등이 있다.

뇌파에는 α파, β파 등이 있는데, 뇌파로 파악할 수 있는 것은 각성 상태인지 혹은 과제에 집중하고 있는지 같은 사고에 관한 부차적인 내용이므로 직접적으로 사고 과정을 밝히는 데는 그다지 이용하지 않는다.

fNIRS는 신체 투과성이 높은 근적외광을 이용하여 뇌혈류량 변화를 다수의 점에서 측정하고, 측정 결과를 영상화해서 표시하는 뇌기능 이미징(imaging) 장치다. 구체적으로는 헤모글로빈의 농도 변화로 두뇌 활동을 추정하는 방법을 사용한다. 저구속성이고 신체에 안전한 근적외광을 이용하는 등 장점도 많다. 하지만 뇌의 표층부(3cm 정도) 혈류량 변화만 조사할 수 있으므로 측정할 수 있는 것은 대뇌피질의 표면뿐이고 뇌의 심층부 혈류 변화는 측정할 수 없다.

fMRI는 자기공명을 이용하여 인간의 두뇌 활동에 연관된 혈류 변화를 시각화하는 시스템이다. 뇌의 심부 활동을 측정할 수 있고 고자장인 것은 1mm 미만의 공간 분해능 가능성도 보고된다. 그러나 피험자가 몸을 위로 향한 채 측정기기에 머리를 넣어야 하고, 자장이 높으므로 금속 등은 몸에 붙일 수 없어 실험 내용에 상당히 제약을 받는다.

그 밖에도 땀이나 맥박 등 생체 반응을 측정하는 기기를 비교적 싸게 구매할 수 있게 되었지만, 과제를 수행할 때 심적 상태를 보조적으로 측정할 목적으로 이용하지 사고 과정 자체는 측정하지 않는다.

이처럼 인간의 사고 과정을 직접 조사하는 것은 어려우므로, 이와 같은 다양한 측정 방법을 조합하여 목적에 맞는 실험을 구성할 필요가 있다.

3.2.2 게임의 인지 과학 연구

게임의 인지 과학 연구사를 알아보면, 1960년대 드 그루트(de Groot)의 선구적 연구까지 거슬러 올라간다. 그는 체스 숙련자를 대상으로 기억 실험이나 '다음 한 수' 과제를 실험해서 많은 데이터를 얻었다. 특히 숙련자가 매우 짧은 시간(약 5초 정도) 장기판을 보는 것만으로도 정확히 그 위치를 재현할 수 있다는 사실을 보여 주었다.

이 연구를 계승한 체이스와 사이먼(W.G. Chase and H.A. Simon)은 이런 탁월한 기억 능력을 **청크**(chunk)라는 개념을 이용해서 설명하려고 시도했다. 청크는 의미가 있는 정보 집합을 나타내는 용어로, 밀러(G.A. Miller)가 제창했다. 밀러는 **매지컬 넘버 7±2**(magical number seven, plus minus two)라는 기억에 관한 논문으로 유명한데, 인간이 한 번에 기억할 수 있는 용량은 많아야 7±2개 정도라는 사실을 실험으로 증명했다. 그는 이 사실을 바탕으로 기억에 관한 **인지 모델**(cognitive model)을 제창하고, 인지 과학이라는 분야를 구축했다. 청크 개념을 보여 주는 예로, 다음 문자열 기억을 들 수 있다.

(a) 커다란숲에곰과여우가살고있다.

(b) 여우가있다살고곰과숲에커다란.

(c) 여우있가숲커다에고살란곰과다.

모든 문자열을 구성하는 문자의 종류와 개수가 같지만, (b)나 (c)보다 (a)가 압도적으로 기억하기 쉽다는 것을 알 수 있다. (a)는 '커다란 숲에 곰과 여우가 살고 있다.'는 의미를 한 덩어리로 된 이야기로 인식할 수 있지만, (c)는 전혀 의미 없이 모든 글자와 순서를 기억해야만 하기 때문이다. (b)는 중간적으로 문자열 하나하나는 의미가 있으므로 단어로서는 인식할 수 있지만, 문장이 성립하지 않아 기억을 방해한다. 이처럼 인간은 지식을 '덩어리'로 기억하고, 이 덩어리를 '청크'라고 한다.

여기에서 다시 체스 국면과 같은 한 다스 이상이나 되는 말의 배치를 어떻게 기억하는지 생각해 보면, 복수 말의 전형적인 배치를 한 덩어리로 기억하여 기억해야만 하는 요소를 대폭 줄였기 때문이다. 숙련자는 체스 말의 배치를 지식으로 정리하여 기억하므로, 순간적으로 보기만 해도 그 국면이 어떤 국면인지 모두 인식하고 기억할 수 있다.

1990년대 사이토 야스키 등이 바둑을 대상으로 한 인지 과학 연구를 활발하게 수행했다. 기억이나 '다음 한 수' 과제, 페어 바둑, 실제 대국 등 다양한 상황에서 인지나 사고 과정을 연구했다. 그 결과, 바둑에서 인간은 '후보수가 극적으로 적고 분기가 적은 직선적인 예측을 한다는 사실', '바둑 용어를 이용해서 사고한다는 사실', '청크가 공간적인 확장뿐만 아니라 시간적인 확장도 볼 수 있다는 사실' 등 많은 연구 결과를 남겼다.

1990년대 후반에는 이토 다케시 등이 장기를 대상으로 연구했다. 체스의 기억 연구를 이어받아 초급자부터 프로 기사까지 폭넓은 수준의 플레이어를 대상으로 체스와 같은 기억 실험을 했는데, 그 결과 강한 플레이어일수록 의미 있는 국면을 잘 기억한다는 사실을 확인했다. 중반 정도가 지나 말이 밀집된 국면에서도 프로 기사는 3초라는 짧은 시간 동안 정확히 말의 배치를 기억하고, 평균 90% 이상의 정확도로 국면을 재생했다. 아마추어 유단자는 초수부터 30수 정도까지 국면에서는 프로 기사에 필적하는 기억력을 보였지만, 40수 이후에서는 재생률이 떨어지는 모습을 보였다(그림 3-4). 연구자들은 아마추어 유단자가 초반 정석을 공간적 배치로 기억해서 재생할 수 있었지만, 중반 이후가 되면 정석 지식을 사용할 수 없어 재생률이 저하된다고 생각했다.

▼ 그림 3-4 제시한 국면과 재생률

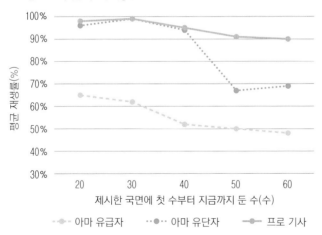

반면 프로 기사가 중반 이후에도 재생률이 떨어지지 않는 이유로 초반 국면에서도 대략 이렇게 되리라고 국면 흐름을 이해할 수 있기 때문이라는 가설을 세웠다. 결국 정석을 말의 공간적 배치 집합으로 기억할 뿐만 아니라, 국면 흐름도 집합으로 기억하는 것은 아닐까 생각했다. 이토는 기존 공간적 집합을 **공간**

적 청크(spatial chunk), 흐름 같은 것을 **시간적 청크**(temporal chunk)로 구별하여 초숙련자 특유의 능력이라고 생각했다.

또 이토는 '다음 한 수' 과제를 바탕으로 플레이어의 사고 과정도 조사했다. 사고 과정은 발화 프로토콜 분석을 이용해서 진행되었다. 발화 내용에서 수를 읽은 범위를 후보수 값으로 하고 수를 읽은 깊이를 가장 멀리 본 수의 값으로 해서 발화 데이터를 분석한 결과, 그림 3-5와 같이 중급자(아마추어 초단 정도)일수록 후보수가 많고 상급자일수록 깊이 읽는다는 사실이 드러났다. 사고 시간을 조사한 결과에서는 그림 3-6과 같은 결과를 얻었고, 중급자일수록 오래 생각한다는 것을 알 수 있었다.

▼ 그림 3-5 기력과 읽기의 넓이와 깊이 관계

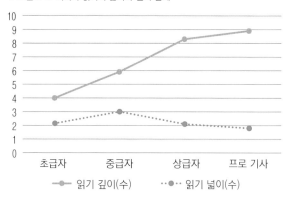

▼ 그림 3-6 기력과 사고 시간의 관계

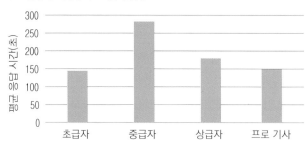

한 문제에서 국면을 얼마나 읽고 있는지 조사한 결과에서는 그림 3-7과 같은 결과를 얻었고, 상급자일수록 빠르게 많은 양을 읽는다는 것을 알 수 있다.

▼ 그림 3-7 기력과 읽는 양의 속도 관계

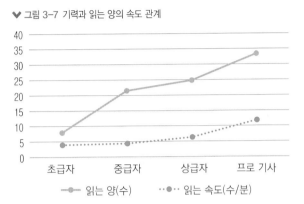

이토와 연구자들은 이 결과에서 중급자가 되면 여러 후보수가 보이고 생각하는 시간이 길어지지만, 상급자가 되면 경험적 지식으로 수를 좁혀 갈 수 있고 직관이 작용하므로 쓸데없는 탐색이 줄어들어 좁고 깊게 읽어 낼 수 있는 것이 아닐까 예측했다(그림 3-6과 그림 3-7).

2000년대 후반에는 이화학연구소가 후지쯔와 연계하고 일본 장기 연맹과 협력하여 장기를 플레이하는 프로 기사의 직관에 관한 두뇌 활동을 연구했다. 2007년 프로젝트를 발족하여 일본 장기 연맹 프로 기사를 포함한 다양한 수준의 플레이어를 대상으로 fMRI를 이용하여 장기 숙련자가 직관적 사고를 할 때의 두뇌 활동을 측정했다. 2010년 이후, 다나카 게이지 연구 그룹을 중심으로 몇 가지 연구 성과가 보고되었다.

2011년에는 프로 기사가 직관적인 장기 문제를 해결할 때의 두뇌 활동 연구 성과를 발표했다. 장기판을 보고 순간적으로 인식할 때는 **대뇌피질 두정엽**(parietal lobe of cerebral cortex)의 **설전부**(precuneus)가, 최적인 '다음 한 수'를 직관적으로 도출할 때는 **대뇌기저핵**(basal ganglia)의 **미상핵**(caudate nucleus)이 활성화한다고 보고되었다. 또 2012년에는 전기통신대학과 공동 연구에서 장기 초보를 대상으로 '5오 장기'라는 미니 게임을 4개월간 훈련한 결과, 대뇌피질에는 변화가 없었지만 대뇌기저핵의 미상핵에서 신경 활동이 발현된 사실이 보고되었다. 이렇게 직관적 사고는 훈련을 통해 길러질 가능성이 있다는 사실이 시사되었다.

다시 장기의 전략을 결정하는 두뇌 메커니즘을 연구해서 공격과 수비의 가치를 표현하는 두뇌 활동 부위를 측정했다. 2015년에 그 결과를 보고했는데, 직관적인 전략 결정은 대뇌의 **대상피질**(cingulate cortex)이라는 영역을 중심으로 행해진다는 사실과 공격과 수비의 결정에는 그 후부와 전부가 관련된다는 것을 알 수 있었다.

인지 과학에서는 발화 데이터, 시선 데이터, 두뇌 활동 등을 측정해서 실제 플레이어의 사고 과정을 명확하게 하고 인지 모델을 세워 그 현상을 설명하는 형태로 연구가 진행된다. 인지 모델에서 얻은 지식은 게임 AI 알고리즘에 활용되고 개량되며, 거기에서 얻은 지식은 다시 새로운 인지 모델을 구축하는 힌트가 된다. 이처럼 인지 과학 연구와 AI 연구는 서로 연관되어 있고, 게임 정보학 분야에서 주를 이룬다.

3.2.3 인간의 사고와 컴퓨터의 사고

인지 과학 연구가 진행되면서 게임 AI의 사고와 인간의 사고 사이에 있는 괴리가 지적되었다. 2007년에 이토 다케시는 인간의 '다음 한 수' 문제를 그대로 당시 최고 컴퓨터 장기 프로그램에 주고, 응답을 비교하는 실험을 했다. 비교한 결과 컴퓨터 장기는 모든 합법수를 평가하여 망라적인 탐색으로 몇십 수 앞까지 읽고 '다음 한 수'를 결정했다. 그러나 숙련된 사람은 한정된 몇 개 후보수 중에서 고작 몇 수 앞 정도를 직선적으로 내다보고, '다음 한 수'를 결정한다는 것을 알 수 있었다. 이 실험은 프로 기사가 그 자리만으로 수를 결정하는 것이 아니라, 사전 연구 등으로 어떤 수를 선택하면 어느 쪽이 우세하는지 사전 지식을 갖고 그 지식을 조합해서 수를 결정한다는 사실을 시사한다.

이런 사고 차이는 인간과 컴퓨터의 플레이 차이로 나타난다. 컴퓨터 장기는 실수가 적지만, 읽기 범주를 넘어서는 먹고 먹히는 국면 판단이나 노림수는 선택할 수 없다. 인간은 경험을 바탕으로 쓸데없는 탐색을 대폭 줄일 수 있지만, 선입견에 사로잡혀 유망한 수를 보지 못하고 넘길 가능성이 있다.

이는 컴퓨터 장기가 게임 트리를 망라적으로 탐색하기 때문인데, 컴퓨터 장기가 발전하면서 탐색 기술의 향상이나 머신 러닝을 이용한 평가 함수 찾기 등으로 인간다운 국면 평가 능력을 얻어 컴퓨터 단점이 상당히 줄어들었다. 한편 인간은 선입견이나 실수가 눈에 띄게 되어 있어, 장기에서는 컴퓨터의 선입견 없는 수 선택과 정확한 수 읽기의 근거를 손에 넣고자 프로 기사 중에서도 컴퓨터에서 배우는 사람이 늘어나고 있다. 게임 AI의 진화가 인간 플레이어에게 영향을 주는 하나의 예라고 할 수 있다.

컴퓨터 바둑은 많은 다른 게임 트리 탐색 기법과 달리, 몬테카를로 접근 방식으로 강해졌다. 몬테카를로 트리 탐색의 특징은 랜덤하게 플레이 아웃을 반복하여 승률을 계산해서 국면을 평가한다는 것이다. 컴퓨터는 국면 우열을 수식화하는 데 어떤 의미에서 보면 인간보다 더 뛰어나다. 하지만 정확한 순서가 필요한 엄밀한 미리 읽기는 서툴러서 의외로 종반 전개가 부정확하다는 문제를 안고 있다. 바둑 분야에서는 처음부터 사활 문제라고 알려진 '한정적인 국면에서 묘수 풀이 바둑'에서는 프로 기사를 능가하는 성능을 보여 주므로, 대부분 장기처럼 바둑도 종반에 강할 것이라고 생각했다. 하지만 실전 바둑에서는 국면을 제대로 나누지 못해서 종반에 실수를 하곤 했다. 초·중반에 막연히 판단하는 것은 인간보다 정확히 할 수 있으므로, 초·중반이 강하고 종반이 약한 바둑은 장기와는 반대인 프로그램이 많았다. 하지만 딥러닝이 출현하면서 이런 약점은 상당히 극복된 것처럼 보인다. 이는 밸류 네트워크로 더욱 정밀한 미리 수 읽기가 가능해졌기 때문일지도 모른다. 가까운 미래에 바둑에서도 모든 면에서 인간을 능가하는 AI가 출현할 것이고, 지적인 게임 AI와 인간의 관계는 다른 지적 AI와 인간의 관계를 생각할 때 하나의 커다란 벤치마크가 될 것으로 보인다.

3.2.4 자연스러운 게임 AI 연구

앞서 설명한 것처럼 인간 플레이어는 컴퓨터 장기나 다른 게임 AI를 미루어 짐작해서 컴퓨터 바둑에 대해서도 같은 플레이어 모델을 세우는 경향이 있다. 인간이 게임 AI에 품는 이미지는 인간과 게임 AI의 플레이에서 인간의 인상에 큰 영향을 준다.

우리는 게임 AI와 대전할 때 부자연스러움과 위화감을 느끼면 대전을 즐길 수 없을 것이다. 이런 현상은 인간이 AI에 품는 이미지나 모델과 연관된다. 이런 생각에서 게임에 인간다움을 부여하거나 적당히 실수를 허용해서 자연스러운 대전을 실현하려는 연구가 진행되고 있다. 즉, 게임 AI의 부자연스러움을 **인간다움**(humanity)의 결여로 보고, 인간다운 게임 AI를 만들려는 연구다.

IEEE-CIG(IEEE Conference on Computation Intelligence and Games)는 2000년대 후반부터 인간다움을 겨루는 AI-Bot 대회를 개최했다. 2012년에는 The 2K BotPrize라는 일인칭 시점의 슈팅 게임 FPS(First Person Shooter)를 대상으로 **인간다움을 겨루는** AI-Bot 대회에서 **슈럼**(J. Schrum)은 역사상 처음으로 인간 이상으로 인간답다고 평가되는 NPS를 실현했다. 그들은 인간 플레이어의 행동을 플레이 데이터베이스에서 조사하고, 인간답다고 생각되는 행동을 결정론적으로 정의하여 신경망에서 이를 제약으로 적용했다. 그 결과 대전 상대인 인간 플레이어에게서 '인간답다'고 평가되는 NPC 행동을 이끌어 낼 수 있었다.

후지이 노부토는 비디오 게임의 AI 에이전트에 '인간다움'을 가지게 하려고 **생물학적 제약**(biological constrait) 개념을 도입했다. 생물학적 제약이란 인간의 타고난 제약과 욕구를 의미하는데, 게임을 플레이할 때도 그 제약에서 도망칠 수 없다는 생각이 바탕이 된다. 예를 들어 인간 플레이어는 조작 대상이나 적 오브젝트를 정확히 관측하고 식별하기 어려워 '편차'가 생긴다. 또 운동 제어에는 생물학적 반응 속도에 한계가 있어 '지연'이 생기고, 장시간 플레이하면 '피로'도 생긴다. 나아가 같은 행동을 반복할 때는 '훈련' 효과도 있지만 질리기도 하므로 새로운 행동에 '도전'하는 현상도 볼 수 있다. 이런 생물학적 제약을 Infinite

Mario Bros.라는 디지털 게임 조작에 추가해서 인간다운 행동을 획득했다.

인간을 상대로 플레이하는 AI를 적당히 약하게 만드는 연구로 **이케다 코코로**의 컴퓨터 바둑 연구를 들 수 있다. 이케다는 봐준다는 느낌이 들지 않을 정도의 적당한 '약함'을 실현하고자 했다. 또 현재 국면에서 예측 승률과 후보수 선택 확률을 이용하여 형세를 제어하거나 낙관파, 비관파 같은 플레이 스타일에 따른 획득 전략도 분석했다. 이들 연구를 이어받아 **나카미치 타카시**는 컴퓨터 장기를 제재로 하여 탐색에서 평가 값의 절댓값에 −1을 곱해서 평가 값 0에 가까운 수일수록 고평가되고, 대전 상대에 맞추어 강도를 동적으로 조정하는 기법을 제안했다. 이 간단한 아이디어를 도입하는 것만으로도 좋은 승부가 이어졌고, 마치 실력이 서로 팽팽한 상대끼리 대전하는 것처럼 보였다.

게임 AI에 대한 인간이 품은 이미지는 시시각각 변화하며 하나로 고정되지 않는다. 게임 AI에 요구되는 기술은 조금 전까지 인간과 대등한 실력이었지만, 그 목표가 충분히 달성되려고 하는 현재는 대전할 때 즐겁고 호적수로서 위화감을 주지 않는 AI를 실현한다는 목표로 변화했다.

1부 참고 도서

1장

게임이란 무엇이고 게임 디자인이란 무엇인가를 깊이 알고 싶은 사람을 대상으로 한 전문서다.

> 1) 〈게임 디자인 원론 1·2〉(지코사이언스, 2010~2011)

왜 인간은 놀이를 하는가, 카이와의 놀이에 관한 가치관을 알아보고 싶다면 다음 도서를 읽어 보자.

> 2) 〈놀이와 인간〉(문예출판사, 1994)

게임 이론을 사회심리학적·인지 과학적 시점에서 해독하고 싶을 때 다음 도서를 추천한다.

> 3) 〈사회적 딜레마 '환경 파괴'에서 '집단 따돌림'까지〉(PHP신서, 2000)
> 4) 〈'결정 방법'의 논리 – 사회적 결정 이론으로의 초대〉(도쿄대학출판회, 1980)

2장

문제 해결의 인지 과학적 연구에 관해서는 다음 도서들에 자세하게 써 있다.

> 1) 〈인지심리학(4) 사고〉(도쿄대학출판회, 1996)
> 2) 〈문제 해결의 수리(방송 대학 교재)〉(방송대학교육진흥회, 2017)
> 3) 〈인간 시대로의 발상〉(중공신서, 1985)

이 도서는 게임 정보학을 기술적 측면에서 폭넓게 다루었다.

> 4) 〈게임 계산 메커니즘, 컴퓨터 수학 시리즈 7〉(코로나사, 2010)

체스 두는 로봇 '터키인'을 자세하게 알고 싶다면 이 도서를 살펴보자.

> 5) 〈수수께끼의 체스 인형 '더 터크'〉(엔티티출판, 2011)

컴퓨터 체스의 역사, 카스파로프 대 컴퓨터에 관하여 자세하게 알고 싶다면 다음 도서들을 추천한다.

6) 〈컴퓨터 체스 세계 챔피언에 도전〉(사이언스사, 1994)

7) 〈인간 대 기계 – 체스 세계 챔피언과 슈퍼 컴퓨터 싸움의 기록〉(마이니치 커뮤니케이션즈, 1998)

컴퓨터 장기에 관련한 도서다.

8) 〈컴퓨터 장기의 진보 1~6〉(공립출판, 1996~2012)

컴퓨터 장기의 역사에서 기술까지 폭넓게 기술했다.

9) 〈인간을 이기는 컴퓨터 장기 제작법〉(기술평론사, 2012)

10) 고타니 요시유키: 임시별책 수리과학 '컴퓨터 장기의 두뇌' 인간에 도달하는 날은 언제일까?(사이언스사, 2007년 11월호)

컴퓨터 바둑에 관한 도서는 다음과 같다.

11) 〈컴퓨터 바둑 – 몬테카를로법의 이론과 실천〉(공립출판, 2012)

12) 〈컴퓨터 바둑 입문〉(공립출판, 2005)

알파고에 관한 도서는 다음과 같다.

13) 〈AI 알파고 해부 딥러닝, 몬테카를로 트리 탐색, 강화 학습으로 본 그 구조〉(쇼에이샤, 2017)

14) 〈바둑 AI 신시대〉(마이나비출판, 2017)

15) 〈알파고는 어떻게 인간을 이길 수 있었을까〉(베스트셀러스, 2016)

3장

AI를 이해하기 쉬운 도서를 소개한다.

1) 〈AI 이야기(개정판)〉(일과기연출판사, 2017)

머신 러닝 이론과 실천에 관해서는 다음 도서를 추천한다.

2) 〈머신 러닝 교과서〉(길벗, 2019)

구체적으로 머신 러닝 프로그래밍 기초를 학습할 수 있는 도서다.

3) 〈프리 라이브러리로 배우는 머신 러닝 입문〉(슈와시스템, 2018)

인지 과학의 방법론에 관해서는 다음 도서가 있다.

4) 〈인지 과학의 방법(신장판)〉(도쿄대학출판회, 2007)

5) 〈프로토콜 분석 입문〉(신요사, 1993)

숙달되면 말로는 표현할 수 없는 암묵적 '지식'이 형성된다. 이를 '암묵지'라는 개념으로 설명한 체화된 깊은 인지 구조를 고찰한 도서다. 더 깊은 인지에 흥미가 있는 사람을 대상으로 한다.

6) 〈암묵적 영역〉(박영사, 2015)

장기와 뇌에 관하여 이화학연구소의 연구를 정리한 다음 도서가 있다.

7) 〈'뇌의 세기(世紀)' 추진회의: 뇌를 안다 · 만든다 · 지킨다 · 기른다 12장기와 뇌과학〉(쿠바프로, 1999)

교과서에서는 다루지 않지만 재미에 관하여 칙센트미하이가 제창한 플로 개념을 설명한 도서는 게임의 재미를 연구하는 사람에게는 필독서다.

8) 〈몰입 Flow 미치도록 행복한 나를 만나다〉(한울림, 2005)

9) 〈몰입의 즐거움〉(해냄, 2010)

1장

1) 비트겐슈타인(후지모토 타카시 역): 비트겐슈타인 전집 8 철학탐구, 대수관서점 (1976)

2) 로제 카이와, 놀이와 인간, 문예출판사 (2002)

3) Gardner, M : Mathematical Games? The fantastic combinations of John Conway's new solitaire game "life", Scientific American, 223, pp.120−123 (1970)

2장

1) Newell, A., Show, J.C. and Simon, H.A. : Report on a general problem−solving program, Proceedings of the International Conference on Information Processing, pp.256−264 (1959)

2) Ernst, G.W. and Newell, A. : GPS: a case study in generality and problem solving, Academic Press (1969)

3) C.E. Shannon : Programming a Computer for Playing Chess, Philosophical Magazine, Ser.7, 41, 314 (1950)

4) Newell, A., Show, J.C. and Simon, H.A. : Chess Playing Programs and the Problem Complexity, IBM Journal of Research and Development, 2, pp.320−335 (1958)

5) Tsuruoka, T., Yokoyama, D. and Chikayama, T. : Game−Tree search algorithm based on realization probability, ICGA Journal, pp.146−153 (2002)

6) Hoki, K. and Kaneko, T : Large−Scale Optimization for Evaluation Functions with Minimax Search, Journal of Artificial Intelligence Research, 49, pp.527−568 (2014)

7) 이토 다케시, 오바타 다쿠야, 스기야마 다쿠야, 호키 구니히토 : 장기의 합의 알고리즘 − 다수결에 의한 수 선택, 정보처리학회논문지, 52, 11, pp.3030−3037

8) 스기야마 다쿠야, 오바타 다쿠야, 사이토 히로아키, 호키 구니히토, 이토 다케시 : 장기의 합의 알고리즘 – 국면 평가치에 기초한 수의 선택, 정보 처리학회논문지, 51, 11, pp.2048-2054 (2010)

9) Hoki, K., Kaneko, T., Yokoyama, D., Obata, T., Yamashita, H., Tsuruoka, Y. and Ito, T. : Distributed-Shogi-System Akara 2010 and its Demonstration, The International Association for Computer and Information Science (ACIS), International Journal of Computer & Information Science, 14, 2, pp.55-63 (2013)

10) Remus, H : Simulation of a learning machine for playing Go, Proc. IFIP Congress, pp.428-432, North-Holland (1962)

11) Zobrist, A.L. : A model of visual organization for the game of Go, Proc. Spring Joint Computer Conference, 34, pp.103-112 (1969)

12) Reitman, W. and Wilcox, B. : Modelling Tactical Analysis and Problem Solving in Go, Proc. of the Tenth Annual Pittsburgh Conference on Modelling and Simulation, pp.2133-2148 (1979)

13) Gelly, S., Wang, S., Munos, R. and Teytaud, O. : Modification of UCT with Patterns in Monte-Carlo Go, Technical report, INRIA (2006)

14) Geely, S. and Silver, D. : Combining Online and Offline Knowledge in UCT, Machine Learning, Proceedings of the Twenty-Fourth International Conference (ICML 2007), Corvallis, pp.273-280 (2007)

15) Coulom, R. : Efficient Selectivity and Backup Operators in Monte-Carlo Tree Search, Computers and Games, 5th International Conference, CG 2006, pp.72-83 (2007)

16) Silver, D., Schrittwieser, J., Simonyan, K., Antonoglou, I., Huang, A., Guez, A., Hubert, T., Baker, L., Lai, M., Bolton, A., Chen, Y., Lillicrap, T., Hui, F., Sifre, L., van den Driessche, G., Graepel, T. and Hassabis, D. : Mastering the game of Go with deep neural networks and tree search, Nature, 529, pp.484-489 (2016)

17) Silver, D., Schrittwieser, J., Simonyan, K., Antonoglou, I., Huang, A., Guez, A., Hubert, T., Baker, L., Lai, M., Bolton, A., Chen, Y.,

Lillicrap, T., Hui, F., Sifre, L., van den Driessche, G., Graepel, T. and Hassabis, D. : Mastering the game of Go without knowledge, Nature, 550, pp.354－359 (2017)

18) Schaeffer, J., Lake, L., Lu, P. and Bryant, M. : CHINOOK the world man－machine checkers champion, AI Magazine, 17, pp.21－29 (1996)

19) Schaeffer, J., Burch, N., Bjornsson, Y., Kishimoto, A., Muller, M., Lake, R., Lu, P. and Sutphen, S. : Checkers is solved, science, 317, 5844, pp.1518－1522

20) Buro, M. : Experiments with Multi－ProbCut and a New High－ Quality Evaluation Function for Othello, Games in AI Research (2000)

21) Buro, M. : The Othello Match of the Year : Takeshi Murakami vs. Logistello, ICCA Journal, 20, 3, pp.189－193 (1997)

22) Tesauro, G. : Temporal Difference Learning and TD－Gammon, Communications of the ACM, 38, pp.58－68 (1995)

3장

1) De Groot, A.D. : Perception and memory in Chess－studies in the heuristics of the professional eye, Van Goreum (1996)

2) Chase, W.G. and Simon, H.A. : Perception and chess, Cognitive Psychology, 4, pp.55－81 (1973)

3) Simon, H.A. and Gilmartin, K.J. : A simulation of memory for chess positions, Cognitive Psychology, 5, pp.29－46 (1973)

4) Saito, Y. and Yoshikawa, A. : The difference of knowledge for solving Tsume－Go problem according to the skill, Game Programming Workshop '97, pp.87－95 (1997)

5) 이토 다케시, 마츠하라 히토시, Reijer Grimbergen : 장기의 인지 과학적 연구(1) － 기억 실험의 고찰, 정보처리학회논문지, 43, 10, pp.2998－3011 (2002)

6) 이토 다케시, 마츠하라 히토시, Reijer Grimbergen : 장기의 인지 과학적 연구(2) － 다음 한 수 실험의 고찰, 정보처리학회논문지, 45, 5, pp.1481－ 1492 (2004)

7) 이토 다케시 : 컴퓨터의 사고와 프로 기사의 사고 — 컴퓨터 장기의 현재와 전망 —, 정보처리학회논문지, 48, 12, pp.4033-4040 (2007)

8) 다카하시 가츠요시, 이노츠메 아유무, 이토 다케시, 무라마츠 마사카즈, 마츠하라 히토시 : 다음 한 수 과제에 기초한 바둑과 장기의 특징 비교, 게임 프로그래밍 워크숍 2012, pp.1-8 (2012)

9) Wan, X., Nakatani, H., Ueno, K., Asamizuya, T., Cheng, K. and Tanaka, K. : The neural basis of intuitive best next-move generation in board game experts (2011)

10) Wan, X., Asamizuya, T., Suzuki, C., Ueno, K., Cheng, K. Ito, T. and Tanaka, K. : Developing Intuition : Neural Correlates of Cognitive-Skill Learning in Caudate Nucleus, The Journal of Neuroscience (2012)

11) Ito, T. and Takano, T : Changes in cognitive processes and brain activity while becoming proficient at Minishogi, ICGA Journal, 38, 4, pp.209-223 (2015)

12) Schrum, J., Karpov, IV. And Miikkulainen, R. : UT^2 : Human-like behavior via neuroevolution of combat behavior and replay of human traces : EEE Conference on Computational Intelligence and Games (CIG'11), pp.329-336 (2011)

13) 후지이 노부토, 사토 유이치, 나카지마 요스케, 와카마 히로노리, 가자이 고지, 가타요세 하루히로 : 생물학적 제약의 도입으로 '인간다운' 행동을 수반하는 게임 AI의 자율적 획득, 게임 프로그래밍 워크숍 2013 논문집, pp.73-80 (2013)

14) 이케다 고코로, Viennot Simon : 몬테카를로 바둑의 다양한 전략 연출과 형세 제어 ~ 접대바둑 AI를 향해서, 게임 프로그래밍 워크숍 2012 논문집, pp.47-54 (2012)

제 2 부

게임 정보학
알고리즘

2부에서는 몇 가지 게임을 구체적으로 예를 들어 보고, 게임을 플레이하는 AI 알고리즘을 학습한다. 4장에서는 1인 게임인 퍼즐에서 정답을 효율적으로 구하는 알고리즘을 소개한다. 5장에서는 게임 이론의 기초를 소개하고, 플레이어 여러 명이 경쟁하는 게임에서 할 수 있는 합리적인 의사 결정을 학습한다. 6장에서는 틱택토와 오셀로 같은 2인 확정 게임에서 최적 전략과 근사 전략을 구하는 방법을 설명한다. 7장에서는 불확정 요소를 갖는 1인 플레이 게임을 다루고, 마르코프 결정 과정과 강화 학습의 기초를 학습한다.

이 내용을 학습하려면 대학 2학년 정도의 교양 지식이 필요하다. 또 프로그래밍 기초 지식도 의사 코드를 읽을 때 도움이 될 것이다.

4장

최단 경로 탐색과
비용 함수: 15 퍼즐

이 장에서는 15 퍼즐을 예로 들어 최상 우선 탐색(best-first search)을 하는 A* 알고리즘을 이용하여 최단 경로 문제(shortest path problem)를 푼다.

최단 경로 문제는 출발 지점에서 목표 지점까지 최소 비용(cost)으로 도착하는 경로를 구하는 최적화 문제다. 철도 노선 안내나 로봇의 동작 제어 등도 종종 최단 경로 문제로 생각한다. 15 퍼즐이나 루빅스 큐브처럼 정답에 도달하는 과정을 묻는 퍼즐도 최단 경로 문제로 풀 수 있다. 이때 출발 지점은 퍼즐의 초기 배치, 목표 지점은 퍼즐의 정답 배치, 경로는 절차, 비용은 퍼즐을 푸는 행동을 하는 시간이 된다.

4.1 15 퍼즐

15 퍼즐은 숫자가 적힌 타일을 밀어 원하는 배치를 만드는 퍼즐 게임이다(그림 4-1). 타일 크기는 1×1, 보드 크기는 4×4이고 보드 위에 놓인 타일 15개에는 각각 1에서 15까지 숫자를 표시한다. 모든 타일이 나열된 것을 **배치**라고 한다. 빈칸을 이용하여 상하좌우로 타일을 한 칸 이동하는 것을 슬라이드라고 한다. 퍼즐을 푼다는 것은 **슬라이드**를 반복하여 초기 배치(스타트)에서 목표 배치(목표)에 도달하는 순서(경로)를 발견하는 행위다. 15 퍼즐만큼 보급되지는 않았지만, 3×3 보드에 타일 8개를 배치한 퍼즐도 있다. 이 퍼즐은 **8 퍼즐**이라고 한다.

▼ 그림 4-1 15 퍼즐의 초기 배치와 목표 배치 예

(a) 초기 배치   (b) 목표 배치

퍼즐에 흥미가 있다면 15 퍼즐을 직접 손으로 푸는 방법을 생각해 보자. 초기에 수열을 정렬하는 부분까지는 비교적 쉽지만, 마지막 2열을 완성시키기는 의외로 어렵다. 컴퓨터로 퍼즐을 푸는 경우에도 슬라이드를 무턱대고 무수히 반복하는 방식으로는 목표 배치를 얻기 힘들다.

이런 방식은 $16! = 10^{13}$ 가지나 되는 타일 배치 중에서[1] 단 하나의 목표 배치가 발견되길 기대하는 것과 같다.

4.2
15 퍼즐의 그래프 탐색

원시적인 경로 탐색 알고리즘을 생각해 보자(그림 4-2). 이 알고리즘은 효율이 좋다고 하기는 어렵지만, 탐색 알고리즘의 기본 성질을 갖추고 있다. 이 알고리즘을 조금 수정하면 중요한 데이크스트라 알고리즘(Dijkstra algorithm)이나 A* 같은 알고리즘이 된다. 이 절에서는 15 퍼즐을 소재로 원시적인 탐색의 기본을 학습하겠다.

그림 4-2의 알고리즘은 15 퍼즐의 **노드**(node) 정보를 갖고 있다. 노드 n은 타일의 배치, 순서, 비용이라는 세 가지 정보와 관련된다.

- n.state: 타일의 배치 표현
- n.parent: 노드 n에서 순서를 1 슬라이드만큼 거슬러 간 부모 노드
- n.g: 출발 노드에서 노드 n까지 노달하는 경로 비용

---

1 이 타일 배치의 총 가짓수를 절반으로 할 수 있다. 두 타일의 호환을 여러 번 반복하는 치환의 우기성과 빈칸의 위치가 제자리로 되돌아오는 슬라이드 횟수가 우수라는 점에서, 목표 배치 $16! / 2$개에 도달 불가능한 배치가 발견되기 때문이다. 자세한 내용은 다른 도서를 참고하자.

▼ 그림 4-2 원시적인 경로 탐색 알고리즘

```
01   function GraphSearch( ) return 경로 or 실패
02     frontier ← {출발 노드}
03     explored ← 공집합
04     loop do
05       if frontier가 비었다 then return 실패
06       n ← frontier에 속한 어떤 노드
07       if n이 목표 노드 집합에 속한다 then return 경로
08       n을 frontier에서 삭제하고 explored에 추가
09       for each n_c in n의 자식 노드 집합 do
10         if n_c가 explored에 속한다 then continue
11         if n_c가 frontier에 속한다 then continue
12         n_c를 frontier에 추가
13         n_c.parent ← n
14         n_c.g    ← n.g + C(n, n_c)
```

각 노드는 타일의 각 배치와 1:1로 대응한다. 따라서 15 퍼즐은 노드의 총수가 16!개다. 출발 노드는 출발 지점에 대응하는 특별한 노드고, 타일 배치 $n.state$ 는 초기 배치로 초기화하며 경로 비용 $n.g$는 0으로 초기화한다. 한편 목표 지점 에 대응하는 노드를 **목표 노드**라고 하며, 타일 배치는 목표 배치가 된다. 일반적 으로 목표 노드가 꼭 하나라고 할 수는 없지만, 15 퍼즐에서는 목표 배치가 하 나이므로 목표 노드 개수도 하나다.

그림 4-2의 자식 노드 n_c는 부모 노드 n에서 직접 경로가 이어지는 노드고, $n_c.state$는 $n.state$에서 타일을 1회 슬라이드시킨 배치다. 또 $C(n, n_c)$는 n에서 n_c 로 이동하는 데 필요한 양(+)의 비용이다. 15 퍼즐의 비용은 슬라이드 횟수로 하는 것이 타당하다. 슬라이드 횟수를 비용으로 할 경우 $C(n, n_c)$ 값은 상수 1이 된다.

노드 n은 타일 배치 $n.state$를 가지므로 노드에서 타일 배치를 얻을 수 있고, 타 일 배치를 보고 n이 목표 노드인지 판별한다. 또 타일 배치에서 타일 배치의 노 드를 얻을 수도 있다.[2] 이 성질을 이용하여 노드 n에서 $n.state$를 1회 슬라이드

---

2   게임의 배치로 노드를 결정하는 방법으로, 배치를 키로 하고 노드의 인덱스를 값으로 한 해시 테이블을 주로 이용 한다. 15 퍼즐의 타일 배치에 대응하는 키는 해시 함수로 구할 수 있다. 해시 함수는 타일의 배치를 64비트 값으 로 나타내는 간단한 구현으로도 충분히 실용적이다. 타일에 적힌 숫자의 총합을 구하는 해시 함수는 논외다(어떤 타일 배치도 총합은 120이 되므로).

시킨 배치를 만들고, 그 배치에서 자식 노드 n_c의 정보를 얻을 수 있다.

여기에서 최단 경로 문제를 그림 4-3과 같은 유한 그래프(finite graph)처럼 생각하기 위해 용어를 정리하자. 유한 그래프는 유한한 개수의 노드와 가지로 구성된 데이터 구조다.[3] 가지는 두 노드 사이에 직접 연결되는 경로가 있다는 것을 나타낸다. 일반적으로는 경로가 일방통행 가능성도 있어 가지에는 방향이 있다. 15 퍼즐은 어떤 슬라이드도 1스텝으로 되돌릴 수 있으므로 가지 방향은 생각하지 않는다.

▼ 그림 4-3 출발 노드에서 목표 노드를 탐색하는 모습(원은 노드, 두 노드를 연결한 직선은 가지를 나타낸다)

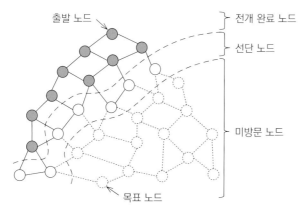

- **자식 노드**: 어떤 노드에서 가지 하나로 이동할 수 있는 노드
- **부모 노드**: 어떤 노드를 자식 노드로 가진 노드
- **비용 C(n, n$_c$)**: 노드 n과 그 자식 노드 n_c 사이의 이동에 필요한 비용(양의 수)
- **경로**(path): 가지로 직접 연결된 일련의 노드 열 $n_1 \cdots n_I$, 단 $I > 0$은 정수, 시점 n_1에서 종점 n_I로 가는 경로로도 쓴다.
- **경로가 경유하는 노드**: $1 < i < I$를 만족하는 노드 n_i

---

3 노드는 꼭짓점(vertex), 가지는 변(edge, arc)이라고도 한다. 노드와 가지는 그래프 구조를 식물로, 꼭짓점과 변은 도형으로 바라본 용어이기 때문에 노드와 변의 조합으로 그래프를 설명하는 경우는 거의 없다.

- **경로상 노드**: $1 \leq i \leq I$를 만족하는 노드 n_i
- **경로 비용**: 노드 n_1부터 노드 n_I까지를 연결하는 $I - 1$개의 비용 C 총합
- **최단 경로**: 노드 n_1과 노드 n_I를 연결하는 어떤 경로보다도 비용이 크지 않은 경로
- **최소 비용**: 최단 경로의 비용
- **노드 n의 경로**: 시작 노드에서 노드 n까지 경로
- **노드 n의 비용**: 시작 노드에서 노드 n까지 경로 비용

노드 n의 자식 노드를 모두 나열하는 것을 **노드 n의 전개**라고 한다. 이때 처음 방문한 노드 정보는 새로 생성된다. 탐색이 완료된 노드가 목표 노드가 아니라면 그림 4-2의 변수 explored에서 보관 및 관리한다. 방문은 했지만 전개가 완료되지 않은 노드를 **선단 노드**라고 한다. 선단 노드에서는 모든 자식 노드가 방문 완료일지도 모르지만 전개되지 않았으므로 정말 그런지는 불분명하다. 게다가 선단 노드는 목표 노드가 아니라는 확인도 되지 않았다. 선단 노드는 변수 frontier에서 보관 및 관리한다.

그림 4-2의 원시적인 경로 탐색 알고리즘의 몇 가지 성질을 생각해 보자. 9행에서 12행의 처리로 전개가 완료된 노드의 자식 노드는 전개 완료 노드이거나 선단 노드가 된다. 그래서 전개 완료 노드에서 미방문 노드를 잇는 모든 경로는 선단 노드를 경유한다. 따라서 4행 루프의 각 처리가 시작되는 시점에서 다음 성질을 만족한다.

> **성질 4-1** 선단 노드로 전개 완료 노드 집합과 미방문 노드 집합이 분리된다 (그림 4-2). 선단 노드가 없으면 시작 노드에서 도달 가능한 미방문 노드도 없다.

전개 완료 노드 개수는 그때까지 반복한 루프 횟수와 같다. 8행에서 루프 1회에 노드 하나가 explored에 추가되기 때문이다. 그리고 선단 노드가 없어지거나(5행) 목표 노드가 발견되면(7행), 알고리즘은 종료된다. 따라서 다음 성질을 만족한다.

성질 4-2 시작 노드에서 도달 가능한 노드가 유한 개라면 알고리즘의 루프도 유한 횟수로 정지하고, 도달 가능한 목표 노드가 더 있을 때는 이를 발견한다.

9행의 루프 횟수는 노드 n의 자식 노드 개수와 같다. 또 4행의 루프 횟수는 최악의 경우 도달 가능한 노드 개수다. 따라서 다음 성질을 만족한다.

성질 4-3 루프 2개의 안쪽인 10행이 실행되는 횟수는 최악의 경우 그래프에서 가지의 총수(가지에 방향이 없으면 총수의 2배) 정도가 된다.

15 퍼즐은 슬라이드 방향이 최대 상하좌우 네 가지다. 따라서 9행의 루프는 각 노드 n에 대해 최대 4회 반복된다.

선단 노드의 부모 노드에는 전개 완료 노드가 대입되고(13행), 그 전개 완료 노드가 부모 노드로 설정된 채로 전개 완료 노드가 된다(8행). 단 시작 노드는 특별한 노드라서 부모 노드가 없다. $n.parent$는 나이테처럼 서서히 확장되어 온 과거 전개 완료 영역의 바깥쪽부터 안쪽까지 가리키므로 다음 성질을 만족한다.

성질 4-4 미방문이 아닌 노드 n의 $n.parent$를 더듬어 가면 시작 노드에 도달하고, $n.g$는 이 경로 비용을 나타낸다.

가장 짧지는 않더라도 어쨌든 시작과 목표를 연결하는 경로를 '해'라고 한다면 그림 4-2의 알고리즘은 그래프의 가지의 수가 유한하므로 성질 4-2에 따라 **완전**(complete)하다. 여기에서 '완전'이란 해가 있으면 해를 출력하고 없으면 없다고 출력하는 알고리즘 성질을 의미한다.

그림 4-2의 원시적인 경로 탐색 알고리즘은 4.1절에서 논의한 무턱대고 타일을 많이 슬라이드하는 방법과 비슷하다. 방문한 노드를 전부 기억한다는 점에서는 효율화를 도모했지만, 전개 완료 영역을 넓혀 갈 방침이 없다. 이처럼 게임 규칙 이외의 경험적 지식을 이용하지 않는 탐색 방법을 **맹목적 탐색**(blind search)이라고 한다.

4.3 A* 알고리즘

현실 세계 문제에서는 탐색을 하지 않더라도 종종 목표까지 비용을 추정할 수 있는 경우가 있다. 철도 노선 안내에서 이동 거리를 비용으로 하는 경우는 시작 지점과 목표 지점 직선 거리를 이용해서 간단하게 비용을 추정할 수 있다. 이 절에서는 노드 n에서 목표 노드까지 최소 비용 추정 값을 h 비용이라고 하며, 식으로는 $h(n)$이라고 쓴다. 목표 노드가 여러 개라도 h 비용은 추정 값 하나만 대응한다. 각 노드에 대응하는 추정 값이 별도로 있을 때는 그중 가장 작은 값을 h 비용 값으로 사용한다.

A*(A-star) **알고리즘**은 이런 추정 값을 이용하는 경험적 탐색의 일종이고, 목표에 가까워 보이는 노드를 우선 전개하여 탐색 효율화를 도모한다.

다음은 노드 n부터 목표 노드까지 최소 비용을 추정하는 h 비용이 만족해야 하는 조건을 나타낸다.

> **정의 4-1** 노드 n과 그 자식 노드 n_c의 어떤 조합 $(n,\ n_c)$에 대해서도 조건 $h(n) \leq C(n,\ n_c) + h(n_c)$가 만족된다면 h 비용은 **무모순**(consistent)이다.

앞서 예를 든 철도 노선 안내에서 보여 준 간단한 비용 추정은 무모순이다. 다음 절에서 설명하는 것처럼 15 퍼즐에도 알려진 몇 가지 유효한 h 비용이 있다.

h 비용에 이어서 g 비용과 f 비용도 도입한다(그림 4-4). g 비용은 노드 n의 경로 비용이다. 그림 4-2의 $n.g$는 $n.parent$를 더듬어 가서 얻어지는 경로의 g 비용이다. 또 f 비용은 노드 n의 경로를 이동하고 나서 목표 노드에 도달하는 비용을 추정한 것으로 한다. 여기에서 g 비용뿐만 아니라 f 비용도 노드 n의 경로에 의존한다는 점에 주의한다.

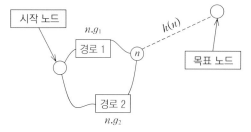

g 비용은 경로에 의존하고 경로 1의 비용이 $n.g_1$, 경로 2의 비용이 $n.g_2$다. h 비용은 노드 n에서 목표 노드까지 드는 비용을 추정한 값이고, 이 값은 경로에 의존하지 않는다. f 비용은 g 비용과 h 비용의 합이 되고 경로에 의존한다.

그림 4-5에 A* 알고리즘을 나타냈다. 그림 4-2와 큰 차이점은 f 비용이 최소인 선단 노드를 전개하는 데 있다(그림 4-5의 6행).[4] 그림 4-2의 알고리즘과 마찬가지로 노드 n의 $n.g$는 $n.parent$를 시작 노드까지 더듬어 가서 얻은 g 비용을 주고, f 비용은 $n.f = n.g + h(n)$으로 구한다. 이후 h 비용은 무모순이라고 한다.

▼ 그림 4-5 A* 탐색 알고리즘

```
01   function A-Star() return 경로 or 실패
02   frontier ← {시작 노드}
03   explored ← 공집합
04   loop do
05     if frontier가 비었다 then return 실패
06     n ← frontier에 속하는 f 비용 최소 노드
07     if n이 목표 노드 집합에 속한다 then return 경로
08     n을 frontier에서 삭제하고 explored에 추가
09     for each n_c in n의 자식 노드 집합 do
10       if n_c가 explored에 속한다 then continue
11       if n_c가 frontier에 속하고 n_c.g ≤ n.g + C(n, n_c) then continue
12       n_c가 frontier에 속해 있지 않으면 여기에 추가
13       n_c.parent ← n
14       n_c.g      ← n.g + C(n, n_c)
```

---

4   f 비용이 최소인 노드를 효율적으로 찾고자 선단 노드를 가진 변수 $frontier$는 힙으로 구현될 때가 많다. 힙은 트리 구조를 이용하는 데이터 구조이며, 다수의 데이터를 항상 정렬된 상태로 유지하면서 관리한다.

성질 4-5 A* 알고리즘은 최적성(optimality)을 충족한다.

이 장에서 최적성은 목표 노드 경로가 발견되었다면 이 경로가 최단 경로라는 알고리즘 성질이다. 이후 A* 알고리즘이 성질 4-5를 유지하는 구조를 생각한다.

h 비용은 무모순이라고 했으므로, f 비용은 다음 성질을 만족한다.

성질 4-6 미방문이 아니고 시작 노드도 아닌 노드 n_I와 $n_I.parent$를 시작 노드 n_1까지 더듬어서 얻은 경로 $n_1 \cdots n_I$를 고려한다. 경로상 노드 n_i의 f 비용을 $f(n_i)$라고 하며, 이때 수열 $f(n_1)$, $\cdots$, $f(n_I)$는 광의 단조 증가다.

이 경로상의 g 비용을 $g(n_i)$라 하고 $1 \leq i < I$이면 $g(n_{i+1}) = g(n_i) + C(n_i, n_{i+1})$과 $h(n_i) \leq C(n_i, n_{i+1}) + h(n_{i+1})$에서 $f(n_i) = g(n_i) + h(n_i) \leq g(n_{i+1}) + h(n_{i+1}) = f(n_{i+1})$이 성립하기 때문에 이 성질이 나타난다. 성질 4-6에서 A* 탐색의 경로상 f 비용은 광의 단조 증가를 한다.

이어서 그림 4-5의 6행에서 발견되는 f 비용이 최소인 선단 노드가 가진 성질을 생각한다. 전개가 완료되지 않은 노드를 경유할 수 없다는 제약에서 최소 비용을 전개 완료 제약하의 최소 비용이라고 쓰기로 하자. 그러면 그림 4-5의 4행 루프 각 처리 시작 시점에서 다음 성질을 만족한다.

성질 4-7 어느 선단 노드 n도 $n.g$가 전개 완료 제약하의 최소 비용이라고 가정한다. 이 가정하에서 노드 n_1이 f 비용 최소인 선단 노드라면, $n_1.g$는 노드 n_1의 최소 비용이다.

성질 4-7을 성립한다는 것을 그림 4-6을 이용하여 이해해 보자. $n_1.g$가 선단 노드 n_1의 최소 비용이 아니라면 $n_1.g$보다 작은 비용 $n_1.g'$에 대응하는 최단 경로가 있고, $n_1.f = n_1.g + h(n_1) > n_1.g' + h(n_1)$이 된다. 여기에서는 가정에서 n_1의 최단 경로는 전개 완료되지 않은 노드를 경유한다는 점에 주의한다. 노드 n_2를 이 최단 경로상 최초의 선단 노드라고 하면 n_1과 n_2는 다른 노드고 $n_2.g$는 n_2의 최소 비용이 된다. 게다가 n_2를 경유하는 n_1의 최단 경로상 f 비용이 광의 단조 증가이므로, $n_2.g + h(n_2) \leq n_1.g' + h(n_1)$이다. 두 부등식을 정리하면 $n_1.f >$ $n_2.f$가 되므로 n_1이 f 비용 최소인 선단 노드라는 사실과 모순된다. 따라서 $n_1.g$ 는 노드 n_1의 최소 비용이 된다.

▼ 그림 4-6 노드 n_1에 도달하는 두 가지 경로와 비용 $n_1.g$, $n_1.g'$

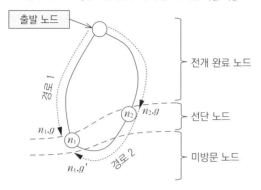

성질 4-8 노드 n이 전개 완료라면 $n.g$는 최소 비용이 된다. 노드 n이 선단 노드라면 $n.g$는 전개 완료 제약하에서 최소 비용이다.

성질 4-8이 성립한다는 것을 귀납법으로 이해해 보자. 우선 그림 4-5에서 4행의 루프 횟수를 k라고 쓰고 $k = 1$인 경우를 생각한다. 이 경우 선단 노드는 출발 노드 n뿐이고, $n.g$는 최소 비용 0을 주도록 초기화되어 있다. 전개 완료 노드는 존재하지 않는다. 이런 사실에 따라 성질 4-8을 만족한다.

그다음 $k = i(i > 0)$로 성질 4-8을 만족한다 가정하고, $k = i + 1$에서 노드 n이 전개 완료 노드라면 $n.g$가 최소 비용이 되는 것을 확인한다. $k = i$에서는 전개 완료 노드 n_e의 $n_e.g$가 최소 비용이 된다. 또 8행에서 새로 전개 완료되는 노드 n_1은 f 비용 최소인 신단 노드고, 성질 4-7에서 $n_1.g$도 최소 비용이 된다. 따라서 $k = i + 1$에서도 노드 n이 전개 완료라면 $n.g$는 최소 비용이 된다.

마지막으로 $k = i(i > 0)$고 성질 4-8을 만족한다 가정하고, $k = i + 1$일 때 노드 n이 선단 노드라면 $n.g$는 전개 완료 제약하의 최소 비용임을 확인한다(그림 4-7). '선단 노드'고 동시에 'f 비용 최소인 선단 노드 n_1의 자식 노드' a의 $a.g$는 비용이 더 작아지는 경우에 한해서 새롭게 전개 완료 노드가 되는 n_1을 경유한 비용으로 14행에서 갱신되고, $a.g$도 전개 완료 제약하의 최소 비용을 주도록 유지된다. 미방문 노드 및 n_1의 자식 노드 b는 전개 완료 제약하의 경로는 n_1을 경유하는 것 외에는 없어 14행에서 $b.g$는 전개 완료 제약하의 최소 비용이 된다. 선단 노드에서 n_1의 자식 노드가 아닌 노드 c는 $c.parent$가 n_1이 될 수 없어 $c.parent.g$가 최소 비용이 되므로 $c.g$는 전개 완료 제약하의 최소 비용을 가진다. 따라서 $k = i + 1$에서 노드 n이 선단 노드라면 $n.g$는 전개 완료 제약하에서 최소 비용이 된다.

▼ 그림 4-7 탐색 중(k = 10)인 그래프

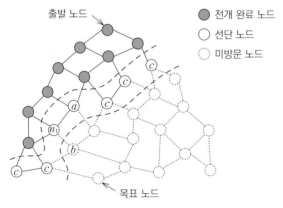

노드 n_1은 f 비용 최소인 선단 노드라고 한다. 다음 탐색 단계(k = 11)에서 선단 노드 n_1은 전개 완료 노드가 되고, 노드 b는 선단 노드가 된다. 다음 단계의 선단 노드는 현 단계(k = 10)의 선단 노드에서 n_1의 자식 노드 a, 미방문 노드에서 n_1의 자식 노드 b, 그 밖의 선단 노드 c다.

여기까지 성질 4-8을 만족한다는 사실이 확인되었다. 즉, f 비용 최소인 선단 노드 n은 $n.g$가 최소 비용이 되고, A* 알고리즘은 최적이다.

전개 완료 노드 n의 $n.g$는 최소 비용이 되고, 이 값은 알고리즘이 종료할 때까지 변하지 않는다. 한편 선단 노드 n의 $n.g$는 전개 완료 제약하에서 최소 비용이지만, 반드시 최소 비용이 된다고는 할 수 없다. 선단 노드 n의 $n.g$는 전개 완료 노드가 새로 추가될 때마다 더 작은 값으로 갱신될 수 있다. 따라서 선단 노드 n의 $n.f$도 더 작은 값으로 갱신되지만, 다음 성질에 따라 어떤 전개 완료 노드의 f 비용보다도 작아지지 않는다는 것을 알 수 있다.

성질 4-9 f 비용이 최소인 선단 노드를 n_1, 노드 n의 최소 비용을 $g^*(n)$이라고 쓴다. 노드 n이 선단 노드이거나 도달 가능한 미방문 노드라면 $n_1.f \leq g^*(n) + h(n)$을 만족한다.

▼ 그림 4-8 A* 탐색이 전개 완료 영역을 확대해 가는 모습을 개념적으로 나타낸 그림

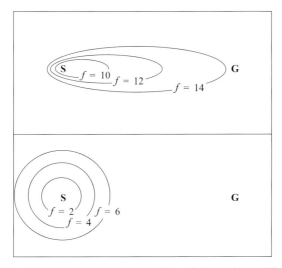

위쪽 그림은 h 비용의 정밀도가 좋은 경우, 아래쪽 그림은 h 비용이
상수 0인 경우에 대응한다. 곡선은 f 비용의 등위 곡선, S는 출발 지점,
G는 목표 지점을 나타낸다. 위쪽 그림에서 전개 완료 영역은 목표
방향으로 선택적으로 확대되지만, 아래쪽 그림에서는 일정하게 확대된다.

성질 4-9가 성립한다는 것은 다음과 같이 이해할 수 있다. 이 노드 n의 최단 경로상 최초의 선단 노드를 n_2라고 하면 n_2에서는 최소 비용과 전개 완료 제약하에서 최소 비용이 같다. 따라서 $n_1.f \leq n_2.f = g^*(n_2) + h(n_2)$가 된다. 성질 4-6과 마찬가지로 $g^*(n_2) + h(n_2) \leq g^*(n) + h(n)$도 성립하므로 $n_1.f \leq g^*(n) + h(n)$을 만족한다. 따라서 성질 4-9를 만족한다.

성질 4-9에서 A* 알고리즘은 최단 경로의 f 비용이 작은 노드부터 차례대로

전개한다는 것을 알 수 있다. 그림 4-8에 f 비용이 작은 노드부터 큰 노드로 전개 완료 영역이 나이테처럼 확대되어 가는 모습을 나타냈다. 이 그림에서 A* 알고리즘 성능은 h 비용의 추정 정밀도에 강하게 의존한다는 것을 엿볼 수 있다.

GAME INFORMATICS

4.4 문제를 완화해서 h 비용을 설계하는 방법

이 절에서는 원래의 최단 경로 문제를 완화해서 정밀도가 높은 h 비용 설계 방법을 설명한다. h 비용의 추정 정밀도가 높으면 A* 알고리즘이 해를 발견하는 효율도 좋아진다. 추정 정밀도가 높은 h 비용의 극단적인 사례로, 노드 n에서 목표 노드까지 최소 비용 $h^*(n)$을 예로 든다. 노드 n의 자식 노드를 n_c라고 하면 $C(n, n_c) + h^*(n_c)$는 자식 노드 n_c가 경로상에 있다는 제약하에서 노드 n부터 목표 노드까지 최소 비용이다. 이 값은 명백히 $h^*(n)$보다 작아지지 않으므로 다음 성질을 만족한다.

> **성질 4-10** 노드 n부터 목표 노드까지 최소 비용 $h^*(n)$은 무모순이다.

이 극단적인 예는 탐색하기 전부터 최단 경로를 알고 있는 상황에 대응하며, 이런 최소 비용을 이용하면 A* 알고리즘은 일직선으로 최단 경로를 진행하여 목표 노드를 발견한다. 반면 정밀도가 충분하지 않은 추정의 예로 값이 상수 0이 되는 h 비용을 들 수 있다. C 비용은 양수이므로 무모순이다. 이 경우 A* 알고리즘은 맹목적 탐색의 일종인 데이크스트라법처럼 동작한다.

최단 경로 문제의 완화란 원래 문제에서는 허용되지 않는 동작을 허용하는 것이다. 이는 원래 문제에 대응하는 그래프에 새로운 가지와 노드를 추가하는 것에 해당한다(그림 4-9). 원래 문제에 대응하는 그래프를 G, 완화된 문제에 대응하는 그래프를 G'라고 쓰자. G의 노드, 가지, 경로는 G'에도 존재하고, G의 노드 n_1에서 n_2까지 최소 비용은 G'상의 최소 비용보다 작아지지 않는다. 여기에서 G의 모든 노드 n에 대해 G'상에서 목표 노드까지 최소 비용이 구해졌다고 하자. 이런 G'상의 최소 비용을 $h'^*(n)$으로 쓴다. 성질 4-10에서 $h'^*(n)$은 G'상의 최단 경로 문제에서 무모순인 h 비용이 되고, G의 어떤 노드 및 자식 노드의 조합(n, n_c)도 G'의 노드 및 자식 노드의 조합이라는 사실에서 $h'^*(n)$은 G상의 최단 경로 문제에서도 무모순인 h 비용이 된다. 따라서 완화된 문제의 최소 비용 $h'^*(n)$을 얻는 것이 원래 문제를 푸는 것보다 훨씬 간단하다면 이 완화는 정밀도가 높은 h 비용 계산법으로 유용하다.

▼ 그림 4-9 원래 문제에 대응하는 그래프 G와 완화된 문제에 대응하는 그래프 G'(원은 노드, 직선은 가지를 나타내고, 그래프 G' 점선은 추가된 노드와 가지를 나타낸다)

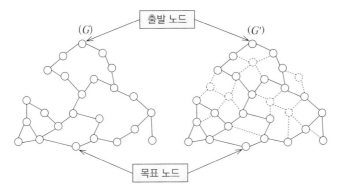

15 퍼즐의 타일 슬라이드에 관한 다음 두 가지 규칙을 생각해 보자.

1. 타일이 이동할 장소는 이동 전 장소의 상하좌우에 인접한다.

2. 타일이 이동할 장소는 공백이다.

이 규칙을 무시하면 원래 있던 그래프의 노드와 가지는 그대로인 채 신규 노드와 가지가 출현한다.

이 규칙을 모두 무시하는 퍼즐의 최단 경로 문제는 원래 문제를 완화한 문제 중 하나가 된다. 이 퍼즐에서 타일은 한 장소에 2개 이상 중복이 허용되며, 각 타일은 한 번에 목적 장소로 이동할 수 있다. 따라서 이 새로운 퍼즐의 노드 n부터 목표 노드까지 최소 비용은 목적 장소에 없는 타일 개수를 세어서 얻을 수 있다. 이렇게 얻은 G상의 h 비용을 $h_{mp}(n)$이라고 한다.

마찬가지로 규칙 2만 무시하는 퍼즐의 최단 경로 문제도 원래 문제를 완화한 문제 중 하나가 된다. 이 퍼즐에서 타일은 한 장소에 2개 이상 중복이 허용되지만, 한 번에 목적 장소로 이동할 수는 없다. 각 타일은 상하좌우 한 칸씩 움직여 목적 장소에 도달하고, 각 타일의 이동 횟수는 목적 장소로 가는 맨해튼 거리와 같다.[5] 따라서 이 새로운 퍼즐의 노드 n에서 목표 노드까지 최소 비용은 각 타일의 목적 장소로 가는 맨해튼 거리의 총합으로 얻을 수 있다. 이 h 비용을 $h_{md}(n)$이라고 한다.

그림 4-10은 15 퍼즐보다도 크기가 작은 8 퍼즐에서 각종 h 비용을 이용한 A* 탐색 성능을 비교한 것이다. 가로축은 최소 슬라이드 횟수(최소 비용), 세로축은 방문 노드 개수를 나타낸다. 8 퍼즐에서 어떤 초기 배치에서 만들 수 있는 배치의 총수는 약 18만 개다. 따라서 세로축 값은 이보다 커지지 않는다. 사용한 h 비용은 $h_0(n)$, $h_{mp}(n)$, $h_{md}(n)$, $h_{lc}(n)$ 네 가지고 $h_0(n)$은 상수 0의 h 비용, $h_{lc}(n)$은 linear conflict 휴리스틱이라고 하는 $h_{md}(n)$을 개량한 h 비용이다. 원래 문제에 대응하는 그래프의 어떤 노드 n에 대해서도 $h_0(n) \leq h_{mp}(n) \leq h_{md}(n) \leq h_{lc}(n) \leq h^*(n)$이 된다. 그림 4-10에서도 탐색 효율은 이 순서대로 좋아지는 경향을 보인다.

15 퍼즐이나 그 이상 크기의 최단 거리 문제를 풀려면 탐색을 좀 더 효율적으로 개선하는 것이 바람직하다. 현재 패턴 데이터베이스를 이용한 h 비용의 고정도화, 깊이 우선 탐색을 반복적 심화법과 조합한 사용 메모리의 절감으로 15 퍼즐이나 24 퍼즐의 최단 경로 문제를 효율적으로 해결할 수 있다고 알려져 있다.

---

5   평면상 좌표점 2개 (x_1, y_1), (x_2, y_2)의 맨해튼 거리는 $|x_2 - x_1| + |y_2 - y_1|$이다. 이 거리 용어는 뉴욕시 맨해튼처럼 바둑판 형태로 정비된 도로의 이동 거리에서 유래했다.

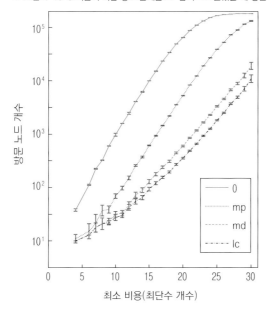

노드 n의 h 비용에는 $h_0(n)$, $h_{mp}(n)$, $h_{md}(n)$, $h_{lc}(n)$ 네 가지 함수를 이용했다.
세로축 값은 방문 노드 개수, 가로축은 최소 비용이다.
방문 노드 개수는 랜덤하게 생성된 초기 배치 1만 개를 탐색해서 얻은
평균값이다. 평균은 상용 로그를 취한 후 구했다.
오차 범위는 평균 오차에서 책정된 95% 신뢰 구간이다.

MEMO

5^장

게임 이론의 기초 지식: 죄수의 딜레마, 가위바위보, 틱택토

이 장에서는 게임 이론의 기초를 학습하여 플레이어 여러 명이 참여하는 게임의 최적 전략을 깊이 있게 학습할 것이다.

게임 이론은 응용 수학의 한 분야를 형성하는 역사가 있는 학문이다. 1944년 폰 노이만(J. von Neumann)과 모르겐슈타인(O. Morgenstern)이 공동으로 집필한 〈Theory of Games and Economic Behavior(게임 이론과 경제적 행동)〉(Princeton University Press, 2007)가 게임 이론을 학문의 한 분야로 보급시키는 방아쇠가 되었다. 1994년 내시(J.F. Nash)가 진행한 균형점에 관한 연구가 좋은 평가를 받아 노벨경제학상을 수상한 사실에서도 사회의 게임 이론에 대한 관심을 엿볼 수 있다.

이 분야에서는 복수의 개인이나 단체 등의 주체가 각 주체의 이익 향상을 위해 의사 결정하는 게임적인 상황을 다룬다. 게임 이론은 이런 상황을 분석하여 각 주체의 합리성에 관한 식견을 준다. 이론은 이 책이 대상으로 하는 2인 이상의 플레이어가 참여하는 보드 게임이나 비디오 게임에도 적용된다. 플레이어가 합리성을 이해한다면 게임 AI를 설계할 때 도움이 될 것이다. 특히 필승법이나 최적 전략을 구하는 경우에는 게임 이론에서 사용되는 용어 의미를 알아야 한다.

5.1 전략형 게임과 전략의 우열

두 점포의 가격 경쟁을 예로 들어 구체적으로 게임 상황을 가정해 보자. 이 예에서는 길을 사이에 두고 마주 보는 점포 A와 점포 B를 생각한다. 각 점포의 1일 영업 방침은 파격 세일과 일반 영업 두 가지가 있고, 영업 방침에 대한 각 점포의 1일 수익은 미리 안다고 하자(표 5-1). 이런 상황에서 각 점포가 각자 보수(이득)를 더 크게 하도록 의사 결정하는 방침을 생각해 보자. 실제 가격 경쟁은 이 정도로 단순하지 않을지도 모른다. 하지만 현실 세계에서 일어나는 경쟁을

책상 위에서 고찰할 때는 어느 정도 모델화나 단순화하는 것은 어쩔 수 없다.

▼ 표 5-1 점포 A와 점포 B의 경쟁(괄호 안 왼쪽은 점포 A의 보수 $f_1(s)$, 오른쪽은 점포 B의 보수 $f_2(s)$를 나타낸다)

		점포 B의 전략	
		일반 영업	파격 세일
점포 A의 전략	일반 영업	(100, 100)	(10, 200)
	파격 세일	(200, 10)	(110, 110)

의사 결정을 하는 주체를 **플레이어**(player)라고 하며, 플레이어 수를 N으로 나타낸다. N은 일반적으로 2 이상의 정수이지만, 여기에서는 게임적 상황을 쉽게 나타낼 수 있도록 $N = 2$인 경우를 다룬다. 또 모든 플레이어에게 1 이상 N 이하의 정수를 겹치지 않게 할당하고, 이 번호로 각 플레이어를 식별하기로 한다. 두 점포의 가격 경쟁 예에서 점포 A에는 1번, 점포 B에는 2번을 할당하자.

플레이어 $i(1 \leq i \leq N)$가 선택할 수 있는 **전략**(strategy) 전체로 이루어지는 집합을 S_i라고 쓴다.[1] 여기에서 플레이어 i의 의사 결정이란 S_i에 속한 전략 중 하나를 선택하는 것이다. 두 점포의 가격 경쟁 예에서는 $S_1 = S_2 = \{$파격 세일, 일반 영업$\}$[2]이 된다. 또 모든 플레이어의 전략 세트를 $s = (s_1, \cdots, s_N)$으로 쓰기로 한다.

단 $s_i \in S_i$다.[3] $s = ($파격 세일, 파격 세일)이라고 쓰면 두 플레이어 모두 파격 세일한다는 의미가 된다. 또 이 전략 세트로 얻을 수 있는 플레이어 i의 **보수**(payoff)[4]를 함수 $f_i(s)$나 $f_i(s_1, \cdots, s_N)$ 등으로 표현한다. 보수는 0이나 1 같은 이진 값이거나 정수 또는 실수 값일 수 있어 보수 함수의 치역은 게임마다 다르지만, 보수 값은 어쨌거나 크기를 비교할 수 있는 수로 한다. **합리적**(rational) 플레

---

1   S_i에 속한 전략은 기본적으로 유한 개(S_i는 유한 집합)이지만, 뒤에서 설명할 '혼합 확대로 구성되는 전략형 게임'에는 전략이 무수히 많다.

2   중괄호는 집합을 나타내는 기호다. 예를 들어 요소 a, b, c로 구성된 집합 A는 $A = \{a, b, c\}$나 $A = \{c, b, a\}$ 등으로 표현되며, 순서는 따지지 않는다. 요소가 없는 집합 $\phi = \{ \}$는 공집합이라고 한다.

3   기호 $\in$는 집합·요소의 귀속 관계를 나타내고, $a \in A$는 'a는 집합 A에 속한다', '집합 A에 속한 a' 등으로 읽는다.

4   효용(utility)이라고도 한다.

이어란 가능한 한 자신의 보수가 커지도록 의사 결정을 하는 플레이어를 의미한다.

> **정의 5-1** **전략형 게임**(normal-form game)은 플레이어 수 $N \geq 2$, 각 플레이어의 전략 집합 $S_1, \cdots, S_N$, 전체 플레이어의 전략 세트 s로 얻을 수 있는 각 플레이어의 보수 $f_1(s), \cdots, f_N(s)$로 구성된 게임적 상황을 의미한다.

전략형 게임에서 플레이어 i가 전략을 변경하는 모습을 식으로 기술하고자 우선 플레이어 i 이외의 전략 세트를 $s_{-i} = (s_1, \cdots, s_{i-1}, s_{i+1}, \cdots, s_N)$처럼 표기한다. 예를 들어 $i = 1$이면 $s_{-1} = (s_2, \cdots, s_N)$, $i = N$이면 $s_{-N} = (s_1, \cdots, s_{N-1})$이 된다. 두 점포의 가격 경쟁 예에서는 플레이어가 두 명밖에 없으므로, 플레이어 i 이외의 전략 세트는 i가 아닌 플레이어의 전략 자체를 나타낸다.

예를 들어 $s_{-1} =$ (파격 세일)이라고 쓰면 플레이어 2의 전략이 파격 세일이고, $s_{-2} =$ (일반 영업)이라고 쓰면 플레이어 1의 전략이 일반 영업이라는 의미가 된다. 그리고 전략 세트 $s = (s_1, \cdots, s_N)$을 $s = (s_i, s_{-i})$처럼 표기하기도 한다. 이런 표기법을 이용하면 플레이어 i만 전략을 $a \in S_i$로 변경한 경우 전략 세트 $(s_1, \cdots, s_{i-1}, a, s_{i+1}, \cdots, s_N)$을 (a, s_{-i})처럼 짧게 쓸 수 있다.

전략이 좋은지 나쁜지 판단하는 기준 중 하나는 전략의 지배 관계다.

> **정의 5-2** 플레이어 i의 전략 $a \in S_i$와 $b \in S_i$에서 a가 b를 **지배한다**(dominate)는 것은 어떤 전략 세트 s_{-i}에 대해서도 $f_i(a, s_{-i}) > f_i(b, s_{-i})$가 성립한다는 것이다.[5]

이 정의는 플레이어 i의 시점에서 생각해서 다른 플레이어가 어떤 전략을 취해도 전략 b보다 a 쪽이 자신의 보수가 크다는 사실을 의미한다. 그리고 이런 전략의 지배 관계는 각 플레이어의 의사 결정에 강한 영향을 준다. 전략 $a \in S_i$

---

5 여기에서 전략 성질을 나타내는 '지배한다'를 종종 **강지배한다**(strictly dominate)로도 쓴다. 한편 S_i에 속하는 전략 a와 b에 관하여 어떤 전략 세트 s_{-i}에도 등호가 있는 부등호 조건 $f_i(a, s_{-i}) \geq f_i(b, s_{-i})$를 만족하고, 하나 이상의 전략 세트 s_{-i}에 대해서는 등호 없는 부등호 조건을 만족한다면 전략 a는 b를 **약지배한다**(weakly dominate)고 한다.

가 S_i의 다른 모든 전략을 지배할 경우 a를 **지배 전략**(dominant strategy)이라고 한다.

> **정의 5-3** 지배 전략 $a \in S_i$란 a 이외의 모든 전략 $b \in S_i$와 다른 플레이어의 어떤 전략 세트 s_{-i}에도 $f_i(a, s_{-i}) > f_i(b, s_{-i})$가 성립하는 전략이다.[6]

표 5-1에서는 다음 조건을 만족하기 때문에, 두 점포의 가격 경쟁 예에서 플레이어 1에게 있어 파격 세일은 일반 영업을 지배한다.

$$f_1(파격 세일, 파격 세일) > f_1(일반 영업, 파격 세일)$$
$$f_1(파격 세일, 일반 영업) > f_1(일반 영업, 일반 영업)$$

또 파격 세일은 이 플레이어의 다른 전략 모두(이 예에서는 일반 영업밖에 없음)를 지배하므로, 플레이어 1에게 파격 세일은 지배 전략이다. 마찬가지로 표 5-1에서 파격 세일은 플레이어 2에게도 지배 전략임을 확인할 수 있다.

지배 전략은 유효한 전략이기는 하지만 이 전략이 반드시 최선의 의사 결정이라고 결론지을 수는 없다. 이런 예로 표 5-2와 같은 전략형 게임을 소개한다. 이 게임은 **죄수의 딜레마**(prisoner's dilemma)로 알려져 있다.

▼ 표 5-2 죄수의 딜레마를 표현하는 전략형 게임

		용의자 B의 전략	
		침묵	자백
용의자 A의 전략	침묵	(-1, -1)	(-5, 0)
	자백	(0, -5)	(-2, -2)

어떤 나라에서 범죄 용의자 A와 B가 체포되었다. 두 사람 다 묵비권을 행사하여 침묵하면 둘 다 1년 형을 받고, 한쪽만 자백하면 자백한 쪽은 석방되지만 침묵한 쪽은 5년 형을 받는다. 두 사람 다 자백하면 각각 2년 형을 받는다.

두 용의자에게 자백이 침묵을 지배하며, 자백이 지배 전략이 된다는 점을 쉽게

---

6 이 절의 용어 '지배 전략'은 종종 강지배 전략(strictly dominant strategy)을 의미한다.

확인할 수 있다. 상대방이 무엇을 선택해도 자백하는 쪽의 형량은 짧아지므로, 각 용의자는 자백할지도 모른다. 하지만 협조해서 전략 세트(침묵, 침묵)를 실현하면 자신의 보수가 (자백, 자백)보다도 커진다는 것을 깨닫게 될 것이다. 하지만 침묵하면 상대방이 배신해서(자백해서) 크게 손해 볼 가능성도 있다. 이처럼 두 용의자는 지배 전략을 선택(자백)할지 협조(침묵)할지 결론을 내지 못한 채 딜레마에 빠진다.

표 5-2의 예에서 나타나는 플레이어끼리 협조는 종종 **파레토 최적성**(Pareto optimality)으로 특징지을 수 있다.

> **정의 5-4** 전략 세트 s가 **파레토 최적**(Pareto optimal)이라는 것은 어느 플레이어 i에 대해서도 $f_i(t) > f_i(s)$가 되는 전략 세트 t가 존재하지 않는 의미다.

전략 세트 s가 파레토 최적이 아니라면 세트 s에는 협조해서 보수를 개선할 여지가 있다. 죄수의 딜레마에서 두 용의자가 지배 전략을 취한 전략 세트 s = (자백, 자백)은 실제로 파레토 최적이 아니다. 모두가 더 큰 보수를 얻을 수 있는 전략 세트 t = (침묵, 침묵)이 존재하기 때문이다. 이 전략 세트 s 이외의 세 가지 세트는 모두 파레토 최적이다.

파레토 최적성을 바탕으로 생각하면 정합(혹은 제로섬) 게임은 협조해서 전략 세트 s를 개선하기는 어렵다. 여기에서 어떤 전략 세트에 대해 플레이어 전체 보수의 총합이 상수 C가 되는 전략형 게임이 **정합 게임**(constant-sum game)이다. 특히 상수 C가 0인 게임을 **제로섬 게임**(zero-sum game)이라고 한다. 정합 게임과 제로섬 게임에는 본질적인 차이가 없다. 정합 게임은 무조건 플레이어 모두에게 보수 C/N를 분배하여 제로섬 게임으로 간주할 수 있기 때문이다.

정합 게임에서는 어떤 전략 세트도 파레토 최적이다. 어떤 전략 세트 s가 파레토 최적이 아니고, 어느 플레이어 i에게도 부등호 조건 $f_i(t) > f_i(s)$를 만족하는 전략 세트 t가 존재하면 i에 관한 이 N개의 부등호 조건 모두 양변을 서로 더하여 $C > C$가 되므로 모순되기 때문이다.

5.2 내시 균형과 혼합 확대

이 절에서는 지배나 파레토 최적성으로는 전략의 우열을 분석할 수 없는 전략형 게임을 다룬다. 표 5-3에 나타낸 **치킨 레이스**(chicken game)가 그 예다. 두 플레이어가 멀리서 마주 보는 차에 타고, 신호와 동시에 액셀을 밟는다. 각 플레이어가 취할 수 있는 행동은 핸들을 꺾느냐 꺾지 않느냐 둘 중 하나다. 핸들을 꺾은 플레이어는 꺾지 않은 플레이어에게 겁쟁이(chicken)란 소리를 들을 것이다. 하지만 양쪽 다 핸들을 꺾지 않는다면 결국 대참사가 일어나고, 거기에서 얻는 보수는 겁쟁이로 불리는 것과는 비교할 수 없을 정도로 보잘 것 없다. 치킨 레이스에는 다른 전략을 지배하는 전략이 플레이어 모두에게 없다(표 5-3).

▼ 표 5-3 치킨 레이스의 보수 행렬

		플레이어 2	
		꺾는다	꺾지 않는다
플레이어 1	꺾는다	(0, 0)	(−1, 1)
	꺾지 않는다	(1, −1)	(−9, −9)

이런 게임적 상황을 분석하기 위해 다른 플레이어 전체가 선택할 수 있는 모든 전략 세트를 고려하지 않고, 다른 플레이어 전체의 특정 전략 세트에 대응하는 전략을 생각한다.

> **정의 5-5** 플레이어 i의 전략 $a \in S_i$와 다른 플레이어의 전략 세트 s_{-i}에 관하여 어떤 전략 $b \in S_i$에도 $f_i(a, s_{-i}) \geq f_i(b, s_{-i})$가 성립한다면 a는 s_{-i}에 대한 **최적 응답**(best response)이라고 한다.

이 정의는 플레이어 i의 시점에서 다른 플레이어의 특정 전략 세트를 상정하면, 그 세트에 대응하는 최적 응답은 자신의 보수를 최대로 한다는 것을 의미한다. 지배 전략은 다른 플레이어의 어떤 전략 세트에 대해서도 최적 응답이다. 또 다른 전략에 지배되는 전략은 최적 응답이 아니다. 치킨 레이스에서는 양 플레이어 모두 상대방 '핸들을 꺾는다'에 대한 최적 응답은 '핸들을 꺾지 않는다'고, 상대방 '핸들을 꺾지 않는다'에 대한 최적 응답은 '핸들을 꺾는다'다.

전략형 게임에서는 최적 응답 개념을 사용하면 각 플레이어의 의사 결정 모습을 다음과 같이 고찰할 수 있다. 우선 각 플레이어 i 전략을 S_i에서 적당히 선택하여 구성한 전략 세트를 $s^{(0)}$이라고 한다. 그리고 각 플레이어가 순차 전략을 최적 응답으로 변경해 간다. 즉, 플레이어 1이 $s_{-1}^{(0)}$에 대한 최적 응답 $s_1^{(1)}$로 전략을 갱신해서 전략 세트는 $s^{(1)} = (s_1^{(1)}, s_{-1}^{(0)})$이 되고, 플레이어 2가 $s_{-2}^{(1)}$에 대한 최적 응답 $s_2^{(2)}$로 전략을 갱신해서 전략 세트는 $s^{(2)} = (s_2^{(2)}, s_{-2}^{(1)})$이 되며, 플레이어 N까지 일주하면 전략 세트는 $s^{(N)} = (s_N^{(N)}, s_{-N}^{(N-1)})$이 된다. 단 $s_N^{(N)}$은 $s_{-N}^{(N-1)}$에 대한 최적 응답이다. 또 최적 응답이 여러 개 있어 원래 전략이 최적 응답 중 하나라면 원래대로 전략을 변경하지 않기로 한다. 이렇게 각 플레이어가 순차 전략을 최적 응답으로 변경해 가는 처리를 몇 주기 반복하면 전략 세트는 계속 변화해 가거나 최종적으로 어떤 세트에서 더 변화하지 않게 되거나 둘 중 하나다. 전략 세트가 최종적으로 s^*가 되어 변화하지 않는다면 각 플레이어는 s^*에서 자신만 전략을 변경하는 동기가 없다고 생각할 수도 있을 것이다. 이런 전략 세트 s^*를 전략형 게임의 **내시 균형점**(nash equilibrium point), **내시 균형**(nash equilibrium), **균형점**(equilibrium point)이라고도 한다. 이 장에서는 이후로 균형점이라고 쓴다. 일반적으로 균형점이 존재하지 않는 게임도 있고 여러 개 존재하는 게임도 있다.

균형점에서는 각 플레이어가 취할 전략은 다른 플레이어의 전략 세트에 대한 최적 응답이다.

> 정의 5-6 어느 플레이어 i에 대해서도 모든 전략 $a \in S_i$에서 $f_i(s) \geq f_i(a, s_{-i})$가 만족하면 전략 세트 s를 균형점이라고 한다.

이 정의에서 지배 전략 세트는 균형점이다. 또 다른 전략에 지배되는 전략은 균형점에 포함되지 않는다. 또 지배 전략 세트와 마찬가지로 균형점이 반드시 파레토 최적이라고는 할 수 없다.

다시 치킨 레이스 사례로 돌아가서, 균형점 관점에서 이 게임을 분석해 보자. 표 5-3에서 두 전략 세트 (꺾는다, 꺾지 않는다)와 (꺾지 않는다, 꺾는다)는 균형점인 동시에 파레토 최적이고, 협조해서 보수를 개선할 것을 기대할 수 없다.

또 이 두 균형점은 보수가 달라지므로 어느 균형점을 선택하는지에 따라 플레이어 간 이해가 대립한다는 것을 알 수 있다.

지금까지 지배 개념으로 전략 우열을 해결할 수 없는 게임적 상황은 균형점으로 어느 정도 분석이 가능함을 보여 주었다. 그럼 균형점도 없는 게임은 어떻게 분석하면 좋을까? 균형점도 없는 전략형 게임 예를 표 5-4에 나타냈다. 이 장 끝에 이런 게임을 분석하는 방법의 하나로 전략을 **혼합 전략**(mixed strategy) 또는 보수를 **기대 보수**(expected payoff)로 치환하여 **혼합 확대**(mixed extension)된 전략형 게임을 도입하는 방법을 소개한다.

▼ 표 5-4 가위바위보의 보수 행렬

		플레이어 2		
		바위	가위	보
플레이어 1	바위	(0, 0)	(1, −1)	(−1, 1)
	가위	(−1, 1)	(0, 0)	(1, −1)
	보	(1, −1)	(−1, 1)	(0, 0)

혼합 전략에 대해 혼합 확대 전 전략을 **순수 전략**(pure strategy)이라고 한다. 혼합 확대란 순수 전략을 확률적으로 선택하는 전략이다. 표 5-4에 나타낸 예에서 각 플레이어의 순수 전략 집합은 $S_1 = S_2 = \{$바위, 가위, 보$\}$다. 예를 들어 순수 전략 3개를 모두 확률적으로 선택하는 플레이어 i의 혼합 전략은 $q_i = (1/3, 1/3, 1/3)$이라고 쓰자. 이렇게 혼합 전략은 순수 전략 집합 S_i상의 확률분포로 표현된다. 즉, 플레이어 i의 혼합 전략은 순수 전략 $a \in S_i$의 함수 $q_i(a)$고, $\sum_{a \in S_i} q_i(a) = 1$인 동시에 $0 \leq q_i(a) \leq 1$이다.[7]

---

7 총합 $\sum_{x \in X} y(x)$는 집합 X의 요소 x의 함수 값 $y(x)$ 전체의 총합을 나타낸다.

기대 보수란 플레이어 전체의 혼합 전략 세트로 얻을 수 있는 보수의 기댓값이다. 즉, 플레이어 모두가 각각 혼합 전략 q_1, $\cdots$, q_N을 취했을 때, 플레이어 i의 기대 보수 F_i는 각 플레이어의 순수 전략 집합 S_1, $\cdots$, S_N과 순수 전략 세트 s에 대한 플레이어 i의 보수 $f_i(s)$에 따라 다음과 같이 쓸 수 있다.[8]

$$F_i(q_1, \cdots, q_N) = \sum_{s_1 \in S_1} \cdots \sum_{s_N \in S_N} f_i(s_1, \cdots, s_N) \prod_{j=1}^{N} q_j(s_j)$$

플레이어 j의 혼합 전략 q_j는 S_j가 요소 M개로 구성된다고 하면, 각 성분이 구간 [0, 1]에 속하고 총합이 1이 되는 점 $q_j = (x_1, \cdots, x_M)$으로 간주할 수 있다. 이런 점 전체가 이루는 집합을 D_M이라고 하면 플레이어 j 이외의 혼합 전략 세트를 고정한 플레이어 i의 기대 보수 $F_i(q_j)$는 정의역 D_M의 다변수 함수 $F_i(x_1, \cdots, x_M)$이 된다. 이 함수는 연속이므로 최댓값과 최솟값이 정의역 D_M에 존재하고,[9] 기대 보수 $F_i(q_j)$를 최대나 최소로 만드는 플레이어 j의 혼합 전략이 존재한다. 즉, 플레이어 j의 어떤 혼합 전략 q_j에도 $F_i(b) \leq F_i(q_j) \leq F_i(a)$를 만족하는 j의 혼합 전략 a와 b가 존재한다. 따라서 유한 집합의 순수 전략 세트에 대한 보수와 마찬가지로 기대 보수를 최대 및 최소로 하는 혼합 전략을 고려하는 것도 가능하다. 이렇게 순수 전략을 혼합 전략으로, 보수를 기대 보수로 치환하여 혼합 확대된 게임도 역시 전략형 게임으로 간주한다.

표 5-4의 예에서는 플레이어 1의 기대 보수는 다음과 같이 쓸 수 있다.

$$F_1(q_1, q_2) = q_1(\text{바위})q_2(\text{가위}) + q_1(\text{가위})q_2(\text{보}) + q_1(\text{보})q_2(\text{바위})$$
$$-q_1(\text{바위})q_2(\text{보}) - q_1(\text{가위})q_2(\text{바위}) - q_1(\text{보})q_2(\text{가위})$$

플레이어가 모두 순수 전략 가위, 바위, 보를 각각 같은 확률로 선택하는 혼합 전략 세트 q^*를 생각하자. 즉, $q^* = (q_1{}^*, q_2{}^*)$로 어떤 순수 전략 $a \in S_i$에 대해서도 $q_i{}^*(a) = 1/3$이다. 이 세트에서 플레이어 1만 혼합 전략을 어떤 전략 q_1로 변

---

8 총 곱 $\prod_{i=1}^{n} a_i$는 a_1에서 a_n까지 모든 곱을 나타낸다(단 n은 양의 정수).

9 정의역 D_M은 M차원 유클리드 공간의 유계폐 집합이며, 콤팩트하고 공집합이 아니므로 이 연속 함수에 최댓값과 최솟값이 존재한다.

경해도 플레이어 1의 기대 보수는 $F_1(q^*) = F_1(q_1, q_2^*) = 0$이고 변하지 않는다. 마찬가지로 플레이어 2만 혼합 전략을 어떤 전략 q_2로 변경해도 플레이어 2의 기대 보수도 $F_2(q^*) = F_2(q_1^*, q_2) = 0$이 되어 변하지 않는다. 따라서 정의 5–6에 따라 혼합 전략 q^*는 균형점이 된다.

전략형 게임은 일반적으로 반드시 균형점을 가진다고 할 수 없다(증명은 다른 도서를 참고하기 바란다). 하지만 혼합 확대된 전략형 게임에는 하나 이상의 균형점이 존재한다. 그래서 혼합 확대는 전략형 게임을 분석할 때 유용한 도구다. 한편 현실 세계 문제 모델에 혼합 확대를 적용할 때는 주의해야 한다. 혼합 확대는 확률적인 전략 선택을 전제로 한다. 게임 횟수가 많을 경우에는 이 전제가 별로 문제되지 않지만, 게임 횟수가 아주 적을 경우에 혼합 전략은 우리에게 그렇게 유용한 지식을 주지 않는다. 예를 들어 가위바위보 단판 승부에서 가위 · 바위 · 보를 각각 같은 확률로 내면 기대 보수가 균형점과 같은 0이 된다는 지식은 거의 도움이 되지 않는다. 또 기대 보수를 해석할 때도 주의해야 한다. 순수 전략 세트의 보수가 1000원일 때와 혼합 전략 세트의 기대 보수가 1000원일 때는 의미가 크게 다를 수 있다. 후자는 대개 보수를 1001원 얻지만, 드물게 1억 원 손해라는 의미일지도 모른다. 기대 보수뿐만 아니라 각 보수를 얻을 확률도 고려하여 게임적 상황을 분석하는 것도 때로는 필요하다.

5.3 2인 제로섬 게임의 균형점과 미니맥스 정리

앞 절 끝에 나온 게임(표 5–4)은 플레이어 수가 $N = 2$고, 어떤 전략 세트에 대해서도 보수의 합 $f_1(s) + f_2(s)$는 0이다. 이런 게임을 2인 제로섬 게임이라고 한다. 2인 제로섬 게임의 균형점은 특별한 성질을 가지며, 플레이어 의사 결정에 많은 영향을 준다.

2인 제로섬 게임에서는 어떤 전략 세트 s라도 $f_1(s) + f_2(s) = 0$이 되고, 플레이어 1과 플레이어 2의 두 보수는 독립적이지 않다. 따라서 2인 제로섬 게임의 보수를 하나의 함수 $f(s) = f_1(s) = -f_2(s)$로 나타낸다. 이 절에서는 이후 플레이어 1은 보수 $f(s)$를 크게 하고 싶은 플레이어이므로 **맥스 플레이어**라고 한다. 한편 플레이어 2는 보수를 작게 하고 싶은 플레이어이므로 **미니 플레이어**라고 한다.

여기에서 2인 제로섬 게임의 **안장점**(saddle point)을 생각한다.

> **정의 5-7** 2인 제로섬 게임에서 어떤 전략 $s_1 \in S_1$과 $s_2 \in S_2$에 대해서도 $f(s_1, s_2^*) \leq f(s_1^*, s_2^*) \leq f(s_1^*, s_2)$를 만족하게 하는 전략 세트 $s^* = (s_1^*, s_2^*)$를 안장점이라고 한다.

맥스 플레이어 시점에서 안장점 성질을 생각해 보자. 우선 전략 s_1^*는 미니 플레이어의 전략 s_2^*에 대한 최적 응답이다. 다음으로 미니 플레이어 전략이 s_2^* 이외의 것으로 변했다고 해도 맥스 플레이어에게 손해는 없다. 이 후자의 성질은 표 5-3에 나타낸 치킨 레이스의 균형점에서는 만족되지 않는 점에 주의한다. 각 플레이어에게 안장점을 형성하는 전략은 일반적인 균형점보다도 바람직한 선택지가 될 수 있다.

2인 제로섬 게임이므로 $f(s_1, s_2^*) \leq f(s_1^*, s_2^*)$는 $f_1(s_1, s_2^*) \leq f_1(s_1^*, s_2^*)$, $f(s_1^*, s_2^*) \leq f(s_1^*, s_2)$는 $f_2(s_1^*, s_2) \leq f_2(s_1^*, s_2^*)$를 의미한다. 여기에서 다음 성질이 도출된다.

> **성질 5-1** 2인 제로섬 게임의 균형점은 안장점이고, 안장점은 균형점이다.

다음으로 2인 제로섬의 **보증 수준**(security level)을 생각한다. 보증 수준은 한쪽 플레이어가 어떤 전략을 선택했을 때 다른 쪽에 최적 응답이 된 경우(최악의 경우)의 보수다.

정의 5-8 $\min\limits_{s_2 \in S_2} f(s_1, s_2)$는 맥스 플레이어의 전략 $s_1 \in S_1$이 주는 보증 수준이다.[10]

$\max\limits_{s_1 \in S_1} f(s_1, s_2)$는 미니 플레이어의 전략 $s_2 \in S_2$가 주는 보증 수준이다.[11]

이 보증 수준은 어떤 전략이 입을 수 있는 가장 큰 손해와 같은 것으로 생각하고, 손해를 가능한 한 억제하는 전략을 선택하여 최악의 사태에 대비하는 의사 결정 방법을 고려할 수 있다. 이렇게 선택된 전략은 2인 제로섬 게임의 맥스미니 전략 혹은 미니맥스 전략이라고 한다. 맥스미니 전략은 보증 수준을 최대로 하는 맥스 플레이어 전략이며, 미니맥스 전략은 보증 수준을 최소로 하는 미니 플레이어 전략이다.

정의 5-9

① 등호 조건 $\min\limits_{s_2 \in S_2} f(s_1^{*}, s_2) = \max\limits_{s_1 \in S_1} \min\limits_{s_2 \in S_2} f(s_1, s_2)$를 만족하는 맥스 플레이어 전략 $s_1^{*} \in S_1$을 맥스미니 전략이라고 한다. 또 등식 값을 **맥스미니 값**이라고 한다.

② 등호 조건 $\max\limits_{s_1 \in S_1} f(s_1, s_2^{*}) = \min\limits_{s_2 \in S_2} \max\limits_{s_1 \in S_1} f(s_1, s_2)$를 만족하는 미니 플레이어 전략 $s_2^{*} \in S_2$를 미니맥스 전략이라고 한다. 또 등식 값을 **미니맥스 값**이라고 한다.

맥스미니 값과 미니맥스 값은 2인 제로섬 게임에서 유일하게 정해지지만, 맥스미니 전략과 미니맥스 전략은 양쪽 다 복수 개 존재할 수 있다는 점에 주의하자. 맥스미니 값과 미니맥스 값은 다음 성질을 만족한다.

성질 5-2 맥스미니 값은 미니맥스 값보다 커지지 않는다. 즉, $\max\limits_{s_1 \in S_1} \min\limits_{s_2 \in S_2} f(s_1, s_2) \leq \min\limits_{s_2 \in S_2} \max\limits_{s_1 \in S_1} f(s_1, s_2)$가 성립한다.

---

10 $\min\limits_{x \in X} f(x)$는 집합 X가 존재할 때 함수 $f(x)$의 최솟값이다. 예를 들어 $X = \{a, b, c\}$라면 $f(a), f(b), f(c)$ 세 값의 최솟값을 의미한다. 어떤 $x \in X$에 대해서도 $\min\limits_{x \in X} f(x') \leq f(x)$를 만족한다.

11 $\max\limits_{x \in X} f(x)$는 집합 X가 존재할 때 함수 $f(x)$의 최댓값이다. 예를 들어 $X = \{a, b, c\}$라면 $f(a), f(b), f(c)$ 세 값의 최댓값을 의미한다. 어떤 $x \in X$에 대해서도 $f(x) \leq \max\limits_{x \in X} f(x')$를 만족한다.

맥스미니 전략 s_1^*는 정의에서 $\max_{s_1 \in S_1} \min_{s_2 \in S_2} f(s_1, s_2) = \min_{s_2 \in S_2} f(s_1^*, s_2)$를 만족하고 다시 어떤 전략 $b \in S_2$에 대해서도 $\min_{s_2 \in S_2} f(s_1^*, s_2) \leq f(s_1^*, b) \leq \max_{s_1 \in S_1} f(s_1, b)$를 만족하므로, 어떤 전략 $b \in S_2$에도 $\max_{s_1 \in S_1} \min_{s_2 \in S_2} f(s_1, s_2) \leq \max_{s_1 \in S_1} f(s_1, b)$가 성립한다.

이 절에서는 이후 미니맥스 전략·맥스미니 전략과 균형점의 관계를 설명한다. 우선 2인 제로섬 게임에 균형점 $s^* = (s_1^*, s_2^*)$가 존재한다고 하자. 이때 미니맥스 값과 맥스미니 값이 균형점의 보수와 같아지고 s_1^*가 맥스미니 전략, s_2^*가 미니맥스 전략이 된다는 것을 보이자. 최솟값과 최댓값 정의에서 $\min_{s_2 \in S_2} \max_{s_1 \in S_1} f(s_1, s_2) \leq \max_{s_1 \in S_1} f(s_1, s_2^*)$와 $\min_{s_2 \in S_2} f(s_1^*, s_2) \leq \max_{s_1 \in S_1} \min_{s_2 \in S_2} f(s_1, s_2)$가 성립한다. 그리고 균형점$(s_1^*, s_2^*)$는 안장점이므로, $\max_{s_1 \in S_1} f(s_1, s_2^*) = f(s_1^*, s_2^*) = \min_{s_2 \in S_2} f(s_1^*, s_2)$도 성립한다. 따라서 $\min_{s_2 \in S_2} \max_{s_1 \in S_1} f(s_1, s_2) \leq f(s_1^*, s_2^*) \leq \max_{s_1 \in S_1} \min_{s_2 \in S_2} f(s_1, s_2)$다. 여기에서 맥스미니 값은 미니맥스 값보다 커지지 않는다는 것을 떠올리면 $\min_{s_2 \in S_2} \max_{s_1 \in S_1} f(s_1, s_2) = \max_{s_1 \in S_1} f(s_1, s_2^*) = f(s_1^*, s_2^*) = \min_{s_2 \in S_2} f(s_1^*, s_2) = \max_{s_1 \in S_1} \min_{s_2 \in S_2} f(s_1, s_2)$가 된다.

다음으로 미니맥스 값과 맥스미니 값이 같은 2인 제로섬 게임에서 s_1^*를 맥스미니 전략의 하나, s_2^*를 미니맥스 전략의 하나로 했을 때 전략 세트 $s^* = (s_1^*, s_2^*)$가 균형점이 된다는 것을 보이자. 미니맥스 값과 맥스미니 값이 같으므로 $\max_{s_1 \in S_1} f(s_1, s_2^*) = \min_{s_2 \in S_2} f(s_1^*, s_2)$가 성립하고, 최솟값과 최댓값 정의에 따라 $\min_{s_2 \in S_2} f(s_1^*, s_2) \leq f(s_1^*, s_2^*) \leq \max_{s_1 \in S_1} f(s_1, s_2^*)$가 되므로 $\max_{s_1 \in S_1} f(s_1, s_2^*) = f(s_1^*, s_2^*) = \min_{s_2 \in S_2} f(s_1^*, s_2)$가 성립한다. 따라서 전략 세트 $s^* = (s_1^*, s_2^*)$는 균형점이다.

지금까지 설명한 2인 제로섬 게임에서 미니맥스 전략·맥스미니 전략과 균형점의 관계를 정리하면 다음과 같다.

성질 5-3

① 균형점이 존재하는 필요충분조건은 맥스미니 값과 미니맥스 값이 같아지는 것이다.

② 균형점은 맥스미니 전략과 미니맥스 전략의 세트다.

③ 맥스미니 값과 미니맥스 값이 같으면 어떤 맥스미니 전략 하나와 미니맥스 전략 하나를 선택해도 균형점의 하나가 된다.

혼합 확대한 2인 제로섬 게임에는 균형점이 존재하므로, 혼합 전략과 기대 보수로 나타내는 맥스미니 값과 미니맥스 값은 같아진다. 이런 법칙을 **미니맥스 정리**(minimax theorem)라고 한다. 또 맥스미니 값과 미니맥스 값이 같다면 균형점이 하나 이상 존재하고, 이 값들은 어느 균형점 값과도 같다. 이 사실에서 다음 성질이 도출된다.

성질 5-4 2인 제로섬 게임의 균형점이 가령 2개 이상 존재하더라도 모두 같은 보수를 준다.

2인 제로섬 게임에서 균형점 보수가 하나로 정해진다는 사실을 근거로, 2인 제로섬 게임의 균형점 보수를 **게임의 값**(game value)이라고도 한다. 앞서 살펴본 치킨 레이스의 균형점은 2개였고, 어느 균형점을 선택하는지로 두 플레이어 사이에 이해 대립이 있었다. 하지만 2인 제로섬 게임에서는 복수의 균형점을 둘러싼 이해 대립은 일어나지 않는다.

지금까지 설명한 것처럼 2인 제로섬 게임에서 균형점은 각 플레이어에게 강한 의사 결정 동기를 부여한다. 그래서 이런 게임의 균형점을 구성하는 전략은 최적 전략이며, 게임 값을 구하는 것은 게임을 푼다고 하는 것이 통례다. 단 어떤 경우에도 2인 제로섬 게임의 균형점을 형성하는 전략이 항상 좋은 전략이라고 단언할 수 없다는 점에 주의한다. 경쟁 상대의 지식 부족이나 실수를 사전에 예측할 수 있는 경우가 그렇게 되지 않는 예다.

5.4 전개형 게임

틱택토(Tic-Tac-Toe)에서 합리적인 플레이어가 취할 전략을 생각해 보자. 틱택토는 그림 5-1에 보이는 것처럼 3×3 크기의 보드 위에 두 사람이 O(동그라미)와 X(가위표)를 번갈아 그려 넣고, 가로·세로·사선 중 하나에 먼저 3개를 연속으로 나열하는 쪽이 이기는 게임이다. 끝까지 O나 X 3개가 연속으로 채워지지 않으면 무승부다. O를 그리는 플레이어가 선공, X를 그리는 플레이어가 후공이 된다.

▼ 그림 5-1 틱택토 끝내기 예(여기에서는 가로로 3개 나열한 동그라미 쪽이 승리)

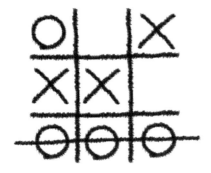

예를 들어 틱택토는 그림 5-2(a)와 같이 전략형 게임으로 표현된다. 이 전략형 게임에서는 선공인 플레이어 전략은 O를 그릴 때 판 위에 O/X를 배치하는 모든 경우의 수를 열거하고, O를 그리는 위치를 이들 판 위에 기록하는 것이다. 후공 전략도 마찬가지다. 선공과 후공의 전략 세트가 정해지면 게임 승패도 정해진다. 선공과 후공의 보수는 승리를 (1, -1), 패배를 (-1, 1), 무승부를 (0, 0)으로 하고, 선공과 후공 각각 모든 O/X 배치가 기재된 거대한 보수 행렬로 나타낼 수 있다. 이처럼 전략형 게임으로 표현한 틱택토는 2인 제로섬 게임이다.

한편 그림 5-2(b)는 틱택토를 전개형 게임(extensive-form game)으로 표현한다. 전략형 게임과 전개형 게임은 게임 상황의 표현 방법에서 차이가 있다.

전개형 게임은 플레이어가 단계적으로 의사 결정을 하는 게임 진행(play)을 **동작**(move) 계열로 명시적으로 다룬다. 게임은 한 방향으로만 진행되며, 결코 이전으로 되돌아가지 않는다. 그림 5-2(b)는 위에서부터 아래 방향으로 게임을 진행한다. 또 A와 A′는 O/X 배치도 같고 해당 순서의 플레이어도 같지만, 거기까지 이르는 행동이 다르므로 각각 다른 게임 진행에 속한다.

▼ 그림 5-2 전략형 게임으로 표현된 틱택토와 전개형 게임으로 표현된 틱택토(파선으로 된 O/X는 각 배치에서 선공/후공의 행동, 숫자는 선공의 보수를 나타낸다. A와 A′는 배치와 해당 동작의 플레이어가 같지만 그곳에 이르는 행동 열이 다르다)

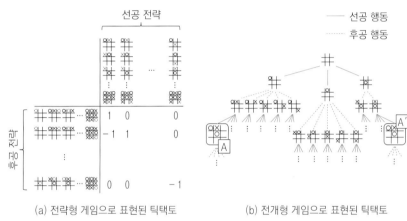

(a) 전략형 게임으로 표현된 틱택토   (b) 전개형 게임으로 표현된 틱택토

전개형 게임을 구성하는 순서 계열은 **게임 트리**(game tree)로 그려서 나타낸다(그림 5-3). 게임 트리를 구성하는 **노드**(node)는 게임 진행의 분기점에 해당하고, 가지는 플레이어의 **행동**(action)에 해당한다. 게임 시작점에 해당하는 노드는 루트 노드라고 한다. 어느 노드나 루트 노드에서 경로는 단 하나다. 노드 2개가 가지 하나로 연결된 경우 루트 노드에 가까운 쪽을 **부모 노드**(parent node)라고 하며, 먼 쪽을 **자식 노드**(child node)라고 한다. 루트에는 부모 노드가 없고, 다른 모든 노드에는 단 하나의 부모 노드가 있다. 자식 노드가 있으면 **내부 노드**(internal node)가 되고, 자식 노드가 없으면 **종단 노드**(terminal node)가 된다. 내부 노드는 플레이어의 행동을 결정하는 동작이나 다름없다. 어느 노드나 자식 노드가 2개 이상 있고, 자신의 동작에 해당하는 플레이어가 행동을 결정해서 각 가지로 게임이 진행된다.

▼ 그림 5-3 2인 전개형 게임과 이 게임을 다시 전략형 게임으로 표현할 때의 보수 행렬(그림 안 원은 노드, 두 접점을 잇는 선은 가지라고 하며 각 가지에는 a부터 f까지 라벨이 붙어 있다. 표의 행은 플레이어 1의 전략, 열은 플레이어 2의 전략을 나타낸다)

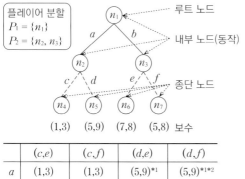

	(c,e)	(c,f)	(d,e)	(d,f)
a	$(1,3)$	$(1,3)$	$(5,9)^{*1}$	$(5,9)^{*1*2}$
b	$(7,8)^{*1*2}$	$(5,8)^{*1*2}$	$(7,8)^{*1*2}$	$(5,8)^{*1*2}$

*1 파레토 최석   *2 균형점

게임 트리의 내부 노드를 루트 노드로 하고, 이 노드의 자손 전체로 구성된 트리를 서브 트리(subtree)라고 한다. 노드 n_2, n_4, n_5와 가지 c, d로 구성되는 트리는 서브 트리의 한 예다.

각 동작에서 행동하는 플레이어는 동작 집합의 **플레이어 분할**(player partition) $P = \{P_1, \cdots, P_N\}$으로 나타낸다.[12] 여기에서 N은 플레이어 수고, 어떤 내부 노드가 플레이어 i의 순서라면 이 노드는 분할의 i번째 부분 P_i에 속한다.

여기에서 누가 먼저 시작할지 동전을 던져서 결정한다고 하자. 이 경우에도 선공・후공 결정 자체를 어떤 종류의 행동이라고 생각할 수 있다. 하지만 이런 행동은 우연에 좌우되며, 어느 플레이어 의사와도 관계없이 이루어진다. 동전 던지기처럼 우연에 좌우되는 요소를 포함하는 게임 상황은 특정 확률분포를 따라 자동으로 행동하는 가상 플레이어 순서로 표현한다. 이런 동작을 **우연 동작**(move by nature 또는 chance move)이라고 한다. 카드 게임에서 뒤집혀 쌓여 있는 덱에

---

12 집합을 공집합이 아닌 몇 개의 서로소인 부분 집합으로 나누는 것을 집합의 분할(partition)이라고 한다. 집합 {a, b, c}를 분할한 예는 {{a, b}, {c}}다. 집합 X의 어떤 부분을 {X_1, $\cdots$, X_M}이라고 하면 $x \in X$는 반드시 X_1에서 X_M까지 중 어느 한 부분 집합에만 속한다.

서 카드를 한 장 뽑거나 주사위 게임에서 주사위를 던지거나 마작에서 패를 완성하는 상황도 우연 동작이라고 자주 표현한다. 우연 동작은 플레이어 분할의 0번째, P_0에 속한다고 한다. 또 각 우연 동작은 그 행동 집합상의 확률분포를 가지고, 이 확률에 따라 행동한다. 여기에서 확률 0이나 1의 우연 순서의 행동은 없는 것으로 한다.

전개형 게임에 우연 동작이 있는 경우 모든 플레이어의 행동 전체를 고정해도 게임 진행(동작 계열)이나 각 플레이어의 이득이 반드시 확정된다고는 할 수 없다.

> **정의 5-10** 우연 동작을 하나 이상 가진 전개형 게임을 **불확정**(non-deterministic) **게임**이라고 하며, 그렇지 않은 전개형 게임을 **확정**(deterministic) **게임**이라고 한다.[13]

그림 5-4에 불확정 게임의 게임 트리 중 한 예를 나타냈다. 내부 노드 n_3은 P_0에 속하고 우연 동작이다. 플레이어 1이 순서 n_1에서 행동 b를 취했다면 양 플레이어의 이득 조합은 확률 1/3에서 (5, 0), 확률 2/3에서 (7, 8)이 된다.

▼ 그림 5-4 우연 동작 n_3을 가진 2인 전개형 게임

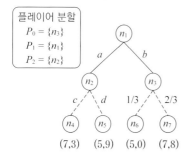

우연 동작은 주사위 눈이나 카드의 덱 등 어느 플레이어도 정보를 알 수 없는 게임적 상황을 표현하는 데 유용한 개념이다. 한편으로 어떤 특정 플레이어만

---

13 순전략 조합으로 이루어진 균형점이 존재하는 전개형 게임은 **확정적**(determinate)이라고 한다. 게임의 성질 '확정'과 '확정적'은 다른 개념이다. 확정적인 불확정 게임과 확정적이 아닌 확정 게임이 있을 수 있다.

정보를 알 수 있는 게임적 상황도 있을 수 있다. 예를 들어 카드 게임이나 마작에서 손에 쥔 패는 패를 소유한 플레이어만 안다. 또 가위바위보처럼 여러 플레이어가 동시에 행동하는 경우에는 플레이어가 각자 행동만 안다. 이런 게임적 상황은 덱에서 카드를 한 장 오픈하는 경우처럼 우연 동작으로 표현할 수 없을 것이다.

전개형 게임에서는 이처럼 일부 플레이어가 정보를 알거나 모르는 게임적 상황을 **정보 분할**(information partition)로 표현한다. 정보 분할은 플레이어 분할을 더 분할한 것이다. 예를 들어 동작 집합이 $V = \{n_1, n_2, n_3, n_4, n_5\}$, 플레이어 분할이 $P = \{P_1, P_2\} = \{\{n_1, n_2\}, \{n_3, n_4, n_5\}\}$라면 정보 분할은 $U = \{U_1, U_2\} = \{\{u_{11}\}, \{u_{21}, u_{22}\}\} = \{\{\{n_1, n_2\}\}, \{\{n_3, n_4\}, \{n_5\}\}\}$ 등과 같이 이루어진다. 여기에서 U_i는 집합 P_i의 분할이 되어 있는 점에 주의한다. 같은 플레이어의 동작으로 구성된 집합 u_{ij}는 **정보 집합**(information set)이라고 한다. 동작 플레이어는 각 정보 집합을 구별할 수 있지만, 같은 정보 집합에 속하는 동작은 구별할 수 없다. 따라서 플레이어 2가 동작 n_3에서 행동할 경우 이 플레이어는 정보 집합 u_{21}에서 행동한다는 사실은 인식할 수 있지만, n_3에서 행동인지 n_4에서 행동인지는 인식할 수 없다. 그림 5-3과 그림 5-4에 나타낸 전개형 게임은 각 동작이 속하는 정보 집합이 생략되어 있다. 정보 집합이 생략된 동작은 그 동작 하나로만 구성된 정보 집합에 속하는 것으로 한다.

> **정의 5-11** 완전정보(perfect information) 게임이란 모든 동작이 서로 다른 정보 집합에 속하는 전개형 게임을 의미한다. 불완전정보(imperfect information) 게임은 동작이 2개 이상 속하는 정보 집합이 있는 전개형 게임을 의미한다.

정보 분할로 표현한 게임적 상황의 한 예로 가위바위보를 그림 5-5에 나타냈다. 가위바위보는 **동시 게임**(simultaneous game)의 일종이다. 플레이어 1은 플레이어 2의 행동을, 플레이어 2는 플레이어 1의 행동을 보지 않은 채로 각각 행동한다. 플레이어 2가 플레이어 1의 행동을 볼 수 없다는 성질은 동작 n_2, n_3, n_4가 같은 정보 집합 u_{21}에 속하는 것으로 표현된다. 플레이어 행동은 각 정보 집합에 대해 이루어진다. 플레이어 2는 동작 n_2, n_3, n_4를 구별할 수 없으므로, 한쪽에서는 보를 내고 다른 쪽에서는 바위를 낼 수 없다. 동작 n_2에서는 보를, n_3에서는 바위를, n_4에서는 가위를 낼 수 있다면 이것은 플레이어 2가 늦게 낸다는 것을 의미하며, 가위바위보를 할 때 반드시 이길 수 있다.

▼ 그림 5-5 전개형 게임으로 표현된 가위바위보(정보 집합 u_{11}에는 동작 n_1이, 정보 집합 u_{21}에는 동작 n_2, n_3, n_4가 속한다)

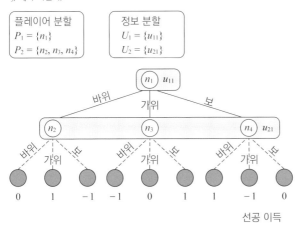

동작에서 행동하는 플레이어는 정보 집합을 구별할 수 있지만, 동작은 구별할 수 없다. 따라서 정보 집합은 다음에 설명하는 두 가지 성질을 가진다. 우선 같은 정보 집합에 속하는 어떤 동작도 취할 수 있는 행동 개수가 동일해야만 한다. 동작에서 행동하는 플레이어는 가능한 행동을 알 수 있다. 이는 행동 개수가 다른 두 가지 동작을 플레이어가 구별할 수 있다는 사실을 의미한다. 그림 5-6(a)의 전개형 게임에서 동작 n_2와 n_3의 행동 개수는 각각 다르고, 이것은 다른 정보 집합에 속해야만 한다.

또 어떤 게임 진행도 같은 정보 집합을 두 번 통과해서는 안 된다. 그림 5-6(b)의 전개형 게임에서 동작 n_4를 통과하도록 게임을 진행하는 경우 동작 집합 u_2는 두 번 방문하게 된다. u_2가 정보 집합이라면 동작 플레이어는 n_1에서는 첫 번째 u_2를 통과하고, 동작 n_4에서는 두 번째 u_2를 통과한다는 것을 인식할 수 있어 동작 n_1과 n_4를 구별할 수 있다.

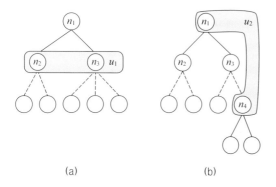

▼ 그림 5–6 정보 집합이 될 수 없는 동작 집합 u_1과 u_2(플레이어는 (a) 행동 개수의 차이로 동작 n_2와 n_3을, (b) 집합 u_2를 통과한 횟수로 동작 n_1과 n_4를 구별할 수 있다)

(a)   (b)

5.5 전개형 게임의 전략과 역진귀납법

어떤 전개형 게임은 우연 동작이 존재하면 기대 이득을 이득으로 생각하고, 전략형 게임으로 표현할 수 있다. 플레이어 i의 순전략이란 U_i에 속하는 정보 집합 각각에 대한 행동 각각의 조합을 의미한다. 그림 5–3 예에서 플레이어 1의 순전략은 S_1 = {(a), (b)} 2개가 있고, 플레이어 2의 전략은 S_2 = {(c, e), (c, f), (d, e), (d, f)} 4개가 있다. 또 행동은 동작이 아니라 정보 집합에 따라 결정된다. 이 사실로 보아 그림 5–5 예에서 플레이어 2 행동은 정보 집합 u_{21}에 대해 결정되며, 각 동작에 대해 행동을 결정하는 것은 허용되지 않는다. 따라서 플레이어 2의 전략은 3개뿐으로 S_2 = {(바위), (가위), (보)}가 된다.

가지의 수가 유한한 완전정보 게임의 균형 전략 중 하나는 원리적으로는 **역진귀납법**(backward induction)으로 구할 수 있다. 이 방법은 게임 종료(종단 노드)에서 시작(루트) 쪽으로 게임 진행 방향과는 반대 순서로 균형 전략을 구성해 간다. 그림 5-3에 나타낸 완전정보 게임을 예로 들어 역진귀납법을 실행해 보자. 우선 동작 n_2를 루트로 하는 n_2, n_4, n_5의 노드 3개로 구성되는 서브 트리를 생각한다. 플레이어 2가 행동 d를 취한다면 동작 n_2에서는 이득의 조합 (5, 9)가 확정되고, 다른 행동 c는 플레이어 2에게 이득을 가져오지 않는다. 마찬가지로 다음에 플레이어 2가 행동 f를 취한다면 동작 n_3에서는 이득의 조합 (5, 8)이 확정되고, 행동 e는 플레이어 2에게 이득을 가져오지 않는다. 이와 같은 행동이 이루어진 후에 플레이어 1이 행동 b를 취한다면 동작 n_1에서는 이득의 조합 (5, 8)이 확정되고, 행동 a는 플레이어 1에게 이득을 가져오지 않는다.

이렇게 구한 각 플레이어 전략은 다른 플레이어 전략 조합에 대한 최적 응답이 되고, 전략 조합 $((b), (d, f))$는 균형점 중 하나가 된다. 이 게임을 전략형 게임으로 고쳐 쓰면 전략 조합은 모두 여덟 가지로, 이 중 $((a), (d, f))$, $((b), (c, e))$, $((b), (c, f))$, $((b), (d, e))$, $((b), (d, f))$ 다섯 가지는 파레토 최적 및 균형점이고 조합 $((a), (d, e))$는 파레토 최적이라는 것을 알 수 있다.

역진귀납법은 플레이어 수 N이 3 이상이라도 실행할 수 있다. 또 우연 동작이 있는 불확정 게임에서는 이득 대신 기대 이득을 이용하고, 마찬가지로 역진귀납법으로 균형점의 하나를 얻을 수 있다. 예를 들어 그림 5-4에서는 n_3의 기대 이득 조합이 (19/3, 16/3)이고, 플레이어 2는 행동 d를 취해서 n_2의 이득 조합이 (5, 9)가 되고 플레이어 1은 행동 b를 취해서 균형점 $((b), (d))$를 얻었다.

성질 5-5 가지의 수가 유한한 완전정보 게임은 순전략 조합으로 표현되는 균형점을 하나 이상 가진다.

6장

미니맥스 게임 트리와 탐색: 틱택토, 오셀로, 체스, 일본 장기

1997년에 체스 세계 챔피언을 이긴 IBM의 딥 블루는 미니맥스 게임 트리를 탐색해서 '다음 한 수'를 생각했다. 복수 플레이어로 구성된 게임에서 행동을 결정하는 AI 연구 중에서 게임 트리와 게임 트리 탐색에 기초한 알고리즘 연구는 역사가 오래되었고, 컴퓨터 과학 여명기에 튜링(A. Turing)과 셰넌(C. Shannon)도 체스를 이용한 AI 개발에 도전했다. 이 장에서는 체스나 일본 장기 같은 게임의 최적 전략을 구하거나 최적 전략이 구해지지 않아도 가능한 한 좋은 수를 선택하는 알고리즘을 학습한다.

6.1 미니맥스 게임 트리

5장에서는 게임 트리 가지의 수가 유한하면 N인 완전정보 게임의 균형점 중 하나를 원리적으로는 역진귀납법으로 구할 수 있다는 것을 학습했다. 구한 균형점은 순전략 조합으로 구성된다. 이 절에서는 이런 게임의 특수한 경우인 2인 완전정보 확정 제로섬 게임에 초점을 맞추어 최적 전략을 구하는 알고리즘을 알아본다. 오셀로나 체스, 일본 장기도 이런 종류의 게임이다.[1]

가지의 수가 유한한 2인 완전정보 확정 제로섬 게임이 갖는 성질을 생각해 보자. 이런 종류의 게임은 2인 확정 게임이므로, 우연 동작 없이 순전략 조합에 대해 이득이 결정론적으로 정해진다. 또 플레이어는 선공이나 후공 어느 한쪽이 되고, 선공과 후공의 동작이 번갈아 이어지면서 게임이 진행된다.

게임 시작점에서 행동하는 플레이어가 선공이고 다른 쪽은 후공이다. 한 플레

---

1   이 게임들을 2인 완전정보 확정 제로섬 게임으로 표현하는 것이 항상 적절하다고 할 수는 없다. 예를 들어 동전 던지기 등으로 선공 · 후공을 결정하는 과정도 포함해서 하나의 게임으로 생각하는 경우에는 확정 게임이 아니다. 또 어떤 토너먼트의 마지막 게임에서 무승부인 경우 선공 · 후공 모두 예선 통과가 된다면 제로섬 게임이라고 생각하기 어렵다.

이어가 두 번 이상 연속으로 행동하는 경우가 있는 것처럼 보이는 게임이라도 이런 연속된 행동을 실질적으로 어떤 하나의 동작에서 하나의 행동을 선택하는 것으로 간주할 수 있다. 동작 집합의 플레이어 분할은 다른 종류의 전개형 게임과 비교해도 명확하므로 특별히 명기하지 않는다.

다음으로 2인 완전정보 확정 제로섬 게임은 완전정보 게임이므로 각 동작은 각각 다른 정보 집합에 속하고, 플레이어는 각 동작에 대해 개별적으로 의사 결정을 할 수 있다. 각 정보 집합에는 동작이 하나만 속하므로, 앞 장에 이어서 이 장에서도 정보 집합 기술은 생략한다.

이런 종류의 게임은 2인 제로섬으로, 전략 집합이 유한하므로 균형점은 맥스미니 전략과 미니맥스 전략으로 구성된다. 균형점은 안장점이기도 하다. 균형점이 여러 개 있을 때도 상응하는 이득은 모두 같고, 균형점이 게임 값을 부여한다.

이 장에서는 이런 2인 완전정보 확정 제로섬 게임을 다룬다. 이득을 크게 하고 싶은 맥스 플레이어에게는 맥스미니 전략을, 반대로 이득을 작게 하고 싶은 미니 플레이어에게는 미니맥스 전략을 최적 전략으로 부르기로 한다. 이후 따로 밝히지 않는 한 루트 노드는 선공 동작에서 게임 진행의 첫 분기점에 해당한다. 또 선공이 맥스 플레이어, 후공이 미니 플레이어가 되도록 2인 제로섬 게임의 이득 부호를 선택한다.

이 종류의 전개형 게임을 표현하는 트리는 미니 플레이어와 맥스 플레이어의 동작으로 구성되며, 이 트리를 **미니맥스 게임 트리**(minimax game tree)라고 한다(그림 6-1). 게임 결과가 선공 승리, 무승부, 선공 패배 세 가지고, 이득은 각각 1, 0, −1로 하지만 게임에 따라서는 승패 이외의 것을 결과로 삼는 경우도 있다. 예를 들어 오셀로 같은 게임에서는 검은색 돌과 흰색 돌의 개수를 게임 결과로 생각할 수도 있다. 이때는 검은색 돌과 흰색 돌의 개수 차를 제로섬 게임의 이득으로 생각할 수도 있을 것이다. 트리의 각 노드에서 유일하게 경로가 정해진다. 미니맥스 게임 트리에서는 이 경로 길이를 **깊이**라고 한다.

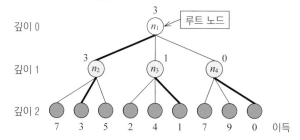

▼ 그림 6-1 미니맥스 트리

◯ 맥스 플레이어의 동작

◯ 미니 플레이어의 동작

⬤ 종단 노드

━ 어느 하나의 균형점

이 장에서는 이 깊이를 0부터 세고, 루트 노드 깊이는 0으로 한다. 그림 6-1의 트리는 모든 종단 노드의 깊이가 같지만, 일반적으로는 종단 노드의 깊이가 다르다.

그림 6-1에 나타낸 미니맥스 게임 트리의 균형점과 게임 값을 역진귀납법으로 구해 보자. 이 방법으로는 균형점을 깊이 1부터 깊이 0의 순서로 구해 간다. 우선은 깊이 1인 노드 값을 구한다. 미니 플레이어는 이득을 작게 하고 싶은 플레이어이므로 노드 n_2 값은 3, n_3 값은 1, n_4 값은 0이 된다. 다음으로 깊이 0인 노드 값을 구한다. 맥스 플레이어는 이득을 크게 하고 싶은 플레이어이므로 노드 n_1 값은 3이 된다. 그림에서 굵은 선은 이처럼 얻은 균형점에서 두 플레이어 행동을 나타낸다.

미니맥스 게임 트리의 노드 값을 그 노드의 미니맥스 값이라고 한다(정의 5-9의 ② 참고).[2] 이 값은 다음 식으로 쓸 수 있다. 종단 노드 n의 이득을 Utility(n)이라고 하며, 내부 노드 n의 자식 노드 집합을 Children(n)이라고 한다.

---

2 노드 n을 루트 노드로 하는 서브 트리가 나타내는 게임도 2인 제로섬 게임이고, 미니맥스 값과 맥스미니 값은 같다. 따라서 미니맥스와 맥스미니 중 아무것이나 사용해도 되지만, 보통은 미니맥스를 사용한다. 마찬가지로 미니맥스 게임 트리를 맥스미니 게임 트리라고 하는 경우도 거의 없다.

정의 6-1 가지의 수가 유한한 미니맥스 게임에서 노드 n의 미니맥스 값 $\text{Minimax}(n)$은 다음과 같다.

$$\text{Minimax}(n) = \begin{cases} \text{Utility}(n) & (n \text{이 종단 노드}) \\ \max_{n_c \in \text{Children}(n)} \text{Minimax}(n_c) & (n \text{이 맥스 플레이어의 동작}) \\ \min_{n_c \in \text{Children}(n)} \text{Minimax}(n_c) & (n \text{이 미니 플레이어의 동작}) \end{cases}$$

GAME INFORMATICS

6.2 미니맥스 게임 트리의 깊이 우선 탐색

그림 6-2는 미니맥스 게임 트리를 탐색하는 알고리즘이다. 여기에서 Max-Value() 함수는 '맥스 플레이어의 동작'이나 '종단 노드'인 n을 인수로 취하여 미니맥스 값을 반환하는 함수다. 또 Min-Value() 함수는 '미니 플레이어의 동작'이나 '종단 노드 n'을 인수로 취하여 미니맥스 값을 반환하는 함수다.

▼ 그림 6-2 재귀 호출을 해서 실행되는 미니맥스 게임 트리의 깊이 우선 탐색(변수 v의 초깃값 ±∞는 이 득이 없을 정도로 크거나 작은 값(±무한)으로 구현된다)

```
01  function Max-Value(n) return 미니맥스 값
02    if 노드 n이 종단 then return Utility(n)
03    v ← -∞
04    for each nc in Children(n) do
05      v ← Max(v, Min-Value(nc))
06    return v
07
08  function Min-Value(n) return 미니맥스 값
09    if 노드 n이 종단 then return Utility(n)
10    v ← ∞
11    for each nc in Children(n) do
12      v ← Min(v, Max-Value(nc))
13    return v
```

5행 Max()는 두 인수의 최댓값을 반환하는 함수고, 12행 Min()은 최솟값을 반환하는 함수다. 4행과 11행은 노드 n의 자식 노드 전체를 하나씩 n_c에 대입하면서 들여쓰기한 이후의 행을 반복해서 실행하는 루프다.

처음에 루트 노드 n_1을 인수로 취하는 Max-Value() 함수가 호출된다(그림 6-3(a)). 이 함수는 맥스 플레이어의 동작에서 미니맥스 값이 가장 큰 자식 노드를 찾아 그 값을 반환한다. 각 자식 노드 값은 5행에서 Min-Value() 함수를 호출해서 얻을 수 있다. 그림 6-3(b)는 자식 노드 중 하나를 인수로 받아 Min-Value() 함수를 호출했을 때 알고리즘이 가지는 자식 노드 집합과 변수 v 값을 나타낸다. 마찬가지로 Min-Value() 함수는 미니 플레이어의 동작에서 미니맥스 값이 가장 작은 자식 노드를 찾아 그 값을 반환한다.

❤ 그림 6-3 그림 6-1의 미니맥스 트리를 그림 6-2의 알고리즘이 깊이 우선 탐색하는 모습

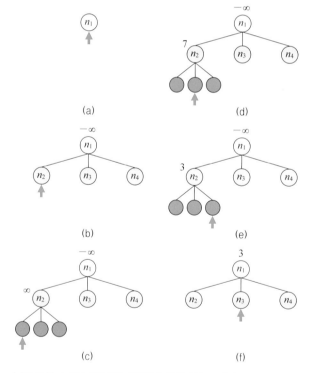

(a)에서 (f) 순서로 화살표가 가리킨 노드를 인수로 받아 Max-Value()와 Min-Value() 함수가 교대로 호출된다. 노드에 주어진 숫자는 변수 v 값을 나타낸다.

이상과 같이 그림 6-2에 나타낸 알고리즘은 Max-Value( )와 Min-Value( ) 함수를 재귀적으로 서로 호출하면서 더 깊은 노드로 곧장 탐색해 간다(그림 6-3(a)~(c)). 이렇게 알고리즘이 동작하는 모습을 볼 때 3장에서 설명한 A* 탐색은 최선 우선 탐색(Best-First Search, BFS)이라고 칭하며, 그림 6-2에 나타낸 알고리즘은 **깊이 우선 탐색**(Depth-First Search, DFS)이라고 칭한다. 깊이 우선 탐색의 장점은 탐색할 트리보다 상당히 작은 메모리 용량만 사용해서 동작한다는 것이다. 알고리즘은 그림 6-3(e)에서 n_2의 자식 노드 전체를 방문 완료하고, 다음으로 (f)에 나타낸 것처럼 n_3을 방문한다. 이때 n_2 이하의 노드와 변수 v가 삭제되어 있다는 점에 주의하자. 트리 분기 개수(가지가 나뉜 수)의 최댓값을 b, 깊이의 최댓값을 d라고 한다면 이 알고리즘이 가지는 노드 개수는 $bd + 1$ 이하로 억제된다.

이 절에서 소개한 깊이 우선 탐색에서는 기억 영역을 게임 트리의 크기보다도 충분히 작게 줄일 수 있다. 한편 계산 시간은 대략 게임 트리 크기에 비례한다. 실제로 Max-Value( )와 Min-Value( ) 함수가 호출되는 횟수는 탐색할 트리의 노드 개수와 같다. 이 노드 개수는 $V_{max} = b^d + b^{(d-1)} + \cdots + 1$ 이하이고, 분기 개수의 최댓값은 b가 충분히 크다면 V_{max}는 b^d 정도다. 가지의 수가 유한하다면 이 알고리즘은 언젠가 종료된다.

6.3 미니맥스 게임 트리의 αβ 탐색

이 절에서는 앞 절에서 살펴본 깊이 우선 탐색을 효율화하는 한 가지 방법을 소개한다. 그림 6-3의 깊이 우선 탐색은 (f) 다음에 n_3의 변수 v에 2라는 값을 준다(그림 6-4).

❤ 그림 6-4 그림 6-3의 (f)에서 노드 n_3 값이 2로 갱신된 탐색 트리(a)와 탐색 중 노드 n_4 값이 2로 갱신된 어떤 게임 트리(b) (A, B, C에 루트 노드가 있는 서브 트리의 탐색은 생략할 수 있다. 이렇게 해서 탐색을 부분적으로 생략하는 것을 트리의 **가지치기**라고 한다)

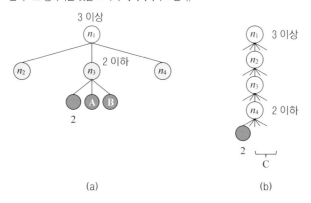

(a)   (b)

이 시점에서 n_3 값은 2 이하로 확정된다. n_3은 미니 플레이어의 동작이고, 변수 v 값은 그림 6-2의 12행에서 갱신되어 커지지 않기 때문이다. 마찬가지로 n_1의 미니맥스 값도 3 이상으로 확정된다. 따라서 n_3이 맥스 플레이어의 동작 n_1 값을 개선하지 않음은 명백할 것이다. 루트 노드에서 '최적 행동 하나와 미니맥스 값'만 구하면 되므로 노드 n_3을 루트 노드로 하는 서브 트리를 더 이상 탐색할 필요는 없다.

이런 생각을 깊이 3 이상의 탐색에 적용해 보자. 그림 6-4(b)는 탐색 중인 어떤 시점에서 미니맥스 게임 트리를 나타낸다. 노드 n_i는 i가 홀수라면 맥스 플레이어의 동작이고, 짝수라면 미니 플레이어의 동작이다. 이제까지 탐색으로 루트 노드 n_1 값은 3 이상이 된다는 사실이 확정되었다. 그리고 탐색 중 깊이 3인 노드 n_4의 자식 노드 값 하나가 2라는 것이 판명되었다고 하자. 이때도 그림 6-4(a)와 마찬가지로 노드 n_4를 루트 노드로 하는 서브 트리를 더 이상으로 탐색할 필요는 없다. 루트 노드에서 이미 확정된 3 이상의 값은 설령 게임을 n_1, n_2, n_3, n_4로 진행했다고 해도 개선될 일이 없기 때문이다. 루트 노드의 최적인 행동 하나와 미니맥스 값만 구하면 되기에 노드 n_4의 다른 자식 노드를 더 탐색할 필요는 없다.

$\alpha\beta$ 탐색법은 그림 6–4에 예시된 것처럼 탐색할 필요가 없는 서브 트리로 이어진 가지를 쳐내는 탐색 방법이다(그림 6–5). 그림 6–2에 나타낸 깊이 우선 탐색과는 함수 인수로 α와 β가 추가되고 6~7행과 15~16행이 추가되었다는 차이가 있다. 게임 값을 구하려면 루트 노드 n_1을 맥스 플레이어 동작으로 하고, 1행에서 정의된 함수를 Max–Value(n_1, $-\infty$, ∞)로 지정해서 호출한다. 탐색 효율화는 6행과 15행에서 자식 노드 전체에 대해 실행하는 루프를 도중에 끝내고 변수 v 값을 반환함으로써 달성된다. 맥스 플레이어 동작에서는 β가, 미니 플레이어 동작에서는 α가 루프를 중단하는 조건의 역치 역할을 한다. 어떤 노드 n에서 역치는 루트 노드에서 n으로 가는 경로상에 있는 변수 v 값으로 갱신될 수 있다. 이 경로상에 있는 맥스 플레이어 동작의 변수 v 최댓값이 α, 미니 플레이어 동작의 변수 v 최솟값이 β에 해당한다.

▼ 그림 6–5 $\alpha\beta$ 탐색법

```
01  function Max-Value(n, α, β) return 값
02    if 노드 n이 종단 then return Utility(n)
03    v ← - ∞
04    for each n_c in Children(n) do
05      v ← Max(v, Min-Value(n_c, α, β))
06      if v ≥ β then return v
07      if v > α then return α ← v
08    return v
09
10  function Min-Value(n, α, β) return 값
11    if 노드 n이 종단 then return Utility(n)
12    v ←  ∞
13    for each n_c in Children(n) do
14      v ← Min(v, Max-Value(n_c, α, β))
15      if v ≤ α then return v
16      if v < β then return β ← v
17    return v
```

어떤 미니맥스 게임 트리에서 $\alpha\beta$ 탐색법이 구하는 값은 정의 6–1의 미니맥스 값과 어떤 관계가 있을까? $V(n, \alpha, \beta)$ 함수 값을 노드 n이 미니 플레이어라면 Min–Value(n, α, β)의 반환값, 그렇지 않으면 Max–Value(n, α, β)의 반환값

으로 한다. $V(n, \alpha, \beta)$ 함수 값과 정의 6-1의 미니맥스 값 Minimax(n)에는 다음 관계가 있다.

성질 6-1 $V(n, \alpha, \beta)$ 함수의 노드 n은 가지의 수가 유한한 미니맥스 게임 트리의 노드, 인수 α와 β는 $\alpha < \beta$를 만족한다고 한다. 이 함수 값은 다음 조건을 만족한다.

- $V(n, \alpha, \beta) \leq \alpha$라면 Minimax$(n) \leq V(n, \alpha, \beta)$
- $\alpha < V(n, \alpha, \beta) < \beta$라면 Minimax$(n) = V(n, \alpha, \beta)$
- $V(n, \alpha, \beta) \geq \beta$라면 Minimax$(n) \geq V(n, \alpha, \beta)$

성질 6-1이 성립한다는 것을 그림 6-1의 알고리즘을 보면서 확인하자. 인수로 지정한 노드 n을 루트 노드로 하는 서브 트리를 생각한다. 이 서브 트리는 루트 n부터 깊이를 세고 최대 깊이는 d_{max}라고 한다. 깊이 d_{max}인 노드 n'는 종단 노드이므로 2행이나 11행에서 함수가 Utility(n')를 반환한다. 따라서 $V(n', \alpha, \beta)$ = Minimax(n')고, α와 β 값에 의존하지 않고 성질 6-1이 성립한다. $d_{max} = 0$이라면 $n = n'$고 이것으로 확인은 끝이다.

다음으로 $0 < d_{max}$인 경우 성질 6-1을 만족한다는 것을 수학적 귀납법을 이용해서 확인해 보자. 즉, 이 서브 트리의 깊이 $d + 1(0 \leq d < d_{max})$인 노드는 성질 6-1을 만족한다 가정하고 깊이 d인 노드 n'가 성질 6-1을 만족하는지 확인한다. 노드 n'가 종단되어 있다면 성질 6-1을 만족하는 것은 명백하다. 종단되지 않았다면 이것은 맥스 플레이어나 미니 플레이어의 동작이다. 맥스 플레이어 동작 n'는 다음 세 가지 경우로 나눈다.

(1) $\beta \leq V(n', \alpha, \beta)$의 경우 Max-Value 함수는 6행에서 $v = V(n', \alpha, \beta) = V(n_c', \alpha, \beta)$ 값을 반환한 것이 된다. 여기에서 n'의 자식 노드 n_c' 깊이는 $d + 1$이고, 가정에서 성질 6-1이 만족되어 $\beta \leq v$이므로 $v \leq$ Minimax(n_c')다. 또 n'는 맥스 플레이어 동작이므로 정의 6-1에서 Minimax$(n_c') \leq$ Minimax(n')가 성립한다. 따라서 $V(n', \alpha, \beta) \leq$ Minimax(n')가 성립한다.

(2) $V(n', \alpha, \beta) \leq \alpha < \beta$의 경우 Max-Value 함수는 7행 if 문의 조건이 한 번도 참이 되지 않은 채 8행에서 자식 노드 전체의 Min-Value 함수 값 중 최댓값 $v = V(n', \alpha, \beta)$를 반환한다. 또 정의 6-1에서 Minimax(n') = Minimax(n_c^*)를 만족하는 n'의 자식 노드 n_c^*가 존재하므로 $V(n_c^*, \alpha, \beta) \leq v \leq \alpha$가 된다. 여기에서 가정에 따라 자식 노드 n_c^*에서 성질 6-1을 만족하고 $V(n_c^*, \alpha, \beta) \leq \alpha$이므로 Minimax$(n_c^*) \leq V(n_c^*, \alpha, \beta) \leq v$가 된다. 즉, Minimax$(n') \leq V(n', \alpha, \beta)$가 성립한다.

(3) $\alpha < V(n', \alpha, \beta) < \beta$의 경우 Max-Value 함수는 8행에서 자식 노드 전체의 Min-Value 함수 값의 최댓값 $v = V(n', \alpha, \beta)$를 반환하게 된다. 5행에서 $\alpha \leq \alpha' < v$를 만족하는 α'를 인수로 하여 $v = V(n_c^*, \alpha', \beta)$가 된 자식 노드 n_c^*가 존재하고, 가정에 따라 성질 6-1을 만족하여 $\alpha' < v < \beta$이므로 Minimax$(n_c^*) = v$다. 또 $v < $ Minimax(a)를 만족하는 n'의 자식 노드 a가 존재하지 않았으므로 정의 6-1에 따라 Minimax$(n') = V(n', \alpha, \beta)$가 성립한다.

지금까지 깊이 d인 맥스 플레이어 동작 n'에서 성질 6-1이 만족한다는 것을 확인했다. 마찬가지로 깊이 d인 미니 플레이어 동작 n'에서 성질 6-1이 만족하는 것도 확인할 수 있다.

$\alpha\beta$ 탐색법이 미니맥스 탐색을 효율적으로 실행하는 구조를 더 자세히 분석해 보자. 그림 6-6에 이 알고리즘이 탐색 트리의 가지를 치는 모습과 양 플레이어에게 최선인 자식 노드를 더듬어 가서 얻는 최선 응수 계열을 나타냈다. 이 트리의 분기 개수는 3이고 깊이가 4이므로 종단 노드는 $3^4 = 81$개이지만, 탐색이 끝날 때까지 실제로 방문한 종단 노드는 그중 17개뿐이다. 또 이 탐색이 끝나고 루트 노드에 값이 주어지면 이제까지 방문한 내부 노드 전체의 일부는 PV, CUT, ALL 세 가지로 분류된다. 최선 응수 계열로 도달하는 것은 PV 노드, PV 노드가 아닌 PV 노드의 자식이면 CUT 노드, CUT 노드에서 가지치기를 일으킨 자식이면 ALL 노드, ALL 노드의 자식이면 CUT 노드다.

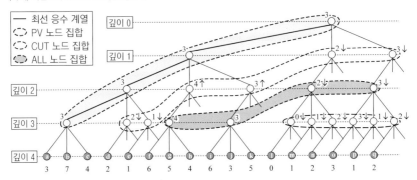

❤ 그림 6-6 미니맥스 게임 트리(깊이 4, 분기 개수 3)의 $\alpha\beta$ 탐색(초록색 동그라미는 종단 노드, 흰색 동그라미는 내부 노드(동작)를 나타낸다. 탐색으로 방문하지 않는 노드는 생략했다. 내부 노드에 주어진 값은 위(아래) 화살표가 있으면 하한(상한)이다)

그림 6-6 예와 같이 PV와 ALL 노드에서는 자식 노드 전체를 탐색하고 방문한다. 반면에 CUT 노드에서는 반드시 자식 노드 전체를 방문한다고 할 수 없다. CUT 노드에서 방문하는 자식 노드 개수가 적으면 적을수록 방문하는 노드 개수는 작아지는 경향이 있다. 이 때문에 어떤 동작 n'에서부터 트리를 따라 내려올 때는 복수 n'의 자식 노드 중 가능한 한 좋은 것을 선택하면 효율적으로 탐색할 수 있다. 여기에서는 어느 CUT 노드나 단 하나의 자식 노드만 방문하여 이상적으로 가지치기된 예를 보여 준다.

탐색 효율화 관점에서 루트 노드의 α와 β 값으로 지정되는 구간을 가능한 한 좁게 설정하는 방법도 유효하다. 예를 들어 종단 노드의 이득이 −1, 0, 1 세 가지뿐이라는 사실을 탐색 전부터 알고 있다면 루트 노드 n_1을 맥스 플레이어 동작으로 하고, 1행에서 정의되는 함수를 Max-Value(n_1, −1, 1)처럼 호출할 수 있다.

끝으로 $\alpha\beta$ 탐색법의 계산량에 관하여 고찰한다. 어떤 내부 노드든지 분기 개수가 b고, 어떤 종단 노드든지 깊이가 d인 게임 트리를 탐색하여 이상적으로 가지치기된 경우 방문할 종단 노드 개수는 식 $b^{\lfloor d/2 \rfloor} + b^{\lceil d/2 \rceil} - 1$로 계산한다.[3] 그림 6-6 예에서 이 식을 적용하면 처음에 종단 노드 a, b, c, f, g, h, i, j, k를 나열

---

3   바닥 함수 $\lfloor x \rfloor$ 값은 실수 x 이하의 최대 정수, 천장 함수 $\lceil x \rceil$ 값은 x 이상의 최소 정수다.

하고, 그다음 a, d, e, l, m, n, o, p, q를 나열한다. 마지막으로 중복된 a를 수정하여 결과로 17을 얻는다. 분기 개수 b가 충분히 크다면 탐색 노드 개수는 종단 노드 개수에 지배되어 약 $b^{\lceil d/2 \rceil}$가 된다. 6.2절 깊이 우선 탐색에서 이 숫자가 약 b^d이라는 것을 생각하면 $\alpha\beta$ 탐색법으로 효율적으로 가지치기된 경우에는 대체로 같은 계산량으로 2배 깊은 트리 탐색이 달성된다.

6.4 AND/OR 트리와 증명 개수

앞 절에서는 6.2절의 게임 트리 탐색을 가지치기해서 효율화하는 방법을 소개했다. 이번에는 종단 노드의 이득을 0이나 1 두 값으로 한정하여 트리 탐색을 효율화하는 방법을 소개한다. 이 절에서 소개하는 내용은 오목이나 박보장기를 푸는 강력한 도구가 될 수 있다.

▼ 표 6-1 이득을 1이나 0인 값만 취하는 미니맥스 게임 트리와 논리합(OR) 및 논리곱(AND) 관계

종단 노드의 이득	맥스 동작 n	미니 동작 n	P	Q	P∨Q (OR)	P∧Q (AND)
(n) 1 1	Minimax(n) = 1	Minimax(n) = 1	참	참	참	참
(n) 1 0	Minimax(n) = 1	Minimax(n) = 0	참	거짓	참	거짓
(n) 0 0	Minimax(n) = 0	Minimax(n) = 0	거짓	거짓	거짓	거짓

(a) 미니맥스 값   (b) 논리 값 표

종단 노드의 이득을 이진 값으로 제한한 미니맥스 게임 트리는 AND/OR 트리와 구조가 같다. 표 6-1과 같이 맥스 동작 값은 자식 노드 전체 값의 논리합 (OR)과 같고, 미니 동작 값은 자식 노드 전체 값의 논리곱(AND)과 같다. 이들처럼 미니맥스 게임 트리의 맥스(미니) 동작은 AND/OR 트리의 OR(AND) 노드에 대응한다. AND/OR 트리에서는 어느 내부 노드 값이나 0(거짓) 또는 1(참)이 된다. 이런 성질을 이용하면 일반적인 미니맥스 게임 트리 탐색보다도 AND/OR 트리의 가지를 효율적으로 칠 수 있다. OR 노드 값은 1보다 커지지 않으므로, 자식 노드 하나에 1 값이 주어지면 다른 자식 노드는 탐색이 필요 없다. 한편 AND 노드 값은 0보다 작아지지 않으므로, 자식 노드 하나에 0 값이 주어지면 다른 자식 노드는 탐색이 필요 없다.

▼ 그림 6-7 AND/OR 트리

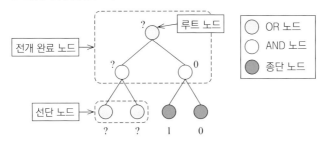

이렇게 AND/OR 트리의 가지를 치고, OR(AND) 노드 n 값을 깊이 우선 탐색으로 구하려면 그림 6-5에서 정의된 함수를 Max(Min) − Value(n, 0, 1)처럼 호출한다. 어느 노드 값이든 0 또는 1이라는 사실과 성질 6-1에 따라 함수의 반환값이 1이면 Minimax(n) = 1이고, 0이면 Minimax(n) = 0이다. 트리의 가지치기는 OR(AND) 노드의 자식 노드 하나에 1(0) 값이 주어지고, 그림 6-5의 6(15)행에서 return 문이 호출된다.

AND/OR 트리의 탐색은 가지치기에 따른 효율화와 4장의 A* 탐색과 같은 최선 우선 탐색을 이용하여 더욱 효율적으로 수행할 수 있다. 최선 우선 탐색은 트리의 루트 노드에서 종단 노드까지 일직선으로 내려가지 않고, 가장 유력하다고 여겨지는 내부 노드부터 차례로 자식 노드를 탐색해 간다. 종단 노드까지 곧장 내려가지 않으므로, 최선 우선 탐색 중에는 자식 노드의 전개가 보류된 내부 노드가 많아진다. 이때 전개가 보류되어 값을 알 수 없는 내부 노드는 선단 노드, 전개가 끝난 내부 노드는 전개 완료 노드라고 한다.

AND/OR 트리의 최선 우선 탐색에서 전개 우선순위가 높고, 유력한 선단 노드란 도대체 어떤 것일까? 그림 6-8에 트리 중간까지 최선 우선 탐색을 진행한 AND/OR 트리를 나타냈다. 이 시점에서 a부터 h까지 노드가 8개 유지되며, 다음에 전개할 선단 노드는 e, f, h 중 하나다.

▼ 그림 6-8 최선 우선 탐색 중인 AND/OR 트리

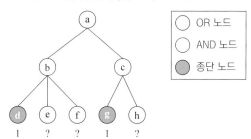

이들 선단 노드의 전개 순서를 분석하기 전에 먼저 몇 가지 가정을 세우자. 우선 어떤 선단 노드도 값을 구하는 데 필요한 노력을 짐작할 수 없다고 간주한다.

여기에서 어떤 노드 값을 구하는 데 필요한 노력이란 이 노드를 루트 노드로 하는 서브 트리에서부터 전개되는 노드 개수에 비례한다고 하자. 다음으로 어느 선단 노드든 값이 1이 될지 0이 될지 예상할 수 없고, 모두 같은 확률로 1이나 0이 된다고 간주한다.

그림 6-8에서 선단 노드 개수는 3이고, 이진 값 3개로 구성되는 조합은 모두 $2^3 = 8$가지다. 이 조합은 다음 네 가지 경우로 나눈다.

- **경우 1**: e, f, h 모두 1(111, 1/8)
- **경우 2**: 경우 1 이외에 h 값이 1(001, 011, 101, 3/8)
- **경우 3**: 경우 1 이외에 e와 f의 값이 1(110, 1/8)
- **경우 4**: e나 f가 0이고 h가 0(000, 010, 100, 3/8)

여기에서 괄호 안은 선단 노드 e, f, h의 값이 각 상황에 해당하는 조합과 확률을 나타낸다.

그림 6-8의 루트 노드 a 값을 결정할 때는 h의 전개를 우선하는 것이 상책이다. 선단 노드 값이 경우 2와 4에 속한다면 h 값을 확인할 수밖에 없다. 경우 1에 속할 때도 선단 노드 e와 f 양쪽 값을 확인하는 것보다 h 값만 확인하는 편이 노력이 적게 들어갈 가능성이 높아, h의 전개를 우선하는 것이 상책이라고 할 수 있다. 경우 3에 속하는 확률 1/8일 때만 h 값이 쓸모없으므로 e나 f의 전개를 우선하는 것이 상책이다.

일반적으로 OR 노드 n 값이 1이면 n을 루트 노드로 하는 서브 트리에는 값이 1이 되어야 하는 선단 노드 조합이 하나 이상 있다. 이 중 한 조합의 선단 노드 전체가 값이 1이면 n 값은 1이다. 선단 노드 개수가 적은 조합일수록 이 조합의 선단 노드 전체가 1이 되는 경우의 수가 많아진다. 그림 6-8의 OR 노드 a 값이 1이라는 사실을 확인하기 위해서는 첫 번째 조합인 (e, f)가 값을 확인해야 한다.

이 조합의 선단 노드 전체가 1이 되는 경우의 수는 2(110, 111)다. 두 번째 조합은 (h)에서 경우의 수가 4(001, 011, 101, 111)다.

한편 OR 노드 n 값이 0이라면 이 조합 전체에는 값이 0이 되는 선단 노드가 있다. 그림 6-8의 OR 노드 a 값이 0이라면 첫 번째 조합 (e, f) 중 하나는 0이 되고, 두 번째 조합 (h)도 0이 된다.

마찬가지로 AND 노드 n에 값 0을 주려면 선단 노드의 조합 값을 하나 이상 알아야 한다. 이 중 한 조합의 선단 노드 전체가 값 0이라면 n 값은 0이 된다. 반면 AND 노드 n 값이 1이라면 조합에 값이 1이 되는 선단 노드가 있다.

AND/OR 트리의 노드 n 값이 1이라는 것을 명확히 하는 것은 **n의 증명**이라고 하며, 0이라는 것을 명확히 하는 것은 **n의 반증**이라고 한다. 또 노드 n을 증명하기 위해 증명할 필요가 있는 선단 노드 개수의 최솟값을 n의 **증명 개수**라고 하며, 반증하기 위해 반증할 필요가 있는 선단 노드 개수의 최솟값을 **n의 반증 개수**라고 한다. 그림 6-8에서는 선단 노드 h가 증명되면 OR 노드 a도 증명된다.

따라서 a의 증명 개수는 1이다. 또 적어도 선단 노드 2개(예를 들어 e와 h)가 반증되면 OR 노드의 a도 반증된다. 따라서 a의 반증 개수는 2다. 이 값이 작을수록 증명 및 반증이 용이할 것이다. 증명 개수와 반증 개수 양쪽에 기여하는 선단 노드 h는 **최유력 노드**라고 하며, 이 선단 노드 전개를 우선하는 것이 탐색 효율화로 이어지는 경우가 많다.

증명 개수나 반증 개수는 미니맥스 값처럼 선단 및 종단 노드에서 루트 노드 방향으로 계산해서 셀 수 있다.

우선 종단 노드의 증명 및 반증 개수를 센다. 이득이 1인 종단 노드는 증명이 이미 끝났고, 이 종단 노드를 루트 노드로 하는 서브 트리에는 이 이상 증명이 필요한 선단 노드가 존재하지 않는다. 따라서 증명 개수는 0이다. 마찬가지로 이 종단 노드는 어느 정도 선단 노드를 반증해도 반증할 수 없다고 생각하여 반증 개수는 형식적으로 ∞로 쓴다. 마찬가지로 이득 0인 종단 노드의 증명 개수는 ∞, 반증 개수는 0이다.

다음으로 선단 노드의 증명 및 반증 개수를 센다. 선단 노드의 증명은 이 노드 자신을 증명해서 한다. 따라서 증명 개수는 1이다. 또 선단 노드의 반증도 이 노드 자신을 반증해서 한다. 따라서 반증 개수도 1이다.

계속해서 전개된 OR 노드의 증명 및 반증 개수를 센다. OR 노드의 증명은 자식 노드 하나를 증명해서 한다. 따라서 증명 개수는 복수 개 있는 자식 노드의 증명 개수 최솟값과 같다. 또 OR 노드의 반증은 모든 자식 노드를 반증해서 한다. 따라서 반증 개수는 자식 노드의 반증 개수의 총합과 같다.

마지막으로 AND 노드의 증명 및 반증 개수를 센다. AND 노드의 증명은 모든 자식 노드를 증명해서 한다. 따라서 증명 개수는 자식 노드의 증명 개수의 총합과 같다. 또 AND 노드의 반증은 자식 노드 하나를 반증해서 한다. 따라서 반증 개수는 자식 노드의 반증 개수 최솟값과 같다.

노드 n의 증명 개수를 Proof(n)으로 쓰고, 반증 개수를 Disproof(n)으로 써서 정리하면 다음과 같다.

$$\text{Proof}(n) = \begin{cases} 1 & (\text{선단 노드}) \\ \infty(0) & (n \text{ 이득 } 0(1)\text{의 종단 노드}) \\ \min_{n_c \in \text{Children}(n)} \text{Proof}(n_c) & (n\text{이 전개 완료된 OR 노드}) \\ \sum_{n_c \in \text{Children}(n)} \text{Proof}(n_c) & (n\text{이 전개 완료된 AND 노드}) \end{cases}$$

$$\text{Disproof}(n) = \begin{cases} 1 & (\text{선단 노드}) \\ \infty(0) & (n \text{ 이득 } 1(0)\text{의 종단 노드}) \\ \min_{n_c \in \text{Children}(n)} \text{Disproof}(n_c) & (n\text{이 전개 완료된 AND 노드}) \\ \sum_{n_c \in \text{Children}(n)} \text{Disproof}(n_c) & (n\text{이 전개 완료된 OR 노드}) \end{cases}$$

내부 노드 n의 최유력 노드는 n부터 선단 노드 방향으로 트리를 내려가서 구할 수 있다. 덧붙여 종단 노드에는 최유력 노드는 존재하지 않는다. 또 선단 노드의 최유력 노드는 자기 자신이다.

노드 n이 전개 완료된 OR 노드라면 반증 개수 계산에서 열거된 선단 노드는 반증 개수가 0이 아닌(증명 개수가 ∞가 아닌) 어느 자식 노드의 서브 트리에나 있다. 또 OR 노드 n의 증명 개수 계산에서 열거된 선단 노드 조합은 증명 개수가 최소인 자식 노드의 서브 트리에만 포함된다. 따라서 OR 노드의 최유력 노드는 증명 개수가 최소인 자식 노드를 내려가서 얻을 수 있다.

노드 n이 전개 완료된 AND 노드라면 증명 개수 계산에서 열거된 선단 노드는 증명 개수가 0이 아닌(반증 개수가 ∞가 아닌) 어느 자식 노드의 서브 트리에나 있다. 또 AND 노드 n의 반증 개수 계산에서 열거된 선단 노드 조합은 반증 개수가 최소인 자식 노드의 서브 트리에 포함된다. 따라서 AND 노드의 최유력 노드는 반증 개수가 최소인 자식 노드를 내려가서 얻을 수 있다. 그림 6-9에 앞의 절차를 따라 증명 개수와 반증 개수를 나열한 결과와 최유력 노드를 구한 결과를 나타냈다.

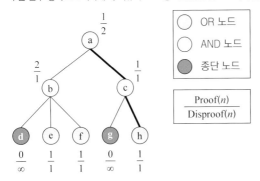

GAME INFORMATICS

6.5 미니맥스 게임 트리의 그래프 탐색

이 절에서는 미니맥스 게임 트리의 노드 여러 개를 하나처럼 생각해서 탐색 공간을 작게 하는 효율화 방법을 소개한다. 그림 6-10에 나타낸 틱택토의 다른 두 게임 진행을 생각해 보자. 루트 노드 A에서 2개의 미니 플레이어 노드 F와 F′에 이르는 경로는 다르지만, 동그라미와 가위표 배치는 동일하다. 따라서 노드 F 값이 구해졌다면 F′ 값도 이와 같아지고, 루트 노드 값을 구하는 것을 목표로 한다면 어느 한쪽을 루트로 하는 서브 트리는 탐색이 필요 없다.

❤ 그림 6-10 틱택토 게임을 진행하는 두 가지 예(노드 F와 F'는 루트 노드 A에서 이동하는 경로는 다르지만 모두 후공 동작이고, 동그라미와 가위표 배치가 같다)

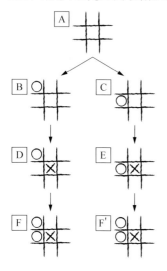

그림 6-11에 트리의 두 노드를 동일시해서 탐색 공간을 줄이는 예를 나타냈다. 예시된 게임 트리의 노드 e와 e'는 루트 노드 a에서 이동하는 경로가 다르다. 하지만 종단 노드 i와 i' 이득이 같고, 종단 노드 j와 j' 이득이 같다면 두 노드 e와 e'는 성질이 같은 게임 진행의 분기점이라고 간주할 수 있다.

❤ 그림 6-11 미니맥스 게임 트리와 유향비순환 그래프

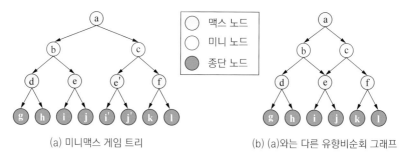

게임 트리에서 노드란 게임 진행 경위도 고려해서 각각 구별되는 게임 진행의 분기점이었다. 이와 반대로 게임 진행 경위 등 노드가 가진 정보를 어느 정도 버리고 말 배치 등 몇 가지 게임적 상황의 구성 요소로 구별되는 게임 진행

의 분기점은 **게임 상태**(game state)라고 한다. 그림 6-10에서 동작 플레이어와 동그라미와 가위표 배치에 주목하여 게임 상태를 도입했다면 F와 F′는 같은 게임 상태에 대응한다. 미니맥스 게임 트리의 루트 노드에서 어떤 노드까지 경로는 하나밖에 없었다. 하지만 게임 상태가 같은 두 노드를 노드 하나로 모은 것은 (그림 6-11(b)) 트리가 아닌 그래프가 된다.[4]

그림 6-10에서는 게임 진행 방향을 가지 방향(화살표)으로 나타냈다. 가지 양 끝을 출발지와 목적지처럼 구별한 그래프는 **유향 그래프**(directed graph)라고 한다. 또 그림 6-11(b)는 **폐로**(출발지로 돌아가는 경로)(cycle)를 가지지 않는 유향 그래프다. 이런 그래프는 **유향비순회 그래프**(Directed Acyclic Graph, DAG)라고 한다. 미니맥스 게임 트리의 몇 가지 노드 조합을 동일시해서 DAG로 해도, 가지의 수가 유한하다면 지금까지와 마찬가지로 역진귀납법으로 루트 노드의 미니맥스 값을 구하는 것이 원리적으로는 가능하다.

미니맥스 게임 트리의 루트 노드 값을 탐색으로 구할 때 노드를 몇 개 모아 그래프로 만들고 탐색 공간을 작게 한 경우, 폐로를 만들면 미니맥스 값이 유일하게 정해지지 않은 노드가 나타난다는 점에 주의한다. 그림 6-12(a) 그래프는 노드 a와 c가 폐로를 형성하고 있다. 이 예에서 보이는 노드 a와 c의 값은 유일하게 정해지지 않는다. 예를 들어 Minimax(a) = 1, Minimax(c) = 1로도 정의 6-1과 모순되지 않고, Minimax(a) = 3, Minimax(c) = 3이어도 정의 6-1과 모순되지 않는다. 틱택토나 오셀로에서는 게임 진행에 따라 말 개수가 단조롭게 증가해 가므로, 말 배치와 동작에 대응하는 게임 상태로 구성한 그래프에는 폐로가 나타나지 않을 것이다. 하지만 바둑, 장기, 체스 같은 게임에서는 폐로가 나타날 수 있다.

---

[4]   그래프란 노드 집합과 노드 2개 사이를 연결하는 가지 집합으로 구성되는 것이었다. 또 트리란 임의의 두 노드 간 경로가 유일하게 정해지는 그래프다(가지 방향은 구별하지 않았다). 따라서 트리는 그래프이지만 그래프가 반드시 트리인 것은 아니다.

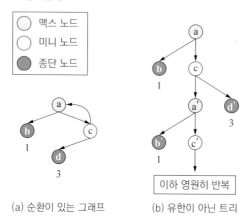

▼ 그림 6-12 순환이 있는 그래프를 트리로 다시 작성한 경우(트리는 깊이가 유한하지 않고 무수한 가지와 노드를 가진다)

맥스 노드
미니 노드
종단 노드

1

3

이하 영원히 반복

(a) 순환이 있는 그래프　　　　(b) 유한이 아닌 트리

끝으로 트리가 다른 두 노드가 같은 게임적 상황의 구성 요소를 가진 것을 검출하는 데 유용한 **조브리스트 해싱**(Zobrist hashing) 알고리즘을 소개한다. 이 알고리즘은 바둑, 장기, 체스 등에서 자주 이용하는 방법으로, 게임적 상황의 구성 요소 성질이 같다는 것을 고속으로 테스트할 수 있다. 구체적인 예로 틱택토에서는 칸 위치, 동작 플레이어를 구성 요소, 동그라미 · 가위표, 공백과 선공 · 후공이 그 성질이라고 간주하는 방식을 생각할 수 있다.

조브리스트 해시 값은 다음과 같이 계산할 수 있다.

$$\text{조브리스트 해시 값} = \text{Factor}_1[\text{Property}_1] \otimes \cdots \otimes \text{Factor}_N[\text{Property}_N]$$

여기에서 i를 각 구성 요소의 인덱스로 하면 Factor_i는 어떤 M 비트의 유사 난수 계열이고 초기화된 배열, Property_i는 구성 요소 i의 성질, $\otimes$는 비트별 배타적 논리합을 나타낸다.

게임 상태가 같다면 조브리스트 해시 값도 같다. 반면 조브리스트 해시 값이 같아도 게임 상태가 반드시 같다고는 할 수 없다. 다른 두 게임 상태에 대해 같은 조브리스트 해시 값을 얻는 것을 조브리스트 해시 값의 **충돌**이라고 한다. 현재 계산기 성능을 볼 때 바둑, 장기, 체스에서 탐색으로 1초당 생성 가능한 노드 개수는 억($10^8 \approx 2^{27}$) 정도고, M이 64 정도라면 계산 중 충돌이 일어나는 일은 매우 드물 것이다.

6.6 휴리스틱 미니맥스 탐색

앞서 설명한 트리 탐색법을 이용하면 2인 완전정보 확정 제로섬 게임의 게임 트리 가지의 수가 유한할 때 언젠가는 최적 전략과 게임 값을 구할 수 있다. 하지만 이런 방법을 단순하게 적용하면 각 플레이어에게 주어진 사고 시간에 제한이 있는 게임에서는 문제가 생길 수 있다. 예를 들어 바둑이나 장기에서는 각 플레이어가 한 수당 쓸 수 있는 시간이 대개 몇 분 정도다. 이런 게임에서는 현실적인 시간으로 게임 트리 탐색이 완료되는 일이 드물다. 탐색을 도중에 중단하고, 정답이 아니라고 해도 어느 정도 그럴듯한 의사 결정을 하는 구조가 때로는 필요하다.

이 절에서 설명할 탐색법은 **휴리스틱**(heuristic)한 방법이다. 시간 제한으로 트리 탐색 중단에 관하여 타당성을 만족스럽게 설명하는 이론은 아마도 존재하지 않을 것이다. 그 타당성은 오히려 실제로 이 방법을 사용하니 가장 그럴듯한 결과가 얻어지는 경우가 많더라는 경험적 지식으로 설명된다고 한다.

탐색을 도중에 중지하기 위해 게임 트리를 종단할 때까지 다 전개하는 것을 포기하고 이득 대신에 비종단 노드의 적당한 **평가 값**(evaluation value)을 이용하는 탐색을 생각해 보자(그림 6-13). 선단 노드 d, e, f, g는 종단되지 않았으므로 이득이 불분명하지만 적당한 평가 값은 입수할 수 있다고 한다. 이 평가 값은 이득이 아니지만, 마치 이득인 것처럼 다루어 미니맥스 값과 같은 것을 계산할 수 있다. 이 값을 휴리스틱 미니맥스 값이라고 하며, 다음 형식으로 나타낸다.

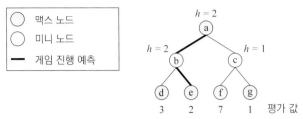

○ 맥스 노드
○ 미니 노드
── 게임 진행 예측

$h = 2$ (a)

$h = 2$ (b) $h = 1$ (c)

(d) (e)   (f) (g)

3   2   7   1   평가 값

H-Minimax(n, d)

$$= \begin{cases} \mathrm{Eval}(n) & (\text{Cutoff–Test}(n, d)\text{가 참}) \\[2mm] \displaystyle\max_{n_c \in \mathrm{Children}(n)} \text{H-Minimax}(n_c, d+1) & \begin{pmatrix} \text{Cutoff–Test}(n, d)\text{가 거짓,} \\ n\text{은 맥스 플레이어 동작} \end{pmatrix} \\[2mm] \displaystyle\min_{n_c \in \mathrm{Children}(n)} \text{H-Minimax}(n_c, d+1) & \begin{pmatrix} \text{Cutoff–Test}(n, d)\text{가 거짓,} \\ n\text{은 미니 플레이어 동작} \end{pmatrix} \end{cases}$$

여기에서 Eval(n)은 노드 n의 적당한 평가 값을 반환하는 함수로, **평가 함수**(evaluation function)라고 한다. 또 Cutoff–Test(n, d)는 게임 트리의 전개 중지를 제어하는 부울 값 함수다.

그림 6-2와 그림 6-5에 나타낸 탐색 알고리즘에서는 이득 함수를 Eval(n), 종단 테스트를 Cutoff–Test(n, d)로 치환하면 휴리스틱 미니맥스 값을 얻을 수 있다. 이때 Max–(Min–)Value 함수를 재귀적으로 호출할 때마다 트리 깊이를 나타내는 파라미터 d를 하나씩 증가시킬 필요가 있다. 그림 6-13 예에서는 깊이 2에서 게임 트리의 전개가 중단된다. 이처럼 선단 노드를 따르지 않고 일정 깊이 2에서 전개를 중단하고 값을 구하려면 함수 Cutoff–Test(n, d)가 $d \geqq 2$ 혹은 n이 종단 노드라면 참을 반환하게 해서 H-Minimax(a, 0)을 계산한다.

평가 함수는 다음과 같은 선형 가중합 함수로 구성된다.

$$\mathrm{Eval}(n) = w_1 f_1(n) + \cdots + w_M f_M(n)$$

여기에서 $f_i(n)$은 노드 n의 i번째 특징을 나타내고, w_i는 i번째 특징의 가중치다. 특징의 총수 M이 게임 트리의 총 노드 개수 정도라면 이 평가 함수의 표현력은 거의 완벽할 것이다. 하지만 실제로 구성되는 선형 가중합 함수는 총 노드 개수보다 훨씬 적은 개수의 특징을 가진다. 예를 들어 오셀로에서 자주 이용하는 특징은 흑(백)의 구석돌 개수, 확정돌 개수, 합법수의 개수 등이다.

7장

몬테카를로법을 이용한 강화 학습: 블랙잭

강화 학습(reinforcement learning)은 어떤 **환경**(environment)에 있는 기계와 프로그램 성능을 향상시키는 프레임워크의 일종이다. 이 프레임워크는 기계나 프로그램 (**에이전트**(agent))이 어떤 **일**(task)을 해내고자 시행착오를 거듭하면서 환경과 상호 작용하는 과정을 거쳐 성능을 향상시킨다. 강화 학습 방법은 여러 가지가 있지만, 이 장에서는 기본에 속하는 일반화 정책 반복(Generalized Policy Iteration, GPI)을 동반한 시작점 탐사와 몬테카를로법(Monte-Carlo Method)을 소개한다. 이 장에서 다룰 게임은 블랙잭(Black Jack)이고, 트웬티원이라고도 칭한다. 또 강화 학습법도 이 게임에 적용된 몬테카를로법을 중심으로 설명했다. 일반적인 강화 학습법은 다른 도서를 참고하기 바란다.

7.1 강화 학습 개요

그림 7-1에 강화 학습에서 일어나는 에이전트의 시행착오 과정의 한 예를 개념적으로 나타냈다. 에이전트가 처리하는 태스크에는 시작 시각 $t = 0$과 종료 시각 $t = T$가 있다고 한다. 이렇게 끝이 있는 태스크는 **에피소드적인 태스크** (episodic task)라고 한다. 또 시간 경과는 이산적이라고 하며, 각 시각을 $t = 0, 1, \cdots, T$로 나타낸다. 또 각 시각 t에서 **보수**(reward) r_t가 발생한다.

▼ 그림 7-1 시각 t에서 행동 a_t에 따라 상태 s_t가 변해 가는 모습(이 예에서 보수 r_t는 종료 시각 $T = 4$에서만 발생한다)

$$s_{t=0} \xrightarrow{a_{t=0}} s_{t=1} \xrightarrow{a_{t=1}} s_{t=2} \xrightarrow{a_{t=2}} s_{t=3} \xrightarrow{a_{t=3}} s_{t=T}$$
$$r_T$$

보수 r_t는 수치고, 에이전트 성능이 향상된다는 것은 r_t 값이 커지는 것이라고 생각한다. 일반적으로 보수는 어느 시각에도 발생할 수 있지만, 이 장에서는 블랙잭 승패가 보수에 대응한다 보고, 보수는 종료 시각 T에서만 발생한다 생각한다. 시각 t에서 에이전트가 인식하는 상태를 s_t, 이 상태에서 에이전트가 얻을 수 있는 행동 집합을 $A(s_t)$라고 쓴다.

강화 학습에서는 에이전트가 환경에 무지하다고 가정한다. 즉, 다음 시각의 상태 s_{t+1}은 에이전트가 알 수 없는 규칙을 따라서 환경 내에서 결정되며, 에이전트에는 그 결과만 통지되는 상황을 가정한다(그림 7-2). 따라서 에이전트는 상태 s_t일 때 행동 $a \in A(s_t)$에서, 다음 시각의 상태 s_{t+1}을 자력으로 도출할 필요는 없다. 마찬가지로 보수 값 r_T도 환경에서 통지받는 것으로 한다.

▼ 그림 7-2 에이전트와 환경의 상호 작용

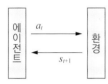

에이전트가 시각 t의 행동 a_t를 환경에 통지하고, 환경이 다음 시각의 상태 s_{t+1}을 에이전트에 통지한다. 또 상태 s_{t+1}이 종료 상태라면 보수 r_T도 에이전트에 통지한다.

강화 학습의 응용 범위는 넓기에 이 프레임워크는 게임 정보학에서도 종종 도움이 된다. 게임에서는 보통 상태 천이 법칙이나 초기 상태 분포를 공식화하여 최적화나 동적 계획법을 적용하기가 난감한 경우가 많다. 하지만 강화 학습법에서는 환경에 관한 사전 지식이 거의 필요하지 않아 이처럼 공식화할 필요가 없다.

실제로 백개먼이나 바둑에서 강화 학습법을 적용한 사례를 볼 수 있다.[1]

이 장에서 소재로 하는 게임은 블랙잭이다. 이 게임은 상태나 행동 집합의 크기가 비교적 작고, 최적 전략이 오래전부터 분석되어 있어 강화 학습 원리를 학습하는 데 적합하다. 이후로 이 장에서 언급하는 에이전트는 블랙잭 플레이어를 가리킨다.

---

1 이 장에서 사용한 기법도, 컴퓨터 바둑에서 이용되는 기법도 모두 몬테카를로법이라고 하는데, 이 둘은 다른 기법이다. 랜덤하게 시행해서 뭔가를 계산하는 기법에는 어쨌든 몬테카를로법이라는 이름이 붙는 일이 많은 것 같다.

7.2 블랙잭과 기본 규칙

블랙잭은 트럼프를 이용하는 카드 게임이다. 이 게임은 복수의 플레이어와 딜러 한 명으로 게임이 진행된다. 각 플레이어는 딜러와 1:1 승부를 하고, 딜러는 복수의 플레이어를 한 번에 상대한다. 블랙잭은 각 플레이어와 딜러가 각각 손에 쥔 카드의 합계 점수를 겨루는데, 이 합계 점수가 21보다 크지 않고 21에 가까운 쪽이 승리하는 게임이다. 손에 쥔 2부터 10까지 카드는 카드에 쓰인 숫자와 같은 점수로 계산하고, 11부터 13까지 카드는 10점으로 계산한다. 1(에이스)의 점수는 특수한데, 1점과 11점 두 가지 점수를 가질 수 있다. 에이스를 손에 쥔 플레이어나 딜러는 이 두 가지 점수 중 자신에게 유리한(이길 수 있는) 쪽 점수를 선택해도 된다. 11점으로 해서 계산해도 손에 쥔 카드의 합계 점수가 21보다 커지지 않는(손에 쥔 카드가 버스트[2]하지 않는) 에이스는 이용 가능한 에이스라고 한다.

이용 가능한 에이스가 있는 카드 조합은 소프트라고 하며, 그렇지 않은 조합은 하드라고 한다. 블랙잭에는 로컬 룰이 다수 존재하지만 우선 가장 기본이 되는 로컬 룰을 하나 생각한다. 그리고 이 장에서는 이것을 기본 규칙이라고 할 것이다.

기본 규칙에서는 플레이어 한 명과 딜러 한 명이 게임을 진행한다. 게임을 시작할 때 플레이어와 딜러의 손은 비어 있다. 게임 시작 직후에 플레이어에게는 초기 카드를 두 장, 딜러에게는 초기 카드를 한 장씩 각각 분배한다. 또 카드는 게임 중 모두 공개된 상태로 분배된다(그림 7-3).

---

2   카드 합계가 22 이상이 되는 것이다.

▼ 그림 7-3 초기 카드 분배가 끝난 게임 상태

딜러의 카드
• 합계 점수 3
• 하드(이용 가능한 에이스가 없다)

플레이어의 카드
• 합계 점수 17
• 소프트(이용 가능한 에이스가 있다)

다음으로 플레이어는 스탠드나 히트 행동을 선택한다. 스탠드를 선택하면 플레이어의 카드와 그 합계 점수가 확정되고, 그 이후에 다음 게임까지 플레이어는 행동하지 않는다. 히트를 선택하면 플레이어에게 카드를 한 장 추가로 지급하고, 다시 플레이어는 스탠드나 히트 행동을 선택한다. 즉, 초기 카드를 분배하고 난 후 게임 흐름은 플레이어가 0회 이상 히트하고 1회 스탠드하며, 플레이어 카드와 합계 점수를 확정한다. 이 게임 흐름에는 예외가 있는데, 플레이어가 버스트하면 게임이 즉시 끝나고, 딜러 카드의 합계 점수는 미확정인 채로 플레이어 패배가 된다.

게임이 종료되지 않고 플레이어가 스탠드해서 플레이어의 카드 합계 점수가 확정된 경우에는 다음에 딜러 카드의 합계 점수를 확정한다. 딜러는 고정 전략을 취하며, 카드 합계 점수가 17 이상이 될 때까지 딜러에게 카드를 계속 받는다. 단 딜러에게 이용 가능한 에이스가 있으면(11점으로 계산해도 버스트하지 않는 에이스가 있으면), 이 카드는 11점으로 계산한다. 딜러가 버스트하면 게임은 즉시 종료되고 플레이어 승리가 된다. 딜러가 고정 전략을 취하는 기본 규칙은 혼자서 플레이하는 게임이다.

게임이 종료되지 않고 플레이어와 딜러가 각각 합계 점수를 확정할 때는 합계 점수를 비교한 후 게임이 종료된다. 합계 점수가 높은 카드를 가진 쪽이 승리하며, 같은 경우에는 무승부가 된다(그림 7-4).

게임 종료 직후에는 플레이어와 딜러 사이에 칩을 주고받는다. 플레이어는 이기면 칩을 하나 획득하고, 지면 칩을 하나 잃게 되며, 무승부일 때는 칩을 주고받지 않는다.

▼ 그림 7-4 어떤 게임 상태(플레이어는 합계 점수 17로 스탠드해서 카드를 확정하고, 딜러는 19로 확정해서 플레이어가 패한다)

딜러의 카드
• 합계 점수 19
• 하드(이용 가능한 에이스가 없다)

플레이어의 카드
• 합계 점수 17
• 하드(이용 가능한 에이스가 없다)

게임 내내 셔플 머신이 배출하는 카드가 플레이어와 딜러에게 분배된다. 기본 규칙에서는 게임을 단순화하고자 이 머신에 가정을 2개 도입한다. 우선 분배하는 카드 개수가 늘어나면서 다음에 분배될 카드 점수를 예측할 수 없는 이상적인 엔드리스 셔플 머신(endless shuffle machine)을 사용한다고 가정한다. 예를 들어 이 머신에 52장이 한 세트로 구성된 충분한 개수의 세트가 장전되어 있고, 한 게임마다 다 쓴 카드를 이 머신으로 되돌리는 상황이 타당할 것이다. 또 이 머신은 완전한 셔플 성능을 가졌다고도 가정한다. 따라서 카드를 배출하는 데 통계적인 편차는 없고, 언제라도 1부터 13까지 카드가 같은 확률(1/13)로 분배된다.

또 플레이어와 딜러에게는 충분한 칩이 있다고 가정한다. 칩이 부족해서 게임을 시작할 수 없는 상황은 고려하지 않는다.

GAME INFORMATICS

7.3 게임 상황, 행동 및 보수의 표현

기본 규칙에서 그림 7-1에 나타낸 것과 같은 상태, 행동 집합, 보수는 어떻게 프로그램 내부에서 표현될까?

플레이어가 행동을 선택할 때 게임 상태를 생각해 보자. 플레이어가 알 수 있는 게임 상태는 시작 직후에 분배되는 딜러 카드 한 장과 플레이어 자신이 받은 카드, 그리고 칩 개수일 것이다. 그런데 카드의 구체적인 구성은 플레이어 행동 결정에 영향을 주지 않는다고 간주할 수 있다. 예를 들어 합계 점수가 7과 10의 카드로 구성된 17점이든, 1과 7과 9로 구성된 17점이든 간에 게임 결과에는 차이가 없다. 이상적인 셔플 머신을 가정했으므로 카드 배출률이 항상 일정하기 때문이다. 또 플레이어 카드의 합계 점수가 12점이 되지 않는 하드한 상태도 흥미가 없다. 이런 상태에서 승리가 목표인 플레이어라면 스탠드를 선택하는 것은 불합리하여 히트를 선택할 수밖에 없으므로, 의사 결정을 수반한 행동이 실질적으로 일어나지 않기 때문이다. 마찬가지로 합계 점수가 21점이라면 반드시 스탠드하고 히트를 선택하지 않는다고 하자. 또 과거 게임이 현재 게임 결과에 영향을 주지 않는다 하고, 칩 개수도 플레이어 전략에 영향을 주지 않는다고 하자.

게임이 종료되지 않은 상태를 표현하기 위해서는 딜러가 가진 카드 한 장의 점수와 플레이어가 가진 합계 점수, 그리고 플레이어 카드 조합이 소프트인가 하드인가만 고려하면 충분하다. 다만 카드 합계 점수는 이용 가능한 에이스가 11점으로 계산된 것으로 한다. 여기에서 이용 가능한 에이스 수는 항상 0이나 1인 점에 주의한다. 딜러 점수가 2에서 11로 열 가지, 플레이어 합계 점수가 12에서 20으로 아홉 가지, 하드인지 소프트인지 지정하는 데 두 가지 경우가 존재하며 이것으로 게임 상태를 표현한다.

이후로 플레이어가 행동할 때 게임 진행 중인 상태 집합을 S_c, 게임이 끝난 상태 집합을 S_e, 게임 상태의 집합을 $S = S_c + S_e$로 나타낸다. 기본 규칙에서 S는 유한 집합이다.

플레이어 행동은 히트 H와 스탠드 S로 표현한다. 행동에 선택 여지가 없는 상황(카드의 합계 점수가 12가 되지 않거나 행동이 끝난 상태)을 고려하지 않으면 플레이어의 행동 집합 A는 게임 상태에 의존하지 않아 $A = \{H, S\}$라고 쓸 수 있다.

게임 진행(그림 7-1)을 시각 $t = 0, 1, \cdots, T$로 표현한다. 시작 시각 $t = 0$에서는 초기 카드가 세 장으로 나누어졌고, 플레이어가 합계 점수 12 이상일 때까지 계속 히트를 선택하여 게임이 진행되었다고 한다. 이후로는 플레이어가 행동을 선택할 때마다 시각 t가 1 증가한다. 게임 종료까지 진행된 시각을 $t = T$라고 한다. 여기에서 시각 $t = 0$에서 플레이어의 카드 합계 점수가 21인 경우에도 게임은 끝나므로, 시작 시각이 종료 시각, 즉 $T = 0$이 되는 게임도 발생할 수 있는 점에 주의한다. 플레이어가 계속 히트를 선택하면 언젠가 합계가 21이 되거나 버스트되므로 t는 유한하다.

블랙잭의 보수 r_T는 종료 상태 s_T에서 결정론적으로 정해지므로, 이를 상태 함수로 간주하고 $r_T = r(s_T)$로 쓴다. 값은 종료 상태 s_T가 플레이어가 이긴 경우는 1, 무승부인 경우는 0, 진 경우는 -1로 한다. 보수 r_T의 기댓값이 큰 게임은 플레이어에게는 바람직한 상태고, 플레이어는 보수가 커지도록 행동을 선택한다.

7.4 몬테카를로법을 이용한 정책 평가

기본 규칙을 따르는 게임은 시각 $t \geqq 0$일 때 상태 $s_t \in S_e$에서 플레이어가 행동 $a_t \in A$를 선택하고, 다음 시각에서 상태 $s_{t+1} \in S$가 결정되면 진행한다. 게임은 $s_0 a_0 s_1 a_1 \cdots a_{T-1} s_T$처럼 진행하며, 각 상태 s_t와 행동 a_t는 결정론적으로 정해지는 것이 아니라 랜덤한 요인에 영향을 받는다.

상태 s_t가 $s \in S_e$와 같고 행동 a_t가 $a \in A$와 같은 경우, 다음 시각의 상태 s_{t+1}은 $s' \in S$로 천이하는 확률 $P_{ss'}^{\pi(s)}$는 다음과 같이 쓴다.

$$P_{ss'}^{\pi(s)} = \mathrm{P}(s_{t+1} = s' \mid s_t = s, a_t = a)$$

160 **2부** 게임 정보학 알고리즘

단 $P(A|B)$는 B가 일어났을 경우에 A가 일어날 확률이다. 기본 규칙에서는 상태의 천이 규칙이 과거의 상태나 행동 열에 의존하지 않는 점에 주의한다. 즉, 이 게임의 진행은 **마르코프 결정 과정**(Markov decision processes)이고, $P(s_{t+1} = s'|s_t = s, a_t = a)$, $P(s_{t+2} = s'|s_{t+1} = s, a_{t+1} = a)$, $P(s_{t+2} = s'|s_{t+1} = s, a_{t+1} = a, s_t = s''$, $a_t = a'')$는 모두 같은 값으로(단 $s'' \in S_c$ 그리고 $a'' \in A$), 확률 $P_{ss'}^{\pi(s)}$는 시각 t에 의존하지 않는다.

일반적으로 확률 $P_{ss'}^{\pi(s)}$를 손으로 계산해서 구하기는 어렵다. 예를 들어 딜러의 첫 번째 카드가 2고 플레이어의 카드는 하드로 합계 점수가 18일 때 기본 규칙을 따라 플레이어가 스탠드한 후 딜러의 고정 전략에 기초한 카드 확정 과정을 거쳐 플레이어가 승리하는 종료 상태가 되는 확률을 구한다고 하자. 몬테카를로법에서는 셔플 머신에서 나오는 카드 열을 유사 난수 계열로 형성하고, 기본 규칙을 따르는 게임을 여러 차례 시행해서 이 확률을 추정한다.

플레이어의 결정론적 행동 규칙을 **정책**(policy) 함수 π로 기술하고, π는 상태 집합에서 행동 집합으로의 사상이라고 하자. 즉, 상태 $s \in S_c$에서 플레이어 행동은 $a = \pi(s)$가 성립하는 행동 $a \in A$라고 한다.

여기에서 정책 우열을 결정하는 지침이 되는 **가치**(value) 개념을 도입한다. 각 상태 $s \in S_c$에서 **정책 함수** $\pi(s)$에 따라 행동하는 플레이어를 생각해 보자. 상태 $s \in S$에서 플레이어가 장래 획득할 보수의 기댓값을 상태 s의 가치로 하고, 이를 **상태 가치 함수** $V^\pi(s)$로 나타낸다.[3] 종료 상태의 가치는 미래의 보수 획득이 없으므로 0이다. 플레이어는 보수의 기댓값을 가능한 한 크게 하고 싶어 한다. 게임을 계속하는 중인 상태에서는 보수가 확정되지 않는다. 그래도 상태 가치를 추정해서 정책이 좋고 나쁨을 판단할 수는 있다. 이렇게 정책 가치를 추정하는 일을 **정책 평가**(policy evaluation)라고 한다.

---

[3] 기본 규칙에서 보수는 종료할 때만 발생하고, 가치를 장래에 획득할 보수의 기댓값으로 했다. 복수 시각에서 보수가 발생할 수 있다면 가치는 장래 획득할 보수 총합의 기댓값으로 생각하는 것이 적당하다.

상태 가치 $V^\pi(s)$는 게임이 정책 $\pi(s)$와 확률 $P_{ss'}^{\pi(s)}$에 따라 진행하고자 각 상태 $s \in S_c$에서 다음 정합성 조건을 만족한다.

$$V^\pi(s) = \sum_{s' \in S_c} P_{ss'}^{\pi(s)} V^\pi(s') + \sum_{s' \in S_e} P_{ss'}^{\pi(s)} r(s')$$

확률 $P_{ss'}^{\pi(s)}$의 모든 값이 기지라면 S_c 유한 개의 상태 가치가 유일하게 정해진다 하고, 연립1차 방정식으로 정합성 조건을 풀 수 있다. 정합성 조건은 우변 가치 $V^\pi(s)$를 지우고 풀 수도 있다. 즉, 시각의 최댓값 $T_{\max} = 18$에서 더 진행하는 게임은 실현되지 않기 때문에[4] 어떤 상태 $s^0, \cdots, s^{T_{\max}} \in S_c$나 행동 $a^0, \cdots, a^{T_{\max}-1}$ $\in A$에 대해서 $P_{s^0 s^1}^{a^0} \times \cdots \times P_{s^{T_{\max}-1} s^{T_{\max}}}^{a^{T_{\max}-1}} = 0$이고, 좌변을 우변에 $T_{\max} - 1$회 대입하면 다음 식을 얻을 수 있다.

$$
\begin{aligned}
V^\pi(s^0) = &\sum_{s^1 \in S_c} \cdots \sum_{s^{T_{\max}-1} \in S_c} \sum_{s^{T_{\max}} \in S_e} P_{s^0 s^1}^{\pi(s^0)} \times \cdots \times P_{s^{T_{\max}-1} s^{T_{\max}}}^{\pi(s^{T_{\max}-1})} r(s^{T_{\max}}) \\
&+ \cdots \\
&+ \sum_{s^1 \in S_c} \sum_{s^2 \in S_e} P_{s^0 s^1}^{\pi(s^0)} P_{s^1 s^2}^{\pi(s^1)} r(s^2) \\
&+ \sum_{s^1 \in S_e} P_{s^0 s^1}^{\pi(s^0)} r(s^1) \qquad\qquad (1)
\end{aligned}
$$

확률 $P_{ss'}^{\pi(s)}$가 미지인 경우에도 게임을 여러 번 할 수 있다면 몬테카를로법으로 상태 가치 $V^\pi(s)$를 추정할 수 있다. 이 말은 정책 π를 따르는 플레이어가 각 상태 $s \in S_c$나 행동 $a \in A$를 시작점으로 하는 인공적인 게임을 여러 번 시행하여 발생한 보수의 표본 평균을 계산해서 얻을 수 있다. 이렇게 해서 게임 본래의 것이 아닌 시작점을 이용하거나 해서 상태나 행동 전체가 탐사되는 모습을 **시작점 탐사**(exploring starts)라고 한다.

---

4   시각 $t = 0$에서 에이스 두 장을 가지고, 여기에서부터 에이스를 여덟 장 뽑고 2를 한 장 뽑고 나서 다시 에이스를 아홉 장 빼면 $T = 18$ 게임 진행이 실현된다. 이 이상 오래 게임을 계속하려면 숫자가 작은 카드를 뽑아야 하지만 2 대신에 에이스를 뽑으면 $T = 9$에서 게임이 끝나 버린다.

7.5 정책 개선

플레이어 정책을 개선하고 싶다. 그렇게 하려면 우선 두 정책 함수 $\pi^{old}(s)$와 $\pi^{new}(s)$의 우열 관계를 생각해야 한다. 상태 $s \in S_c$에 대해 $V^{\pi^{new}}(s) = V^{\pi^{old}}(s)$라면 정책은 개선되지 않았지만 나빠지지도 않았다고 볼 수 있다. 그렇지 않고 상태 $s \in S_c$ 전체에 대해 $V^{\pi^{new}}(s) \geqq V^{\pi^{old}}(s)$라면 정책은 개선되었다고 볼 수 있다. 이처럼 상태 가치를 이용하면 정책에 순서와 같은 성질을 도입할 수 있다. 어떤 정책 함수보다 좋거나 같은 정책을 **최적 정책 함수** $\pi^*(s)$라고 하며, 이 정책이 부여하는 상태 가치를 **최적 상태 가치** $V^*(s)$라고 한다.

앞 절의 정합성 조건처럼 일단 최적 상태 가치 방정식을 세울 수는 있다. 즉, 최적 상태 가치는 다음 식을 만족한다.

$$V^*(s) = \max_{a \in A}\left[\sum_{s' \in S_c} P_{ss'}^a V^*(s') + \sum_{s' \in S_e} P_{ss'}^a r(s') \right]$$

게임이 유한 시간의 스텝으로 끝난다는 것과 상태 집합 S와 행동 집합 A의 요소 개수가 유한하다는 점에서 원리상 역진귀납법으로 최적 상태 가치를 구할 수 있다. 하지만 이 방정식을 기본 게임에서 직접 풀기는 어렵다. 일반적으로 현실적인 문제로 $V^*(s)$가 상술한 방정식을 풀어 직접 구하는 경우는 거의 없고, 기존 정책을 조금씩 개선해 가는 반복법을 실행한다.

정책을 개선하는 반복법을 기술하고자 **행동 가치 함수**를 다음과 같이 정의하자.

$$Q^{\pi}(s, a) = \sum_{s' \in S_c} P_{ss'}^a V^{\pi}(s') + \sum_{s' \in S_e} P_{ss'}^a r(s')$$

이 정의는 상태 $s \in S_c$에 있는 플레이어가 행동 a를 취한 후 정책 함수 $\pi(s)$를 따른 경우 보수의 기댓값을 나타낸다. 앞 절에서 나온 정합성 조건에 따라 각 상태 $s \in S_c$에서 $V^{\pi}(s) = Q^{\pi}(s, \pi(s))$가 성립한다.

성질 7-1 기본 규칙의 두 가지 정책 함수 $\pi^{\mathrm{old}}(s)$와 $\pi^{\mathrm{new}}(s)$에 관하여 어떤 상태 $s \in S_c$에도 $Q^{\pi^{\mathrm{old}}}(s, \pi^{\mathrm{new}}(s)) \geq V^{\pi^{\mathrm{old}}}(s)$가 성립한다면 다음 식도 성립한다.

$$V^{\pi^{\mathrm{new}}}(s) \geq V^{\pi^{\mathrm{old}}}(s)$$

[증명] 어떤 상태 $s^0 \in S_c$에 대해서도 $Q^{\pi^{\mathrm{old}}}(s^0, \pi^{\mathrm{new}}(s^0)) \geq V^{\pi^{\mathrm{old}}}(s^0)$이라면 행동 가치 함수 정의에서 다음 조건을 만족한다.

$$V^{\pi^{\mathrm{old}}}(s^0) \leq \sum_{s^1 \in S_c} P_{s^0 s^1}^{\pi^{\mathrm{new}}(s^0)} V^{\pi^{\mathrm{old}}}(s^1) + \sum_{s^1 \in S_e} P_{s^0 s^1}^{\pi^{\mathrm{new}}(s^0)} r(s^1)$$

이 조건 우변의 가치 함수 $V^{\pi}(s)$에 식 (1)처럼 좌변을 차례차례 대입해서 정합성 조건을 적용하면 다음 결과를 얻을 수 있다.

$$
\begin{aligned}
V^{\pi^{\mathrm{old}}}(s^0) \leq & \sum_{s^1 \in S_c} \cdots \sum_{s^{T_{\max}-1} \in S_c} \sum_{s^{T_{\max}} \in S_e} P_{s^0 s^1}^{\pi^{\mathrm{new}}(s^0)} \times \cdots \times P_{s^{T_{\max}-1} s^{T_{\max}}}^{\pi^{\mathrm{new}}(s^{T_{\max}-1})} r(s^{T_{\max}}) \\
& + \cdots \\
& + \sum_{s^1 \in S_c} \sum_{s^2 \in S_e} P_{s^0 s^1}^{\pi^{\mathrm{new}}(s^0)} P_{s^1 s^2}^{\pi^{\mathrm{new}}(s^1)} r(s^2) \\
& + \sum_{s^1 \in S_c} P_{s^0 s^1}^{\pi^{\mathrm{new}}(s^0)} r(s^1) \\
= & V^{\pi^{\mathrm{new}}}(s^0)
\end{aligned}
$$

이 성질은 **정책 개선 정리**의 특수형으로 되어 있다.

어떤 정책 함수 $\pi^{\mathrm{old}}(s)$와 그 행동 가치 함수 $Q^{\pi^{\mathrm{old}}}(s, a)$가 주어졌다고 하자. 정책 개선 정리는 각 상태 $s \in S_c$에서 $Q^{\pi^{\mathrm{old}}}(s, a)$가 최대가 되게 하는 행동 a를 선택하는 정책은 $\pi^{\mathrm{old}}(s)$보다 좋거나 같다는 것을 보증한다. 즉, 새로운 정책 함수 $\pi^{\mathrm{new}}(s)$가 다음과 같다고 하자.

$$\pi^{\mathrm{new}}(s) = \arg\max_{a \in A} Q^{\pi^{\mathrm{old}}}(s, a)$$

이때 $V^{\pi^{\mathrm{old}}}(s) = Q^{\pi^{\mathrm{old}}}(s, \pi^{\mathrm{old}}(s)) \leq Q^{\pi^{\mathrm{old}}}(s, \pi^{\mathrm{new}}(s))$를 만족한다. 여기에서 $\arg\max_{x} f(x)$는 $f(x)$를 최대로 하는 x를 부여한다고 한다. 이렇게 행동 가치를 최대로 하는 정책 함수를 **그리디 정책**이라고 한다. 그리디 정책이 이전의 정책 $\pi^{\mathrm{old}}(s)$를 개

선하지 않는 경우, 다시 말해 상태 $s \in S_c$ 전체에 대해 다음 식을 만족한다면 $V^{\pi^{\text{old}}}(s)$는 바로 최적 가격 함수 $V^*(s)$다.

$$V^{\pi^{\text{old}}}(s) = \max_{a \in A} Q^{\pi^{\text{old}}}(s, a) = \max_{a \in A} \left[\sum_{s' \in S_c} P^a_{ss'} V^{\pi^{\text{old}}}(s') + \sum_{s' \in S_c} P^a_{ss'} r(s') \right]$$

정책 개선 정리를 이용하여 기본 규칙의 최적 상태 가치를 내주는 플레이어 최적 정책을 계산할 수 있다. 초기 정책 $\pi^1(s)$로 행동 가치 함수 $Q^{\pi^1}(s, a)$ 값을 몬테카를로법으로 추정하고 더 나은 그리디 정책 함수 $\pi^2(s)$를 얻을 수 있다면, 계속해서 $\pi^2(s)$를 이용해서 더 나은 정책 함수 $\pi^3(s)$를 얻을 수도 있을 것이다. 기본 규칙에서는 상태 개수나 행동, 이들과 연결된 행동 가치의 개수 또는 종료 시각 T가 유한하다. 그러므로 가치 추정이 정확하다면 이처럼 플레이어 정책 개선을 반복하여 언젠가는 최적 가치를 내주는 최적 정책에 도달할 것이다(그림 7-5).

▼ 그림 7-5 일반화 정책 반복(GPI) (정책 평가(가치 추정)와 정책 개선을 반복하여 최적 행동 가치를 얻는다)

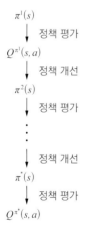

$\pi^1(s)$
↓ 정책 평가
$Q^{\pi^1}(s, a)$
↓ 정책 개선
$\pi^2(s)$
↓ 정책 평가
⋮
↓ 정책 개선
$\pi^*(s)$
↓ 정책 평가
$Q^{\pi^*}(s, a)$

표 7-1에 몬테카를로법을 이용한 가치 추정과 정책 개선을 반복하여 얻은 최적 정책을 나타냈다. 행동 가치는 모든 상태 $s \in S_c$와 행동 $a \in A$의 조합(s, a)으로 시작점을 탐사하고, 각 조합에 대한 게임을 1000만 회 시행하여 보수 r_T의 표본 평균을 취해서 추정했다. 게임 시행 횟수가 제한되어 있어 행동 가치 추정

값에는 오차가 생기지만, 정책 개선을 10회 이상 반복해도 그리디 정책이 변하지 않는 것을 확인하고 계산을 중단했다. 플레이어가 최적 정책을 따른 경우 기본 규칙의 공제율(%)은 4.6 ± 0.1이었다. **공제율**이란 운영하는 쪽(기본 규칙에서는 딜러 쪽)이 획득하는 금액 비율을 가리키며, 플레이어가 배팅한 총액에 공제율을 곱한 것이 운영자 수익 기댓값이 된다.

▼ 표 7-1 플레이어와 딜러 카드에 대한 플레이어 최적 행동(가능한 행동은 히트(H)와 스탠드(S) 두 가지)

		딜러 카드									
		2	3	4	5	6	7	8	9	10	A
플레이어 카드 (하드)	12	H	H	S	S	S	H	H	H	H	H
	13	S	S	S	S	S	H	H	H	H	H
	14	S	S	S	S	S	H	H	H	H	H
	15	S	S	S	S	S	H	H	H	H	H
	16	S	S	S	S	S	H	H	H	H	H
	17	S	S	S	S	S	S	S	S	S	S
	18	S	S	S	S	S	S	S	S	S	S
	19	S	S	S	S	S	S	S	S	S	S
	20	S	S	S	S	S	S	S	S	S	S
플레이어 카드 (소프트)	12	H	H	H	H	H	H	H	H	H	H
	13	H	H	H	H	H	H	H	H	H	H
	14	H	H	H	H	H	H	H	H	H	H
	15	H	H	H	H	H	H	H	H	H	H
	16	H	H	H	H	H	H	H	H	H	H
	17	H	H	H	H	H	H	H	H	H	H
	18	S	S	S	S	S	S	H	H	H	H
	19	S	S	S	S	S	S	S	S	S	S
	20	S	S	S	S	S	S	S	S	S	S

4장

1) Felner, A., Korf, R.E. and Hanan, S. : Additive Pattern Database Heuristics, Journal of Artificial Intelligence Research, 22, pp.279−318 (2004)

2) Hansson, O., Mayer, A. and Yung, M. : Criticizing Solutions to Relaxed Models Yields Powerful Admissible Heuristics, Information Science, 63, 3, pp.207−227 (1992)

3) Russell, S. and Norvig, P. : Artificial Intelligence : A Modern Approach (3rd Ed.), Prentice Hall (2009)

5장

1) 〈게임이론 신판〉(유이각, 2011)

2) 〈세미나 게임 이론 입문〉(일본경제신문출판사, 2008)

6장

1) Allis, L.V., van der Meulen, M. and van den Herik, H.J. : Proof−Number Search, Artificial Intelligence, 66, 1, pp.91−124 (1994)

2) Buro, M. : Improving Heuristic Mini−Max Search by Supervised Learning, Artificial Intelligence, 134, 1−2, pp.85−99 (2002)

3) Kishimoto, A., Winands, M., Müller, M. and Saito, J.−T. : Game−Tree Search using Proof Numbers: The First Twenty Years, ICGA Journal, 35, 3, pp.131−156 (2012)

4) Knuth, D.E. and Moore, R.W. : An Analysis of Alpha−Beta Pruning, Artificial Intelligence, 6, pp.293−326 (1975)

5) Zobrist, A : A new Hashing Method with Aplication for Game Playing, Technical Report 88, Computer Science Department, University of Wisconsin (1970)

6) 〈게임 계산 메커니즘(컴퓨터 수학 시리즈7)〉(코로나사, 2010)

7장

1) Sutton, R.S. and Barto, A.G. : Reinforcement Learning: An Introducing, A Bradford Book (1998)

2) Sutton, R.S. and Barto, A.G.(미카미 사다요시, 미나가와 마사키 공역) : 강화 학습, 모리키타출판 (2000)

3) Thorp, E.O. : Beat the Dealer: A Winning Strategy for the Game of Twenty-One, Vintage Books (1996)

4) 〈바둑 - 몬테카를로법의 이론과 실천〉(교리츠출판, 2012)

제 **3** 부

디지털 게임에
게임 정보학 응용

디지털 게임은 컴퓨터에서 실행되는 게임을 총칭하는 용어다. 디지털 게임은 비디오 게임 또는 휴대용 게임이라고도 한다. 교육 게임이나 시리어스 게임(serious game: 기능성 게임), 위치 기반 게임도 포함된다. 디지털 게임에는 일반적으로 AI 탄생 이래로 연구해 온 한 수 한 수를 깊이 생각하는 사고 게임 외에도, 게임 내에서 캐릭터를 조작해서 클리어해 가는 액션 게임도 있다. 액션 게임은 연속 시간, 연속 공간에서 펼쳐지는 게임이다. 물론 분해하는 능력에는 한계가 있으므로 완전한 연속은 아니지만, 인간이 지닌 감각으로 보면 게임 내 시간과 공간은 연속하는 것처럼 느껴진다. 연속 시간, 연속 공간에서 플레이하는 게임에는 사고 게임과 다른 AI 과제가 잔뜩 등장한다. 여기에서는 디지털 게임에 어떤 문제가 있고, 문제를 해결하고자 어떤 기술들을 만들어 왔는지 설명한다. 또 디지털 게임에서 AI가 단순히 인간 플레이어를 이기는 것이 목적이 아니라, 플레이어에게 얼마나 즐거움을 주는지 아는 것도 중요하다. 디지털 게임에서 AI는 '엔터테인먼트 역할을 하는 AI'이기도 하다.

8^장

게임 AI: 액션 게임과 보드 게임 비교

게임 정보학은 장기나 바둑 같은 보드 게임을 소재로 발전해 왔다. 여기에서 하나만 톤을 바꾸어서 디지털 게임 세계에 발을 들여 보자. 디지털 게임에도 롤플레잉 게임, 실시간 전략 게임, 퍼즐 게임, 슈팅 게임 등 다양한 종류의 게임이 있다. 여기에서는 디지털 게임 중 2D나 3D 공간을 돌아다니는 액션 게임을 특별히 예로 들어 살펴볼 것이다. 2D/3D 액션 게임은 디지털 게임의 거의 모든 에센스를 담고 있다고 해도 과언이 아니다. 액션 게임에서 가장 유명한 예는 〈슈퍼마리오 브라더스〉(닌텐도, 1985)나 〈언차티드 2: 황금도와 사라진 함대〉(SIE, Naughty Dog, 2009) 등이다. 이 게임들은 자유로운 공간 속에서 그 게임 특유의 물리 법칙에 따라 플레이한다. 디지털 게임에서 AI는 실시간으로 자유롭게 캐릭터 신체를 움직인다. 또 캐릭터 AI, 캐릭터 행동을 부감[1] 시점에서 컨트롤하는 메타 AI, 그리고 캐릭터 AI와 메타 AI를 위해 환경을 인식하는 내비게이션 AI 이렇게 세 가지 AI가 협조하면서 하나의 디지털 게임 AI 시스템을 완성한다. 이 장에서는 디지털 게임 AI의 전체 모습을 살펴볼 것이다.

8.1 디지털 게임의 원리

이 절에서는 액션 게임을 제작하는 방법을 간단하게 설명한다. 액션 게임의 AI를 이해하려면 액션 게임이 어떻게 동작하는지 이해하는 것이 중요하다. 이 절에서 설명하는 내용은 기본적으로 다른 디지털 게임에도 동일하게 적용된다.

---

1 **역주** 높은 곳에서 내려다본다.

디지털 게임은 화면을 1초에 30회 혹은 60회 갱신한다. 하나의 화면을 **프레임**이라고 하기 때문에 초당 30프레임, 60프레임이라고도 한다. 예를 들어 플레이어가 달리면서 A 버튼(점프 버튼)을 눌렀을 때 우상향 벡터가 생기는데, 이를 프레임별로 분할해야 한다. 간단히 말해 30프레임일 때 30분의 1로 분할한 후 서서히 모두 더한다(그림 8-1). 초속 3m라면 10cm를 1프레임별로 더한다. 물론 중력이 있으면 그것도 30분의 1초만큼 가속도를 더한다. 캐릭터와 오브젝트가 모두 이런 방식으로 이동한다. 플레이어는 플레이어 조작이, 플레이어 이외의 플레이어(Non-Player Character, NPC)는 AI가, 오브젝트(사물)는 어떤 충격이 각각의 운동을 시작하게 만들고 물리 시뮬레이션 안에서 운동이 전개된다.

▼ 그림 8-1 액션 게임의 동작 원리

플레이어가 버튼을 누른다 적이 공을 던진다

속도 및 가속도 벡터가 발생

프레임 갱신

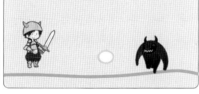

1/30초만큼 속도와 가속도를 더하여 위치를 이동시킨다

1/30초만큼 속도와 가속도를 더하여 위치를 이동시킨다

8.2 보드 게임과 디지털 게임의 AI 차이

물론 디지털 게임에도 지금까지 배웠던 많은 원리가 통용된다. 하지만 서로 다른 점도 있는데, 그 차이점은 디지털 게임의 본질과 관계가 많다(표 8-1). 이 부분을 먼저 살펴보자.

▼ 표 8-1 보드 게임과 액션 게임의 AI 차이

	보드 게임	액션 게임
게임	이미 있다. (AI는 게임 밖에 있다. 장기 안에 AI는 포함되지 않는다.)	개발 당시는 게임이 없다(게임과 함께 AI를 만든다 = AI는 게임의 일부).
스테이지(공간)	보드 칸 · 이산적	3차원 지형 · 연속
시간	턴	연속 시간(실시간, 1/30초, 1/60초)
등장인물	말	캐릭터/몬스터
AI	직접 플레이하는 AI	캐릭터의 플레이/게임 전체를 조작하는 AI(메타 AI)
게임 표현	게임 트리	게임의 지식 표현
상황	이산적 변화	연속적 변화
AI 목적	승리/즐겁게 하다.	즐겁게 하다. 게임을 성립시킨다.
게임 연결	엄밀하게 모든 수가 이어지지 않는다 (트리 검색이 유효).	일정 시간, 일정 구간으로 구분된다. 랜덤한 요소도 많다.
무엇을 만들까?	영리한 AI, 재미있는 AI	사용자의 주관적 체험(UX)을 위해 AI 자체가 목적은 아니다.

AI는 항상 시간과 공간에 주목한다. 이 시간과 공간 내 운동이 AI 특성을 결정한다. 우선 보드 게임의 공간은 이산 공간이다. 평원이나 비탈길, 성 등 게임 속에 세계가 구축되어 있다. 디지털 게임에서는 이런 세계를 가리켜 **레벨 디자인**이라고 한다. 게임을 위한 공간, 장애물, 캐릭터 배치, 운동을 가리키는 말로,

레벨은 난이도가 아닌 예전부터 게임의 1면, 2면이라고 하던 것을 레벨 1, 레벨 2 등으로 불렀던 데서 기인했다. 레벨을 디자인한다고 해서 레벨 디자인이라고 한다. 레벨 디자인은 게임 디자인 중 하나다. 액션 게임의 캐릭터에 AI를 적용하기 위한 첫 과제는 이 레벨 디자인 속에서 공간을 잘 이용하여 이동하거나 운동하는 것을 가능하게 만드는 일이다. 인간이라면 당연히 할 수 있는 움직임이지만, 캐릭터(AI)에게는 시키기 매우 복잡하고 난해한 문제를 포함하고 있다. 이는 로봇을 만드는 연구자나 게임 AI를 만드는 개발자가 가장 자주 직면하는 과제다.

다음은 시간에 주목해 보자. 보드 게임의 시간은 이산적이다. 결국 턴(turn)제 게임이 대부분이다. 상대방과 자신이 돌아가며 한 수를 두고 생각하는 동안 게임은 정지한다. 반면 디지털 게임 시간은 연속적으로 흐른다. 정확히 말하면 앞서 설명한 것처럼 1초에 30프레임 혹은 60프레임이 표준이므로(이 정도 프레임 수라면 게임 내 캐릭터나 오브젝트 운동이 매끄럽게 보임) 1/30초, 1/60초를 단위로 미세한 시간 동안의 운동을 전개한다. 인간이 연속이라고 인식할 수 있는 좋은 시간이다. 영상에서는 1/24초가 1컷이 되지만, 게임은 상호적이므로 적어도 1/24초보다는 짧은 간격으로 갱신해야 한다.

이처럼 보드 게임은 대부분 '이산 공간, 이산 시간'이지만, 디지털 게임(액션 게임)은 '연속 공간, 연속 시간'이라는 차이가 있다. 결국 지금까지는 암묵적으로 이산 공간, 이산 시간 속에서 게임의 AI를 다루어 온 것이다. 하지만 액션 게임처럼 '연속 시간, 연속 공간'이 되면 무한의 점, 무한의 시간 요소를 포함하므로, 앞서 배웠던 게임 트리나 위치 평가 함수를 그대로 사용할 수 없게 된다. 즉, '게임 상태 = AI가 생각하는 상태'가 아니게 된다. 이 말은 마치 로봇이 현실 세계에서 현실 그대로를 파악할 수 없고, 입체 능선만 인식하는 등 현실의 어떤 특징에만 주목해서 인식하는 것과 비슷하다.

8.3 지식 표현, 세계 표현

디지털 게임에서는 '게임 표현'이 중요하다. 디지털 게임 표현은 AI가 게임 상태를 인식할 수 있도록 변환한 데이터 표현이다. 이것을 게임의 **지식 표현**(Knowledge Representation, KR)을 만든다고 한다. 특히 공간에 관한 지식 표현은 **세계 표현**(World Representation, WR)이라고도 한다.

지식 표현은 AI의 가장 기본적인 기술이고, 아마 어떤 AI 교과서든 처음에 다루는 내용일 것이다. 하지만 실제로 보드 게임에서 지식 표현을 의식하는 경우는 적다. 보드상 표현이 그대로 AI가 생각하는 토대가 되기 때문이다. 하지만 액션 게임의 AI에서는 캐릭터가 디지털 게임의 세계 자체를 이해할 수 없다. 컴퓨터는 연속 공간, 연속 시간 속에서 펼쳐진 무한한 정보를 파악할 수 없기 때문이다. 그래서 디지털 게임과 AI 사이에 이 지식 표현을 두어 AI가 게임 세계를 이해할 수 있게 돕는다(그림 8-2).

▼ 그림 8-2 디지털 게임을 위한 지식 표현

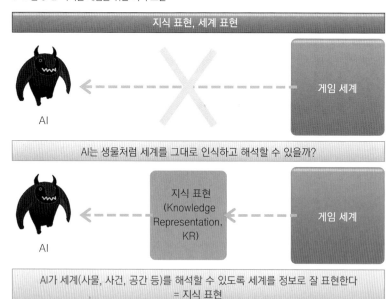

게임 캐릭터를 똑똑하게 만들려면 사고가 아니라 지식 표현을 충실하게 하는 것이 중요하다. 지식 표현을 얼마나 정확하고 깊이 있게 표현하는지는 곧 캐릭터를 얼마나 정확하고 자세히 인지하는지가 된다. 따라서 지식 표현을 상세하게 할수록 캐릭터에게 환경을 더 깊이 있게 이해시킬 수 있다.

8.4 게임 표현

'보드 게임의 게임 상태를 어떻게 표현하는가'라는 점에서는 간단하지 않지만, 최초 단계에서는 그렇게 고민하지 않을지도 모른다. 보드 게임은 애초에 반면 상태가 잘 정리되어 있기 때문이다. 바둑이나 장기에서 반면(盤面)[2] 평가가 중요한 이유는 게임 지식 표현이 반면과 잡은 말, 돌 등의 표현으로 완결될 수 있기 때문이다. 또 카드 게임에서도 손에 쥔 카드와 테이블 위 카드로 표현할 수 있다. 일반적으로 보드 게임이나 카드 게임 모두 게임 상태의 지식 표현에 관하여 깊게 생각하는 일이 적은 이유는 그 게임들의 지식 표현을 게임 상태와 거의 같은 의미로 생각할 수 있다는 특성 때문이다. 하지만 그 역시 하나의 지식 표현이고 게임 상태와 게임 지식 표현은 다르다는 점을 기억해 두자.

디지털 게임에서 지식 표현은 명확하지 않다. 다채로운 지형, 다수의 오브젝트, 다양한 적, 자신이 가진 아이템과 능력 등이 서로 얽혀 있는 데이터군으로 사고에 필요한 지식 표현을 만들어야 한다. 이는 중요한 항목이자 게임 AI 개발의 중요한 작업 공정 중 하나다.

어떤 지식 표현을 할지 미리 설계하고 실제 데이터로 워크플로를 짠다. 일반적으로 이 공정은 여러 AI 개발자에 걸쳐 있고, 전체 AI 작성 작업의 50~60%를

---

2 역주 장기나 바둑의 놀이판을 의미한다.

차지한다. 이렇게 설계된 지식 표현을 바탕으로 온갖 게임용 AI가 만들어진다. 지식 표현은 이른바 게임에 쓰는 AI 기초를 만들고 있다고 해도 좋다. 하지만 갑자기 이렇게 이야기를 하면 당황스러울 수도 있으므로 10.2절 이후를 읽은 후 10.1절을 읽고 다시 돌아와도 좋다.

8.5 캐릭터 행동 표현

바둑이나 장기에서는 수를 가리켜 영어로 move라고 한다. 원래 move는 병사나 무기를 이동한다는 의미다. 바둑이나 장기에서는 이를 본떠서 move(이동한다) 단어를 사용한다. 즉, 말 위치를 바꾸는 것이 유일하게 허용된 액션이다. 그래서 보드 게임 액션은 매우 단순하게 표현된다. 이것 또한 지식 표현이라는 점을 기억해야 한다. 추상도가 높은 보드 게임은 세계뿐만 아니라 액션도 그에 맞게 간결하게 표현된다. AI를 만들 때도 지식 표현으로 깨닫지 못할 정도로 '액션=수를 결정한다(move)'는 것이 AI 의사 결정처럼 되어 있다.

그러나 액션 게임은 다르다. 점프해서 블록을 차거나 킥으로 적을 쓰러뜨리거나 마법을 써서 적의 발을 묶는 등 연속적인 시간에 걸쳐 액션을 하고, 그 액션 또한 세계에 다중으로 영향을 준다. 그러므로 캐릭터 의사 결정에는 다음 항목을 고려해야 한다.

- 자신이(혹은 타인에게 명령한다)　　who
- 뭔가에 대해(목표 결정)　　what
- 어떤 액션을　　action
- 어떻게(어떤 세기로)　　how
- 어디에서　　where

- 어느 타이밍에   when
- 어떤 목적으로(필수는 아니다)   why

예를 들어 '자신이, 적 보스에게, 마법 공격을, 강하게, 언덕 위에서, 간격이 7m 이내가 된 시점에, 발을 묶기 위해'처럼 결정한다. 이런 의사 결정은 중앙 집권적으로 AI 모듈 하나가 결정하는 경우도 있지만 보통은 프로세스 여러 개로 나뉘어 있다. 다시 말해 무엇을 하는지 결정하는 의사 결정 모듈, 목표를 결정하는 타깃 모듈 등 기능별로 작은 AI를 만들고 나중에 집약한다. 또 한 번 결정한 후 변경하는 경우도 있다. 예를 들어 마법을 쏘기 전에 '적의 공격을 피한다'고 하는 액션이 끼어드는 식이다. 이런 의사 결정은 프레임마다 하거나 몇 프레임씩 간격을 두고 특정 이벤트가 일어났을 때 혹은 의사 결정 프로세스가 끝날 때마다 하는 경우도 있다. 게임 자체는 30프레임, 60프레임으로 움직이므로 프레임에 동기화하는 방식이 가장 단순하다. 그러나 그렇게 빈번하게 의사 결정을 하면 행동 견고성(robustness)에 영향을 미치므로 의사 결정은 비동기로 동작시키기도 한다. 의사 결정에 관해서는 9장에서 자세히 살펴보자. 여기에서는 보드 게임의 의사 결정과 어떤 차이가 있는지 이해하는 것으로 충분하다.

8.6   디지털 게임 AI의 전모

디지털 게임 AI는 디지털 게임처럼 역사가 40년 가까이 되었으며, 역사적 변천을 거쳐 서서히 구조화되었다. 앞으로도 발전하며 형태를 바꾸어 갈 것인데, 여기에서는 현재 최첨단 구조를 설명하겠다.

디지털 게임의 AI에는 세 종류가 있고, 이들이 협조해서 시스템 하나를 구현한다. 이런 시스템을 **분산 협조 AI 시스템**이라고 한다.

세 종류의 AI는 각각 캐릭터 AI, 메타 AI, 내비게이션 AI다(그림 8-3).

▼ 그림 8-3 디지털 게임에서 세 종류 AI

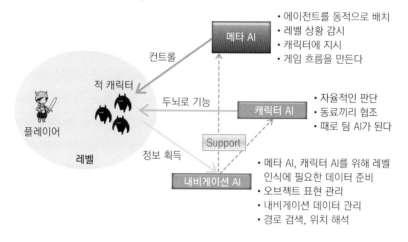

보드 게임에서 AI는 플레이어가 되는 AI다. 다시 말해 인간을 대신해서 게임을 플레이하는 AI다. 하지만 액션 게임에서 AI는 주로 액션 게임을 성립시키는 AI를 가리킨다. 즉, 게임 속에 등장하는 캐릭터 지능이거나 게임 전체 진행을 관리하는 메타 AI이거나 대화를 위한 AI이기도 하다. 결국 디지털 게임의 AI는 디지털 게임을 구성하는 요소가 된다. 물론 액션 게임에서도 플레이어가 되는 AI를 만들 때도 있다. 예를 들어 대전 게임에서 상대 플레이어가 없는 경우에 AI가 대신 플레이한다. 대전 게임에서 AI는 거의 이 역할이 전부다. 하지만 여기에서는 대다수 디지털 게임에 적용하는 AI, 즉 게임 내에서 활약하는 AI를 설명한다.

8.6.1 캐릭터 AI

캐릭터 AI는 게임 내에 등장하는 플레이어가 조작하는 NPC 지능이다. 게임 캐릭터에는 각 역할과 설정이 있다. 여기에서 역할이란 적인지 아군인지, 플레이어를 방해하는지, 체력을 소모하게 하는지 등을 의미한다. 한편 설정은 '발이

빠르다, 힘이 세다, 필살기는 이것이다'처럼 명시적으로 정한 것이다. 캐릭터 AI는 각 국면에서 상황을 인식하고 의사 결정을 해서 몸을 움직인다. 이것은 9장에서 자세히 설명한다.

8.6.2 메타 AI

메타 AI는 게임 시스템이 지능화한 것이다. **게임 시스템**이란 게임 전체 진행을 관리하는 시스템이다. 사용자 입력을 받아 게임에 반영하는 역할을 한다. 다시 말해 현실 세계 속에서 게임 세계를 감싸고 있는 계층이다. 예전부터 메타 AI는 자동 레벨(난이도) 조정 기능이 있었다. 즉, 사용자 스킬에 따라 게임 난이도를 변경한다. 예를 들어 〈제비우스〉(남코, 1980)는 공중에 출현하는 적 순서가 정해져 있어, 약한 적부터 시작하여 서서히 강한 적이 등장한다. 조종하는 기체가 격추당할 때마다 적 출현 테이블이 초기화되고, 다시 약한 적부터 시작한다. 이 때문에 강한 사용자는 점점 강한 적과 맞서고, 약한 사용자는 약한 적과 맞선다.

한편 현대 메타 AI는 **AI 디렉터**라고도 한다. 디렉터는 캐릭터를 배우, 게임 스테이지를 영화 세트로 보고 '영화 감독'에 비유한 말이다. 메타 AI는 사용자 플레이를 감시하며, 플레이어 로그를 보고 사용자 긴장도를 파악한다. 긴장도는 단위 시간당 격파수와 주위 적의 상황이나 충돌로 계산한다. 물론 이 계산이 100% 맞다고는 할 수 없다. 실제로 어느 정도 맞는지는 게임 개발 중 뇌파나 손바닥 발한량, 시선 추적 등 측정과 부합하는지로 증명하면 된다. 메타 AI는 사용자 긴장도가 떨어지면 적을 생성하고, 임계치를 넘으면 생성을 멈춘다. 그리고 일정 시간은 쿨링 타임으로 적을 생성하지 않는 상태로 두고, 그 뒤에 사용자 긴장도가 내려가면 다시 적을 생성한다(그림 8-4). 이처럼 현대 메타 AI는 인공적으로 사용자 긴장도를 올리거나 내리는 기능이 있다. 그 배경에는 '게임 재미란 사용자가 긴장과 완화를 반복하는 것'이라는 사상이 있다. 이 기술을 **적응형 페이싱**(adaptive pacing)이라고 한다. 결국 메타 AI가 사용자 긴장도를 보면서 게임 페이스를 만들어 간다.

▼ 그림 8-4 적 출현율을 컨트롤하는 메타 AI

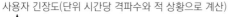

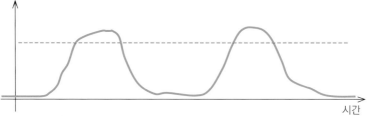

또 더 세밀하게 들어가면 사용자 스킬에 따라 생성되는 적 종류가 변하는 것도 있다. 사용자의 플레이 기록으로 사용자 스킬을 가정하는 것이다. 전적에 따라서 출현하는 적의 총수를 결정하고 보스급의 적을 몇 대까지 만들지 결정한다. 또 출현할 장소를 결정하려고 사용자 위치에서 던전 출구까지 경로를 검색하여 예측한다. 이 예측된 경로를 **골든 패스**라고 하는데, 이 골든 패스 주위에서 사용자에게 보이지 않는 장소에 적을 출현시키는 것이다(그림 8-5).

보드 게임에서는 모든 게임 진행을 사용자가 조작한다. 보드 게임은 대부분 대칭 게임(보드판을 사이에 두고 마주함)이다. 디지털 게임에서는 게임 진행을 컴퓨터가 담당하고, 대전 상대를 AI로 대체하여 비대칭 1인 게임을 실현했다. 디지털 게임은 컴퓨터가 세계를 만들어 내고, 인간이 그 세계에 참가한다. 메타 AI는 그 세계를 움직이는 게임 시스템이 지능을 가지고, 사용자가 즐거워할 수 있게 동적으로 게임 세계를 변화시킨다.

간단히 말하면 메타 AI는 게임 디자이너 지능을 게임 시스템에 내장한 AI다. 메타 AI로 내장된 게임 디자이너 지능은 사용자를 감시하면서 그 자리에서 게임을 변화시킨다.

❤ 그림 8-5 골든 패스와 메타 AI로 적 출현 영역 선정

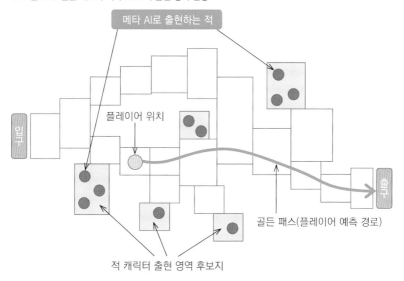

8.6.3 내비게이션 AI

내비게이션 AI는 복잡한 공간 속에서 캐릭터를 목적지까지 이끌어 주는 AI를 의미한다. 예를 들어 복잡한 숲이나 미로 같은 던전 입구에서 출구까지 이르는 경로를 보여 준다. 이런 기능은 자동차 내비게이션과 흡사하다. 내비게이션 AI 의 원래 뜻은 그랬지만 시간이 흐르면서 그 역할을 넓혀 왔고 지형 전반에 관한 인식을 담당하게 되었다. 이제 내비게이션 AI는 **환경 인식**(environment awareness), **지형 분석**(terrain analysis)을 비롯한 동적인 환경 변화 인식을 담당한다.

게임 내에서는 지형 및 그 위에 있는 건물이나 식물은 파괴되면서 변화해 가고 플레이어 캐릭터가 움직이면서 자동차나 나무 상자, 적 캐릭터도 계속 이동하므로 내비게이션 AI는 동적인 환경 인식을 해야 한다. 또 2012년부터 경로뿐만 아니라 전투 등에서 자신의 위치를 결정하는 **전술 위치 검색 시스템**(tactical point system)도 확산되고 있다. 이 기술은 11.4절에서 자세히 설명한다.

9

캐릭터 AI

캐릭터 AI는 게임 캐릭터가 가진 지능이다. 게임 캐릭터는 게임 세계 속에서 자기 자신이 세계를 인식하고 의사를 결정하고 몸을 움직이는 자율형 지능으로 발전해 왔다. 게임 세계는 더욱 복잡해졌고, 게임 캐릭터는 목표를 주면 나머지는 스스로 생각해서 자율적으로 움직이게 만들어졌다. 이 장에서는 캐릭터 AI의 기본 기술과 캐릭터 AI를 자율화하는 데 기본적으로 사용하는 기술 프레임워크를 소개한다. 캐릭터 AI는 디지털 게임 AI 중심에 있고, 다른 다양한 기술도 여기에서 파생된 것이 많다. 이처럼 캐릭터 AI는 AI 자체의 에센스가 가득찬 지능 본질에 다가서려는 분야다.

9.1 에이전트 아키텍처

에이전트 아키텍처(agent architecture)는 캐릭터 AI를 만드는 프레임워크다(그림 9-1). 원래는 로봇 공학에서 배양된 개념이지만, 2000년부터 적극적으로 게임 산업에 도입되었다. 로봇 공학은 현실 세계 속 지능을 만들고, 캐릭터 AI는 디지털 세계 속 지능을 만든다고 생각하면 이 둘은 매우 비슷하다. 실제로 디지털 게임 AI의 기술 절반은 로봇 공학에서 수입한 기술을 발전시킨 것이다.

에이전트 아키텍처는 세계와 지능 관계를 규정한다. 에이전트는 역할을 부여받고 인간을 대신하여 그 역할을 다하는 AI다. 게임 캐릭터를 단순히 에이전트라고 할 때도 있다.

에이전트 아키텍처는 세 가지 부품(모듈)과 제약(주어진 역할) 하나로 구성된다. 우선 세 가지 부품은 다음과 같다.

- **센서**: 세계에서 정보와 자극을 수집하는 감각
- **지능**: 방침, 목적, 행동 결정
- **이펙터**: 신체 등 세계에 영향을 미치는 실체

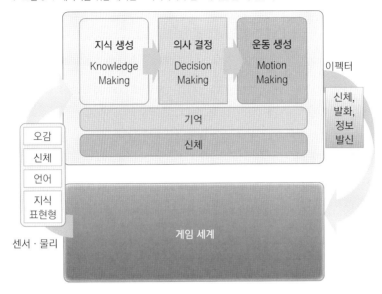

▼ 그림 9-1 캐릭터를 위한 에이전트 아키텍처와 인포메이션 플로(화살표)

지능은 다시 **지식 생성, 의사 결정, 운동 생성**이라는 모듈 3개로 분할된다. 세계와
이 모듈은 정보를 '게임 세계', '센서', '지식 생성', '의사 결정', '운동 생성', '이펙
터', 그리고 다시 '게임 세계'처럼 모습을 이루며 흘러간다. 이 정보 흐름을 **인포
메이션 플로**라고 한다. 또 이처럼 전체를 부품으로 나누어 그 부품을 쌓아 올려
만드는 방식을 **모듈형 설계**라고 한다. 모듈형 설계는 각 모듈을 어느 정도 독립
해서 구현할 수 있기 때문에 유연성과 호환성이 뛰어나고, 게임을 개발할 때 기
본이 되는 설계 방법이다.

게임에서는 캐릭터에 역할이 부여된다. 플레이어를 호위하는 사람이 되기도 하
고 적이 되기도 하며, 마을 사람이 되기도 한다. 각 역할을 할 수 있도록 목적에
따라 각 모듈을 설계한다.

9.2 센서 모듈

우선 센서 모듈은 세계에서 정보를 수집한다. 센서 역할은 기계처럼 수동적으로 주위의 객관적인 정보를 얻기보다는 '자신을 중심으로 한 생존과 활동에 필요한 정보'를 수집하고, 자신의 행동을 형성하는 데 필요한 세계를 머릿속에 구축하는 데 있다. 인간 인지도 그렇지만, 지능은 수집한 정보와 자극을 이용하여 자신을 중심으로 한 세계를 머릿속에 구축하고, 그 안에서 자신의 행동을 사고하고 상상하고 결정한다. 장기나 바둑에서는 판을 위에서 내려다보며 플레이어가 움직이지만, 캐릭터 AI는 보드 위에서 각 말이 자율적인 지능을 가지고, 자신의 주변 칸만 인식하여 이동할 곳을 결정한다.

9.3 지식 생성 모듈

앞서 설명한 대로 지능은 모듈 3개로 나눈다. 그중 하나는 '지식 생성 모듈(인식 모듈)'이다. 센서가 수집한 정보로 '자신을 중심으로 한 세계'를 조립한다. 센서가 수집한 정보를 그대로 사용하는 것이 아니라 정보에서 지식으로 변환한다. 이때 변환 형태가 지식 표현이기도 하다.

예를 들어 센서는 매 순간 적 위치, 속도 벡터, 적 세기를 수집하는데, 인식은 거기에 더하여 적 위협도와 의도로 변환한다. 위협도란 적이 자신에게 얼마나 위협적인지 나타내는 척도다. 예를 들어 멀어져 가는 강한 적과 가까이 다가오는 약한 적의 위협도는 후자 쪽이 높을지도 모른다(그림 9-2).

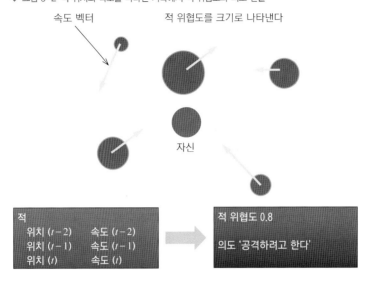

▼ 그림 9-2 적 위치와 속도를 나타낸 기록에서 적 위협도와 의도 산출

속도 벡터

적 위협도를 크기로 나타낸다

자신

적	
위치 ($t-2$)	속도 ($t-2$)
위치 ($t-1$)	속도 ($t-1$)
위치 (t)	속도 (t)

적 위협도 0.8

의도 '공격하려고 한다'

9.4 의사 결정 모듈

지능의 두 번째 모듈은 **의사 결정 모듈**이다. 의사 결정은 인식이 구축한 '자신을 중심으로 한 인식 세계'로 행동 방침을 결정한다. 의사 결정이 하는 것은 세세한 행동이 아니다. 의사 결정은 세계에서 받은 정보에서 다시 세계를 향하여 행위를 전개하는 전환점이다. 말하자면 산의 정상과 같아서 산을 다 오른(정보를 다 해석한) 정점에서 어느 쪽으로 산을 내려갈지(행동할지) 결정하는 것이다. 앞서 든 예로 말하자면 '어느 적을 쓰러뜨린다', '어느 쪽으로 후퇴한다', '회복하려고 약초를 먹는다'를 결정한다. 장기나 바둑으로 말하자면 '수를 결정'하는 행위에 해당한다.

의사 결정 내부는 참모 본부와 같으며, 많은 참모를 거느리고 있다.

큰 틀은 결정 알고리즘이 정하지만, 실제 움직임으로 구현에 필요한 상세한 내용은 다양한 모듈의 힘을 빌려 형성한다(그림 9-3).

▼ 그림 9-3 의사 결정에서 신체 운동으로

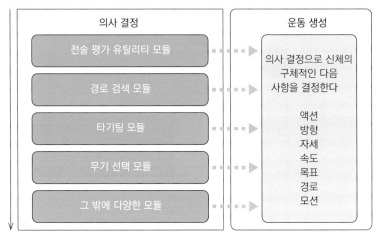

다양한 사항을 다양한 차원에서 결정한다

예를 들어 **타기팅 모듈**은 '어느 적을 쓰러뜨리는가'에서 '어느'를 리스트 업하고 하나를 선택한다. 예를 들어 위협도가 가장 큰 순으로 3개를 리스트 업하고 1개를 선별한다. 그리고 강한 적인가 약한 적인가 등에 따라 1개를 선택한다. 방침은 사전에 설정한다. 한편 **유틸리티 모듈**은 행동 보상을 평가하는 모듈로, 특정 적을 쓰러뜨리기, 약초를 먹고 체력 회복하기, 도망치기 중 어느 것이 가장 효용이 있는지(자신에게 유리한지) 계산한다. 효용은 게임에 따라 다르지만 판국의 세력 균형에 어느 정도 공헌하는지, 자신의 안전도가 어느 정도 올라가는지 등이다. 이 계산은 바둑이나 장기의 수를 탐색하는 평가 함수처럼 연구해 볼 과제다. 또 **경로 검색 모듈**도 있다. 이 모듈은 실제 경로 검색 루트를 구하는 것 외에도 그 장소에서 탈출할 포인트, 출구까지 경로 비용을 계산한다. 이 비용이 의사 결정에 도움이 될 수 있다. 어느 출구까지 비용이 가장 낮은지 안다면 어떤 출구를 목표로 삼을지 결정할 수 있을 것이다. 이처럼 의사 결정은 다양한 모듈을 구사하면서 최선의 행동을 찾아내는 것이다. 마지막은 **무기 선택 모듈**이다. 이 모듈은 무기 중에서 어느 것을 선택할지 결정하는 역할을 한다. 예를 들어 공격할 때 검을 사용할지, 창을 사용할지, 마법탄을 사용할지 등을 선택한다. 실제 더 자세한 의사 결정 알고리즘은 10.2절에서 소개한다.

9.5 이펙터와 운동 생성 모듈

그럼 마지막으로 이펙터를 살펴보자. 이펙트는 영향을 준다는 의미다. 일반적으로 '이펙터'란 세계에 영향을 주는 구체적인 실체를 의미한다. 액션 게임이라면 캐릭터의 신체와 도구, 마법을 가리키고 바둑이나 장기라면 말에 해당한다. 넓은 의미로는 캐릭터 목소리와 메시지도 포함한다. 캐릭터 지능과 세계 경계에서 세계에 영향을 미치는 것이라면 이펙터라고 할 수 있다. 각 이펙터는 세계에 영향을 주는 방법을 갖고 있고, 그 영향은 게임 규칙 일부다. 예를 들어 신체가 바위에 닿으면 어느 정도 바위가 움직이는가, 공격 마법이 적에게 어느 정도 대미지를 주는가, 명령에 어느 정도 효력이 있는가, 약초로 체력을 얼마나 회복하는가 등이다. 이처럼 이펙터는 캐릭터와 세계의 관계를 규정한다. 캐릭터는 행동과 효과 세트를 규칙 형태의 지식으로 가지고 있어 의사 결정에 활용할 수 있다.

'운동 생성 모듈'은 이펙터 운동을 관장한다. 장기와 바둑 같은 보드 게임은 수를 결정한 후 '그 장소로 말(바둑에서는 돌)을 이동'하므로 전혀 의식할 일이 없지만, 액션 게임은 캐릭터 신체를 움직여서 행동을 생성하므로 이 프로세스는 매우 많은 과제를 포함한다. 예를 들어 AI와 인간이 장기를 둘 때 AI 쪽은 로봇 팔로 말을 움직이는데, 이 경우 로봇 팔은 이펙터고 특정 장소로 장기 말을 이동시킨다. 캐릭터에게 신체와 무기, 지시 음성 등은 이펙터다. 캐릭터 신체는 예전에는 **스프라이트**라고 하는 2차원 그림 여러 개를 준비하여 애니메이션을 순환하는 스타일이었지만, 현대에는 **본**(born)이라고 하는 뼈대를 따르는 3차원 운동 애니메이션 데이터를 준비하여 재생한다. 재생에 따라서는 발밑 지면이나 주위 장애물에 충돌하면 그에 따라 적당히 변화하면서 몇 가지 애니메이션 데이터를 계속 재생한다. 피하거나 점프하는 것은 방향을 트는 동작이다. 앞쪽이 완전히 막히거나 플레이어에게 부딪혀 떨어지는 등 재생을 계속할 수 없을 때는 즉시 이동을 멈추어야 한다. 거기에서 의사 결정이 바뀐다. '운동 생성 과정'은 세계와 상호 작용하여 의식과 연계하면서 반사적인 행동을 섞어 자유로운 변화를 허용한다.

9.6 기억과 인포메이션 플로

에이전트 아키텍처는 캐릭터와 세계를 연결하는 형식이다. 그리고 이를 연결하는 것은 앞서 설명한 인포메이션 플로다(그림 9-4). 인포메이션 플로는 세계와 캐릭터를 연결할 뿐만 아니라 캐릭터 내부 모듈도 인포메이션 플로로 이어져 있다. 내부를 순환하는 인포메이션 플로를 **내부 순환 인포메이션 플로**라고 한다. 또 지능 내부에서 순환하는 정보도 있는데, 이것도 각 모듈을 조정(maintenance)하는 기능을 한다. 이 인포메이션 플로는 단순히 흘러가는 것뿐만 아니라, 현상을 파악하는 데 필요한 정보는 기억으로 형성하고 축적한다. 예를 들어 적 병사의 위치 정보는 생존 지식이므로 모두 기억 영역에 보존된다.

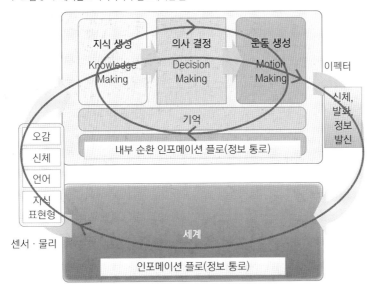

▼ 그림 9-4 에이전트 아키텍처와 인포메이션 플로

지식 생성
Knowledge
Making

의사 결정
Decision
Making

운동 생성
Motion
Making

이펙터

기억

신체,
발화
정보
발신

내부 순환 인포메이션 플로(정보 통로)

오감
신체
언어
지식
표현형

센서 · 물리

세계

인포메이션 플로(정보 통로)

9.7 기억 형태

센서가 수집한 데이터는 지능 내부에서 변화한다. 인포메이션 플로는 다양한
세계의 정보와 기억을 끌어 넣으면서 세계와 캐릭터를 연결하는 역할을 한다.
인포메이션 플로의 단면 구조는 지식 형태를 드러내는데, 이것을 인포메이션
플로의 지식 표현이라고 한다. 지식 표현은 보통 AI가 내부에 가진 데이터를
가리키지만, 게임은 환경 쪽에도 데이터를 부여한다. 즉, 게임에서는 양쪽을 다
지식 표현이라고 하는 것이다. 이처럼 기억은 형태가 다양하다.

9.8 블랙 보드 아키텍처

그럼 실제로 '에이전트 아키텍처를 어떻게 설계하면 좋은가'라는 문제가 있다고 하자. 게임 산업에서 2000년 무렵 도입된 에이전트 아키텍처는 MIT의 Synthetic Characters Group(2000년 전후)에서 설계한 'C4 아키텍처'를 기본으로 한다.

그 바탕이 되는 **블랙 보드 아키텍처**는 한가운데 데이터를 기록하는 블랙 보드가 있고, 그 주변을 블랙 보드 정보를 읽고 쓰는 모듈(지식 소스(Knowledge Source, KS))이 에워싼다. 이 모듈들은 서로 직접 커뮤니케이션하지 않고 블랙 보드로만 간접으로 커뮤니케이션한다. 예를 들어 어떤 데이터를 전달할 때 한 모듈은 블랙 보드 위 어떤 영역에 데이터를 기록하고, 다른 모듈은 그 영역에서 데이터를 읽는다. 블랙 보드에서 영역을 구분하여 역할을 부여한 것을 **영역 블랙 보드**라고 한다. 또 지식 소스의 읽고 쓰는 동작 순서를 조정하는 상위 AI를 **아비터**라고 한다(그림 9-5).

▼ 그림 9-5 블랙 보드 아키텍처

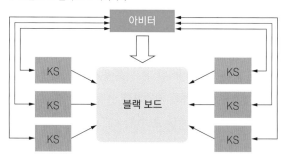

앞서 말한 C4 아키텍처는 블랙 보드 아키텍처를 에이전트 아키텍처로 응용한 것이다(그림 9-6). 즉, **사고 모듈**은 지식 소스로 구현하고 **기억 모듈**은 블랙 보드로 구현한다. 지식 소스의 실행 순서가 고정되어 있어 아비터는 보이지 않는다. 사고 모듈끼리 직접 상호 작용하는 일은 없다. 이런 아키텍처 장점은 각 모듈을 독립적으로 변경하고 혁신할 수 있다는 것이다. 다시 말해 유연성과 확장성이 뛰어나다. 이런 특성은 요구를 확대하거나 변경하기 쉬운 게임을 개발할 때 필수다.

▼ 그림 9-6 C4 아키텍처(MIT Synthetic Characters Group, 2000)

10장

게임 AI의
지식 표현과
의사 결정 알고리즘

지식 표현이란 AI가 사물과 상황을 이해하는 형식을 의미한다. 극단적으로 말하자면 AI에서 이해란 형식을 의미한다. 의사 결정은 지식 표현과 밀접한 관계가 있다. 의사 결정 알고리즘은 지식 표현 위에 성립하는 계산 방법이기 때문이다. 이 장에서는 어떤 지식 표현으로 게임 세계를 이해하고, 또 지식 표현을 바탕으로 어떻게 의사 결정 알고리즘을 전개하는지 살펴보자. 여기에서 소개하는 지식 표현이나 의사 결정 알고리즘도 AI에서 기본적인 기술이고 다양한 분야에 응용할 수 있다. 단 디지털 게임에서는 이 의사 결정 알고리즘이 실시간으로 상호 작용하며, 신체를 움직인다는 세 가지 특징이 있다. 그 밖의 분야에서는 이 조건을 완화된 형태로 사용할 때가 많다.

10.1 지식 표현

액션 게임에는 게임이 성립하는 5대 데이터가 있다. '렌더링 데이터', '충돌 데이터', '애니메이션 데이터', '사운드 데이터', '지식 표현 데이터'가 그것이다. 물론 이외에도 다양한 데이터가 있지만, 여기에서는 상호 작용에 필요한 주요 데이터로 이 다섯 가지를 예로 든다(그림 10-1).

▼ 그림 10-1 디지털 게임을 성립하는 주요 데이터

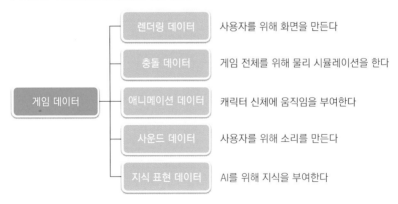

게임 데이터

렌더링 데이터	사용자를 위해 화면을 만든다
충돌 데이터	게임 전체를 위해 물리 시뮬레이션을 한다
애니메이션 데이터	캐릭터 신체에 움직임을 부여한다
사운드 데이터	사용자를 위해 소리를 만든다
지식 표현 데이터	AI를 위해 지식을 부여한다

렌더링 데이터는 사용자를 위해 화면을 만드는 데이터다. 예를 들어 렌더링은 3차원 오브젝트에 색을 칠하는 것이 아니라, 스크린 공간이라고 하는 사용자 시점에 집약된 화면을 만드는 작업이며 렌더링 데이터를 참조한다. 각 오브젝트와 관련한 '형태', '색상', '텍스처', '표면 광택' 등 데이터가 있다. 충돌 데이터는 게임 세계를 물리 시뮬레이션하려고 존재한다. 각 오브젝트의 '충돌 계산을 위한 형상', '무게', '접속', '탄성', '경도', '유체로서 성질' 등도 각종 물리 시뮬레이션이 작동하는 데 필요한 데이터다. 그리고 지식 표현 데이터는 AI를 위한 데이터다. 게임 내 AI가 그 대상을 인식하는 데 도움이 되는 데이터라고 할 수 있다. 바위라면 움직일 수 있는지 없는지, 움직일 수 있다면 어느 쪽으로 움직일 수 있는지 등도 AI가 의사 결정하는 데 필요한 데이터다. 이 지식 표현을 어떻게 준비하느냐가 AI 퀄리티를 크게 좌우한다. 지식 표현은 말하자면 AI 발판인 셈이다.

'AI는 지식 표현된 정보 이외는 다룰 수 없다'고 할 수 있다. 혹은 'AI는 지식 표현된 정보만 이해한다'고도 할 수 있다. 장기나 바둑을 보면 국면을 지식 표현 형태로 한다. 그러므로 지식 표현을 한다고 따로 의식하는 일은 적을지도 모른다. 하지만 일반 액션 게임은 연속 지형, 연속 시간 속에서 캐릭터가 활동한다. 따라서 지형이나 오브젝트 자체가 지식 표현 데이터를 가지고 있어야 한다. 게임 캐릭터는 대상을 해석할 시간도 능력도 거의 없으므로 대상이 가진 지식 표현으로 대상을 인식한다. 게임에서 지식 표현은 몇 가지 종류로 나눌 수 있다. 대표적으로 세계 표현, 오브젝트 표현, 기억 표현 등이 있는데, 하나씩 살펴보자.

10.1.1 세계 표현

세계 표현은 게임 지형에 관한 지식이다. 내비게이션 메시나 웨이포인트 같은 맵을 글로벌하게 표현한 것이다.[1] 또 세계 표현은 자연히 **위치 기반 정보**

---

1   내비게이션 메시와 웨이포인트는 11.1절에서 설명한다.

(location-based information)가 된다. 장기나 바둑에서도 자연히 지식 표현이 '세계 표현'이 된다. 반면 표현이 세계 표현이기 때문이다. 내비게이션 메시와 웨이포인트를 기반으로 그 위에 정보를 쌓아 간다. 예를 들어 내비게이션 메시에 그 장소의 지형 속성 정보(흙, 눈, 물, 아스팔트 등 지표 정보와 기지 근처, 물가, 숲가 등)를 넣어 두면 물에 약한 캐릭터는 호수 쪽을 피해서 걷고, 정찰 캐릭터는 적 기지에 가까워지지 않는 경로를 탐색할 수 있다(그림 10-2).

▼ 그림 10-2 지형(아래)과 내비게이션 메시(가운데)와 지형 정보를 포함한 내비게이션 메시(위)

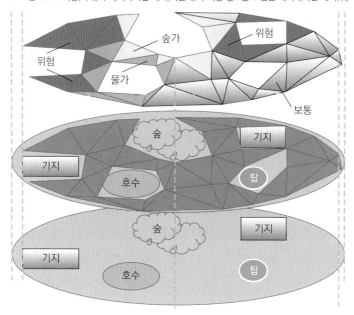

세계 표현은 캐릭터가 게임 세계 공간을 인식하는 데 꼭 필요하며, 객관적인 정보를 바탕으로 그 캐릭터 고유의 주관적인 인식 정보가 덧붙여진다. 예를 들어 적 기지 주변의 내비게이션 메시에는 '위험' 태그를 붙이고, 호수 쪽에는 '물가' 태그를 붙인다. 숲 가까이에는 '숲가' 태그를 붙인다. 이 작업은 실제 지형 데이터와 대조해서 자동으로 태그를 붙일 수 있다. 그리고 각 태그에 따라 비용을 올려 캐릭터의 공간 인식에 개성을 부여할 수 있다.

예를 들어 '위험'한 메시에는 높은 비용을 매기는 방법이 있다. 물에 약한 몬스터라면 '물가' 비용을 조금 올리고, 녹색 몬스터가 아니라면 숲에서 눈에 띄므로 '숲가' 비용을 올린다. 이렇게 하면 경로를 검색할 때 자연히 불리한 장소를 피하게 할 수 있다.

10.1.2 오브젝트 표현

오브젝트 표현이란 게임 맵 위에 놓인 오브젝트, 예를 들어 자동차나 의자, 공, 기둥, 창문 등에 관한 지식 표현을 가리킨다. 디지털 게임에서는 캐릭터와 오브젝트 동작의 상호 작용을 만들기 매우 어렵다. 예를 들어 '공을 차는 동작'이라면 어떻게 달려가서 어느 장소, 어느 타이밍에 애니메이션을 시작하는가 하는 과제가 있다. '문을 여는 동작'은 게임에서는 악명 높은 난제인데, '문 앞에서 딱 보폭에 맞게 멈추고, 팔을 뻗어 손잡이를 쥐는 동작'에는 정교하고 치밀한 포지션 매칭이 필요하다. 단순히 '식기를 사용하여 식사하는 동작'도 손 위치를 맞추기가 쉽지 않다.

그래서 동작 힌트가 되는 정보와 애니메이션 데이터 자체, 나아가 제어 프로그램을 오브젝트에 넣어 캐릭터가 근접하면 오브젝트 쪽에서 캐릭터를 제어하는 방식을 취할 때가 많다. 이런 정보를 인지 과학에서는 **어포던스**라고 한다. 어포던스란 일반적으로는 환경이 생물에 대해 지니는 가치를 의미하지만, 한정적인 의미로는 '그 오브젝트에 할 수 있는 행위'다.

어포던스 정보를 지닌 오브젝트를 **스마트 오브젝트**(smart object), 지형 일부인 경우에는 **스마트 터레인**(smart terrain)이라고 한다. 스마트 오브젝트는 오브젝트의 지식 표현이 가장 잘 적용된 형태다.

오브젝트의 지식 표현이란 그 오브젝트를 사용할 수 있는 정보로, 사용 설명서와 같은 것이다. 예를 들어 〈Bioshock Infinite〉(Irrational Games, 2K Games, 2013)의 각 오브젝트에는 캐릭터 동작과 관련한 정보가 내장되어 있다. 소파에는 '앉을 수 있다'는 정보와 함께 '소파의 앉을 수 있는 장소'가 오브젝트 표현으로 내장되어 있다. 캐릭터는 이 정보에 의지하여 '소파에 앉는 동작'을 한다. 또 높은 곳에 있는 창문에는 '올려다보아야만 하는 포인트'라는 오브젝트 정보가 내장되어 있고, 창문 가까이 가면 창밖을 바라보는 동작을 한다. 즉, 어떤 방에 들어가면 그 방에서 가능한 행동 정보를 오브젝트에서 받아온다. 여기에서 어떤 동작을 할지 결정하는 것은 곧 의사 결정 문제가 된다(그림 10-3).

❤ 그림 10-3 오브젝트의 지식 표현

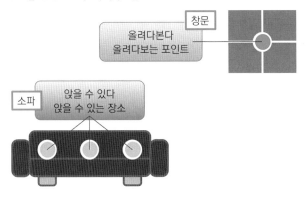

10.1.3 기억 표현

기억 표현은 캐릭터가 인식한 정보를 어떤 형식으로 축적하는가 하는 문제다. 가장 간단한 방법은 기억해야 하는 정보와 그 형식을 정해서 수정하는 것이다.

예를 들어 에이전트 중심으로 기억하는 기억 형태를 **에이전트 센트릭**이라고 하며, 이 형태를 스택형 기억으로 구현한 것이 〈F.E.A.R〉(Monolith Productions, 2004)에서 취한 방법이다. 이 방법은 대상이 되는 에이전트별로 정보를 축적해 간다. 우선 에이전트별로 각 순간의 정보 형태(지식 표현)를 정의한다. 이것을 **워킹 메모리 팩트**(working memory fact)라고 한다(그림 10-4). 각 정보는 **값**(value)

과 **신뢰도**(confidence)로 구성된다. 캐릭터 위치라면 그 정보를 언제, 어디에서, 어떻게 획득할지, 그리고 그 신뢰도는 어느 정도인지 기록한다. 신뢰도를 획득한 순간 1.0으로 눈앞에서 시인해도 15초 후 신뢰도는 시간과 함께 열화되어 0.2, 0.1, …이 되어 간다.

▼ 그림 10-4 캐릭터의 기억 형식

이런 데이터를 매 프레임 혹은 정기적으로 2프레임, 4프레임마다 각 대상에 관하여 수집한다. 이 기억을 쌓아 올려 더 추상적인 데이터를 읽어 온다. 이것을 **데이터마이닝**(data-mining) 혹은 **데이터 추상화**라고 한다. 이런 추상화는 다단계에 걸쳐 시행되며, AI는 더 본질적으로 세계를 이해해 간다.

예를 들어 적 캐릭터에 관하여 이렇게 기억을 쌓아 가면 추상적인 캐릭터 정보를 추출할 수 있다. 'F.E.A.R'에서는 이를 심벌 정보 20개와 불 값으로 나타냈다(그림 10-5). 이처럼 심벌을 이용한 캐릭터의 상태 지식 표현은 그 위에 다양한 AI를 우아하게 구축할 수 있는 기초를 제공한다. 'F.E.A.R'은 실시간 목표 지향형 시스템을 구축했는데, 이는 10.2절 의사 결정 부분에서 설명한다.

▼ 그림 10-5 심벌을 이용한 캐릭터의 상태 지식 표현

각 캐릭터에 대한 심벌 표현

kSymbol_AtNode 어느 노드에 있는가?	kSymbol_ WeaponArmed 무장하고 있는가?	kSymbol_Target IsSuppressed 위협받고 있는가?
kSymbol_TargetIs AimingAtMe 어느 노드에 있는가?	kSymbol_AtNodeType 그 타입 노드에 있는가?	kSymbol_ UsingObject 오브젝트를 사용하는가?
kSymbol_ WeaponLoaded 장전되어 있는가?	kSymbol_ RidingVehicle 탈 것을 타고 있는가?	kSymbol_ TargetIsDead 전투 불능인가?

10.1.4 액션 표현, 의사 결정, 결과 표현

캐릭터가 학습하는 경우는 지금까지 그렇게 많지 않았다. 학습이라고 하면 신경망이나 유전 알고리즘, 강화 학습 등 다양한 알고리즘이 있고 어느 학습 방법을 취하든 반드시 필요한 표현이 있다. 그 표현이란 의사 결정, 행동, 결과라는 3종 세트 표현이고, 이 세트를 쌓아 올려야 학습이 가능하다.

이것은 12장에서 자세히 설명한다.

GAME INFORMATICS

10.2 여덟 가지 의사 결정 알고리즘

여기에서는 캐릭터 AI의 중심인 의사 결정의 여덟 가지 주요 알고리즘을 아주 단순하게 지식 표현에 주목해서 설명한다. 의사 결정 알고리즘에서는 자주 '○○ 기반'이라는 용어를 사용한다. 이 말은 의사 결정 시스템을 구축할 때 무엇을 단위로 구축할지 결정하는 것이고, ○○는 그 단위가 되는 형식을 나타낸다. 예를 들어 규칙 기반이라고 하면 규칙을 단위로 의사 결정을 구성한다.

의사 결정 알고리즘은 크게 **반사형**(reactive)과 **비반사형**(non-reactive) 두 종류로 나눈다(그림 10-6). 반사형이란 외부 자극에 대해 반사적으로 행동하는 형태의 의사 결정이다. '상태 기반', '행동 기반', '규칙 기반', '사례 기반' 등이 여기에 해당한다. 한편 비반사형 의사 결정에는 우선 목표를 정해서 행동하는 '목표 기반'과 거대한 태스크를 분해하여 행동하는 '태스크 기반', '시뮬레이션 기반' 등이 있다. 이제부터 하나씩 알아보자.

▼ 그림 10-6 게임에서 자주 이용하는 여덟 가지 의사 결정 알고리즘

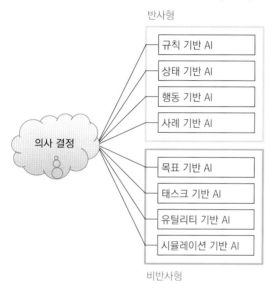

10.2.1 상태 기반

상태(state)는 캐릭터 동작을 표현한다. 동작에는 싸우기, 도망치기, 아무것도 하지 않기 등이 있다. 상태를 여러 개 준비해서 캐릭터 행동에 대응하는 방식이 **상태 기반**(state base)이다. 캐릭터가 어떤 순간을 선택하면 어느 하나의 상태

를 갖게 된다. 이때 하나의 상태에서 아무 상태로나 전환할 수 있는 것은 아니고, 전환할 수 있는 상태가 제한되어 있다. 예를 들어 '달리는 상태'에서 '적에게 마법을 쏘는 상태' 사이에는 '일단 멈추는 상태'를 넣어야 한다. 즉, 상태는 마치 주사위를 굴려야 하는 보드 게임처럼 어떤 상태로 가기 위해서는 거기에 이르는 상태를 따라가야 한다. 이것을 그래프로 표현한 것이 **유한 상태 머신**(Finite State Machine, FSM)이다(그림 10-7).

▼ 그림 10-7 캐릭터의 상태 머신 예

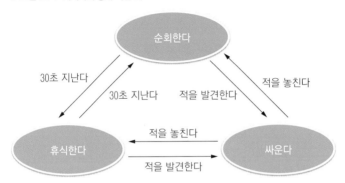

상태 머신은 상태와 상태가 전환 조건으로 연결된다. 전환 조건이 '만족하지 않음(false)'에서 '만족(true)'으로 바뀌면 다음 상태로 전환된다. 어떤 상태에서 다른 상태를 '만족(true)'하는 전환 조건이 여러 개 있을 때는 미리 우선순위를 정해서 해결할 수 있다. 혹은 난수를 이용하여 확률적으로 전환하게 해서 해결할 때도 있다. 하지만 이런 해결법은 선택적인 것이고, 일반적으로는 전환할 상태가 하나가 되도록 전환 조건을 배타적으로 설정한다.

상태 머신은 직감적으로 관리하기 쉬운 방법이다. 디버그에서는 상태를 따르면 되고 확장성도 좋다. 규칙 기반처럼 무엇이 실행되는지 알 수 없고, 단발적인 실행과 비교하여 행동 흐름을 어느 정도 만들 수도 있으며, 실행되는 행동도 한정할 수 있다는 점에서 뛰어나다.

하지만 상태 개수가 증가하면 확장성이 감소하는 문제가 있다. 새로운 상태는 항상 그때까지 만들어진 상태와 관계를 고려할 필요가 있어 상태 개수만 늘어나기 때문이다. 거대한 상태 머신은 점차 유연성을 잃어 간다. 그래서 상태 머신을 '계층화'한다. 하나의 상태에 상태 머신을 넣어 버린다는 발상이다(그림 10-8).

▼ 그림 10-8 계층형 상태 머신 예

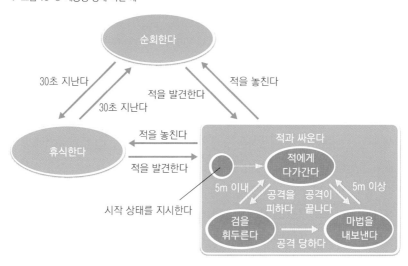

예를 들어 2계층 상태 머신은 상위 계층에 우선 하나의 상태 머신이 있다. 그 상태 하나하나가 내부에 상태 머신을 가지며, 시작 상태가 지정된다. 상위 계층의 상태 머신 상태가 상태 A에서 상태 B로 전환되면 상태 A가 가진 상태 머신이 종료되고, 상태 B가 가진 상태 머신이 시작 상태에서 시작된다. 계층형 상태 머신은 데이터가 커지지만, 복잡한 게임 세계를 모델화하려면 그 위에 2계층, 3계층으로 상태 머신을 구축해야 한다.

상태 머신은 견실한 제어 방법으로 현재도 널리 이용한다. 1990년대 후반부터 2010년 무렵까지 가장 자주 이용하던 방법이다.

10.2.2 규칙 기반

규칙 기반은 규칙을 단위로 의사 결정 시스템을 구성하는 것이다. 여기에서 말하는 '규칙(rule)'이란 다음 형태의 제어문을 의미한다.

> if (전치 선언문) then (후치 선언문)

프로그램에서 자주 사용하는 if 문 안에 if 문이 있고, 다시 if 문이 있는 중첩 구조도 넓은 의미로는 규칙 기반이지만, 일반적으로 규칙은 단위로 다룬다. 이 전치 선언문을 만족하는 경우를 **발화 가능**(fired)이라고 한다. 발화 가능이란 게임 AI의 경우 전치 선언문에 실행 가능 조건을 기술하므로 실행 가능과 의미가 같다. 이 '실행 가능'이라는 개념은 후술할 행동 트리(Behavior Tree)에도 계승된다.

예를 들어 어떤 상황에 대응하는 규칙을 여러 개 준비한다. 그리고 규칙에 우선순위를 정해 두고, 실행 가능한 규칙 중에서 가장 우선순위가 높은 것을 실행한다. 혹은 실행 가능한 규칙 중에서 랜덤하게 선택하는 방법도 있다. 게임 상황은 시시각각 변화하므로 실행 가능한 규칙도 계속 변화한다. 더 일반적으로는 규칙을 선택하는 **규칙 셀렉터**가 규칙을 선택한다(그림 10-9). 규칙 셀렉터는 자유롭게 사고를 기술해도 되지만, 최종적으로 실행 가능한 규칙 중 어느 하나를 선택한다.

▼ 그림 10-9 규칙 기반으로 캐릭터를 제어한 예

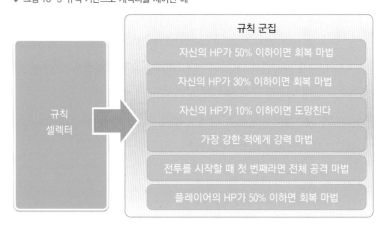

규칙 군집

규칙 셀렉터

- 자신의 HP가 50% 이하이면 회복 마법
- 자신의 HP가 30% 이하이면 회복 마법
- 자신의 HP가 10% 이하이면 도망친다
- 가장 강한 적에게 강력 마법
- 전투를 시작할 때 첫 번째라면 전체 공격 마법
- 플레이어의 HP가 50% 이하이면 회복 마법

또 규칙 기반은 사용자에게 아군 캐릭터의 AI를 만들게 할 때도 이용하는데, 이 시스템을 건비트 시스템이라고 한다. 〈Dragon Age: Origins〉(Bioware, 2009) 시리즈 등에서 이용했다.

10.2.3 행동 기반

행동 기반은 행동(behavior)을 기반으로 하는 의사 결정 방법이다. '행동'은 '신체적 행동'을 의미한다. 행동 기반에서 가장 자주 이용하는 것이 **행동 트리**(behavior tree) 방법이다. 행동 트리는 〈헤일로 2(Halo2)〉(Bungie, 2004)의 AI 설계자인 데미안(Damian Isla)이 발명한 방법으로, 현재 게임의 약 70% 이상에서 사용한다.

행동 트리는 특별히 복잡한 의사 결정 방법이 아니라, 상태 머신과 규칙 기반을 합친 발전형이라고 할 수 있다. 무엇보다 중요하게 생각한 것은 게임 개발 현장에서 제작 용이성, 유지 보수 및 디버깅 용이성이다. 그러므로 단방향이고(루프가 아님) 각 부분이 독립되어 있으며, 확장이 용이하다는 특징이 있다.

행동 기반의 단위가 되는 것은 복수 노드를 포함하는 **레이어**다. 예를 들어 지금 '마법 공격', '검 공격', '소환수 공격', '필살기'라는 네 가지 노드가 있고, 모두 레이어 하나에 포함된다고 하자. 어느 노드를 선택하는가는 이 레이어에 **모드**를 지정하고, 지정된 방식에 따라 실행 노드를 결정하는 방법을 취한다. 실행 전에 한 가지 체크할 것이 있는데, 각 노드는 '실행 가능 조건'을 가지고 있으며 이 조건으로 실행 가능한지 판정한다. '마법 공격'의 실행 가능 조건은 '매직 포인트가 있는가'이다. 예를 들어 현재 매직 포인트가 0이라면 '마법 공격'은 후보에서 제외되고, 남은 세 노드 중에서 선택된다.

'시퀀스' 모드는 위부터 차례로 실행 가능한 노드를 모두 실행한다. '프라이어리티' 모드는 실행 가능한 노드 중 가장 우선순위가 높은 노드를 실행한다. 행동 트리에서는 우선순위 순으로 노드를 위부터 쓰는 규칙이 있어 실행 가능한 노드 중 가장 위에 있는 노드를 실행한다. '랜덤' 모드는 실행 가능한 노드 중에서 랜덤하게 하나를 선택하고, '랜덤 앳 원스'는 실행 가능한 노드를 무작위로 한

번씩 실행해 간다.

상위 노드(부모 노드)가 결정하는 방법과 비교해서 이처럼 레이어 하나 안에서 노드를 결정하는 방법을 **자식 노드 경쟁 모델**(child-competitive-model)이라고 한다. 이 모델을 이용해서 다른 레이어에 의존하지 않은 채 독립적으로 레이어를 확장할 수 있고, 디버그와 유지 보수가 가능해진다.

행동 트리는 레이어를 최상위 노드(root)에서 시작하여 트리 구조로 만든 것이다. 각 노드는 그보다 깊은 레이어를 가지고 있거나 그 이상 깊은 레이어를 가지지 않는 리프 노드(단말 노드)다. 리프 노드는 반드시 캐릭터의 신체 동작을 수반하는 노드여야만 한다.

예를 들어 그림 10-10과 같은 행동 트리를 구성했다고 하자. 첫 번째 레이어는 '프라이어리티' 모드다. 적이 없으면 '공격'은 불가능하므로 '정찰'이나 '철수'가 된다. '정찰'이 가능하면 우선순위가 높으므로 '정찰'이 된다. '정찰'의 실행 가능 조건은 '남은 체력이 절반 이상 있을 것'이다. 이 조건을 만족하지 못하면 '정찰'도 실행 불가능하므로 '철수'를 선택하게 된다. '철수'의 실행 가능 조건은 '특별히 없음'이다. 즉, 철수는 언제 어떤 때라도 가능하다.

이제 지금 적이 있다 가정하고, 첫 번째 레이어에서 '공격'을 선택했다고 하자. 다음 레이어는 '프라이어리티' 모드이므로 최우선 순위인 '마법 공격'이 선택된다. 그다음 레이어는 '랜덤' 모드이므로 두 가지 마법 중 어느 쪽이든 선택된다. 이것으로 루트로 되돌아가고 같은 프로세스가 반복된다. 이 행동 트리는 루트로 되돌아가서 같은 선택을 따라가고, 매직 포인트가 있는 한 마법 공격을 계속한다.

매직 포인트가 다 떨어지면 다음 우선순위인 '검 공격'이 선택된다. 여기에서 적을 쓰러뜨려 버린다고 하자. 다시 루트에서 따라가면 이번에는 '공격'이 실행 불가능하므로, 체력이 충분하면 '정찰'이 선택된다. 그다음 레이어는 '시퀀스' 모드이므로 '순회', '휴식'이 차례로 실행된다. '순회'를 실행할 때는 다시 그다음 레이어가 '랜덤 앳 원스' 모드로 되어 있다. A, B, C 모두를 랜덤한 순서로 돌면 순찰을 마치고 '휴식'한다. '휴식'을 마치면 루트 노드로 다시 돌아간다.

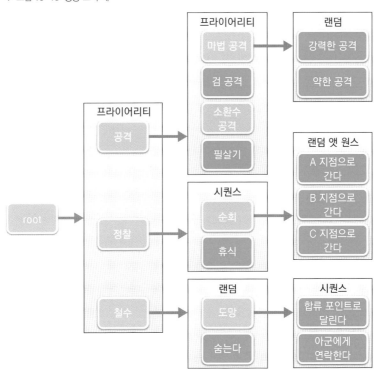

이처럼 행동 트리는 물이 흐르는 듯한 제어가 특징이고, 새로운 노드도 각 층마다 추가만 하면 되므로 유연성이 높게 유지된다. 행동 트리는 지금도 계속 발전하고 있으며, 개발자마다 커스터마이즈와 확장을 하기에 통일된 규격이 있는 것은 아니다. 예를 들어 이번에 소개한 것은 〈헤일로 2〉에서 구현된 가장 기본이 되는 스타일이다. 최근에는 '모드', '실행 가능한 조건'을 명시적으로 표기하는 방법도 이용한다(그림 10-11). 이 방법을 이용하면 프로그램이 조금 길어지고 행동 트리 크기도 커지지만, 실행 가능한 조건을 이해하기 쉽고 디버깅도 쉽다는 등 장점이 있다.

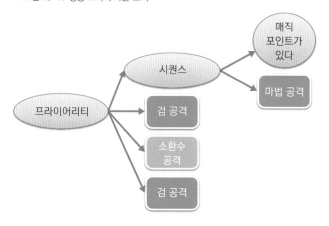

❤ 그림 10-11 행동 트리의 다른 표기

10.2.4 유틸리티 기반

유틸리티를 우리말로 옮기면 '효용'이라는 뜻이다. '효용'이란 결국 얼마나 효과가 있는가 하는 것이다. 무엇을 목표로 하느냐에 따라 효용 의미는 달라진다. 적에게 대미지를 주고 싶다면 적 대미지가 효용이고, 회복하고 싶다면 회복률이 효용이다. 더 추상적으로는 자신이 결정한 작전이 어느 정도 전황을 유리하게 만드는지도 효용이 된다.

예를 들어 지금 어떤 캐릭터가 마법을 세 종류 쏠 수 있다고 하자. 어떤 마법을 쏠지는 **유틸리티 기반**으로 자동으로 전환하고 싶다 하자. 사실 이런 '무기나 마법을 자동으로 선택하는' 과정은 게임에서 자주 있고, 주로 사용자를 지원한다. 선택을 자동화시켜 게임 플레이에 집중할 수 있게 한다.

마법은 거리에 따라 위력이 다르므로 각 마법의 효용 곡선 데이터를 이용하여 자동으로 전환하기로 한다. 지금 마법 A의 효용 곡선은 근거리에 정점이 있다. 다시 말해 근거리용 화염계 마법이다. 마법 B는 효용 곡선이 중거리에 정점이 있는 바람계 마법이며, 마법 C는 원거리에서 위력을 발휘하는 번개계 마법으로 한다. 각 효용 곡선이 있으면 어느 거리에서 어느 마법이 가장 위력이 있는지 알 수 있으므로, 적과의 거리에 따라 자동으로 마법을 구분하여 사용할 수 있다 (그림 10-12).

그럼 처음부터 규칙 기반으로 '몇 m부터 몇 m까지 거리에서는 이 마법을 사용한다'처럼 정하면 되지 않을까 생각할지도 모른다. 하지만 그 방법은 각 마법 세트마다 기술해야 한다. 예를 들어 새로운 마법 D를 배우면 모든 규칙 안 조건식을 다시 써야만 한다. 그러나 유틸리티 기반은 새로운 마법이 추가되더라도 수치로 효용을 비교하므로 곡선을 정의하기만 하면 프로그램을 다시 수정할 필요 없는 확장성이 뛰어난 방법이다.

▼ 그림 10-12 마법의 효용

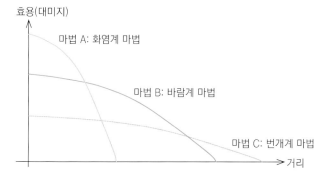

바둑이나 장기에서 '반면을 평가한다'는 것은 그 수의 효용을 계산하는 것이고, '국면이 어느 정도 유리해지는가'가 효용이 된다. 물론 마법을 선택하는 예보다 훨씬 복잡한 사고 끝에 그 수가 도출된다. 바둑은 바둑돌에 위치 정보뿐이고, 단 몇 수로도 국면이 뒤집어지므로 평가 함수를 만들기가 어려웠다. 그래서 함수가 아니라 신경망(딥러닝)을 학습시켜서 더욱 강해질 수 있었다. 이처럼 효용 함수를 어떻게 만드는가 하는 어려운 문제에 직면하면서 효용 함수를 신경망으로 대체하는 사례가 조금씩 늘고 있다.

10.2.5 목표 기반

목표 기반은 비반사형 의사 결정 알고리즘의 전형이다. 우선 목표(goal)를 결정하고, 그다음 목표를 어떻게 실현할지 AI가 생각하게 한다. 지금까지 AI에서 목표 기반이라고 하면 몇 분, 며칠씩 걸리는 느린 의사 결정 방법이었지만, 디지털 게임에서는 이를 실시간 또는 1/30초나 1/60초에서 1초 이내에 결정한다.

목표 기반에는 두 가지 알고리즘이 있다. 하나는 **계층형 목표 지향 계획**(hierarchical goal-oriented planning)으로 주로 전략에서 전술, 행동으로 계층적으로 행동을 구축할 때 사용한다(그림 10-13). 예를 들어 당신이 사령관이라고 하자. 게임 내에서 적이 진격해 오는데 당신은 그것을 저지하고 싶다. 거기에서 몇 가지 단계를 생각할 수 있다. 두 기병대에 지시를 내려 왼쪽과 오른쪽에서 협공하고, 그 사이에 적의 진격을 저지할 울타리를 구축한다. 또 그 사이에 땅을 파서 물을 끌어와 깊은 강을 만들 수도 있다. 이렇게 목표를 차례로 해내려면 우선 '적의 진격을 막는다'는 목표를 앞의 세 가지 목표로 분할해야 한다. 중간 목표는 '적을 협공한다', '울타리를 만든다', '강을 만든다'가 된다. 이를 **목표 분할**이라고 한다. 다시 각 목표는 더 작은 목표로 분할한다. '적을 협공한다'는 '왼쪽에서 공격한다', '오른쪽에서 공격한다'로, '울타리를 만든다'는 '나무를 벤다', '조립한다'로, '강을 만든다'는 '땅을 판다', '물을 끌어온다'는 작은 목표로 다시 분할된다. 이제 각 소대에 작은 목표를 맡기면 각각의 중간 목표가 달성되고, 중간 목표가 달성되면 원래 목표가 달성된다. 이것이 목표 지향 의사 결정 방법으로, 고차의 추상적 목표를 달성하는 데 빼놓을 수 없는 기술이다.

또 하나의 목표 지향 방법은 **목표 지향 액션 플래닝**(Goal-Oriented Action Planning, GOAP)이라고 한다. 이 알고리즘은 1970년대부터 개발해 온 **STRIPS**(Stanford Research Institute Solver)와 기술적으로 같지만, 알고리즘으로 응용한 사람은 〈F.E.A.R〉(Monolith soft, 2004)에 관여했던 제프 오킨(Jeff Orkin)이다. 사전에 '액션'에 '액션을 하기 위한 전제 조건'과 '액션을 한 후 결과'를 추가하여 세 가지를 한 세트로 준비한다. 예를 들어 '마법 봉쇄를 발사'하는 전제 조건은 '매직 포인트 50 이상'이고, 효과는 '적의 마법을 봉인한다'이다. 또 '마법약을 먹는' 액션의 전제 조건은 '마법약을 가지고 있을 것'이고, 효과는 '매직 포인트가 50 이상이 된다'이다. 혹은 '몬스터 B를 쓰러뜨리는' 액션의 전제 조건은 '특별히 없음'이고, 효과는 '마법약을 획득한다'는 식으로 준비한다. 이 부분은 몬스터 B의 드롭 아이템이 '마법약'이라고 게임 규칙으로도 표현되어 있다. 이렇게 모든 액션을 '전제 조건', '액션', '효과' 형식으로 기술했는데, 'F.E.A.R'에서는 이 '전제 조건'과 '효과'를 10.1절에서 설명한 '심벌'로 기술했다.

❤ 그림 10-13 계층형 목표 지향 계획

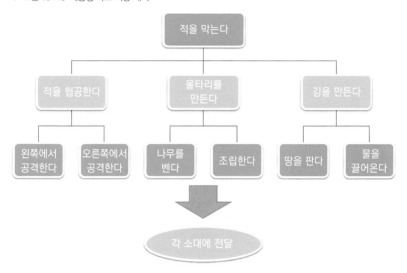

그럼 실제로 '목표 지향 행위 계획'(그림 10-14)을 설계하면서 설명하겠다. 목표는 매우 강력한 마법을 쓰는 보스 몬스터가 던전 깊숙한 곳에 있으므로, 적의 마법을 봉쇄하고 싶다는 것이다. 그렇다면 플레이어는 '마법약을 산다, 전투 직전에 먹는다, 전투가 벌어지면 가장 먼저 적의 마법을 봉쇄하는 마법을 건다' 등 방법을 생각한다. 이런 목표 지향 사고를 캐릭터에게도 시키는 것이다. 여기에서 목표는 전술한 대로 '적의 마법을 봉쇄한다'이다. 그래서 많은 액션(액션 풀) 중에서 '적의 마법을 봉쇄'하는 효과를 가진 액션을 검색하여 '마법 봉쇄 마법'이라는 액션을 찾는다. 이번에는 '마법 봉쇄 마법'의 전제 조건인 '매직 포인트 50 이상'에 주목한다. 캐릭터가 현시점에 매직 포인트를 50 이상 가지고 있다면 여기에서 플래닝은 멈추고 마법 봉쇄 마법을 발동한 후 종료한다. 하지만 지금은 실제로 그렇지 않다고 가정한다. 다시 말해 매직 포인트가 부족하다고 하자.

▼ 그림 10-14 캐릭터를 위한 목표 지향 행위 계획

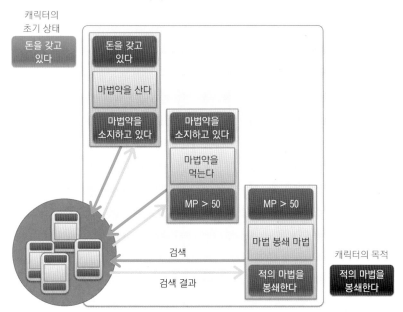

그래서 이번에는 '매직 포인트 50 이상이다'는 효과를 가진 액션을 검색해서 '마법약을 먹는다'는 액션을 찾는다. 전제 조건은 '마법약을 소지하고 있다'이다. 다시 이 '마법약을 소지하는' 효과를 가진 액션을 검색하면 '마법약을 산다'와 '몬스터 B를 쓰러뜨린다'가 나온다. 여기에서 '돈을 가지고 있는' 경우는 '마법약을 산다', 가지고 있지 않으면 '몬스터 B를 쓰러뜨린다'를 사용한다. 이처럼 플레이어의 현재 상태와 목표를 전제 조건과 효과가 같은 액션을 찾아 연결해 가는 방법을 체이닝(연쇄)이라고 한다. 이처럼 **체이닝(연쇄)**으로 일련의 행동을 만들 수 있다.

10.2.6 태스크 기반

문제 영역을 **도메인**이라고 한다. '블록을 쌓는다', '울타리를 구축한다' 등은 하나의 도메인이다. 도메인이란 취급할 대상과 대상에 대한 조작이 정의된 공간이다. 도메인 안 과제를 작은 태스크로 나누어 일련의 동작을 구축하는 기법을 **태스크 기반**이라고 한다. 캐릭터 의사 결정에서 사용하는 기법으로 **계층형 태스크 네트워크**(Hierarchical Task Network, HTN)가 있다.

HTN은 계층적으로 태스크를 분할해 간다. 이 점은 목표 지향 분해와 비슷하지만 HTN은 태스크 사이에 엄밀한 순서 관계를 미리 설정한다.

이 순서 구조에 따라 분할한 결과로 나오는 태스크 군이 순서를 가진 네트워크 구조로 드러난다는 점에서 HTN이라고 하는 것이다. 순서에는 모든 태스크 순서가 정해진 **전순서**(total order task), 부분적으로 태스크 순서가 정해진 **반순서**(partial order task), **무순서**(non-order task) 세 가지가 있다.

예를 들어 어떤 마법 검사의 의사 결정을 만든다고 하자. 우선 가장 큰 태스크 '전투'는 '적 공격', '아군 회복'이라는 전순서 태스크로 분할된다(그림 10-15). 이 분해 방법을 **메서드**라고 한다. '메서드를 적용'해서 큰 태스크가 더 작은 태스크로 분할되고, 더 분할할 수 없는 태스크까지 도달한 지점에서 분할은 종료된다.

▼ 그림 10-15 HTN의 상층도

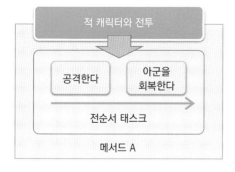

'적을 공격한다'에 대해서는 몇 가지 메서드에 따른 분할 방법을 준비해 두자(그림 10-16). 어느 메서드를 적용할지는 '적용 조건'으로 각 메서드가 선언해 둔다. 예를 들어 '적이 하나'인 경우의 메서드는 '검 공격', '공격 마법', '몸통 박치기'로 일련의 공격을 별다른 순서 없이 실행하도록 분해한다고 선언한다.

▼ 그림 10-16 '공격한다'를 분해하는 세 가지 메서드

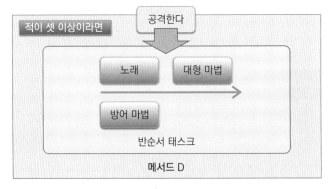

이 메서드는 '순서 없는 태스크'다. '적이 둘 이상인 경우'는 연속기로 '기술 A', '기술 B', '기술 C' 순서로 실행하는 메서드를 만들어 둔다. 이 메서드는 '전순서 태스크'다. 하지만 '적이 셋 이상'일 때는 '방어 마법'을 펼치면서 '노래'를 시작하여 '대형 마법'을 꺼내는 메서드도 준비한다. 이때 '노래'와 '대형 마법'의 순서는 완전히 정해져 있지만, '방어 마법'은 그전이든 후든 상관없으므로 이 메서드는 반순서가 된다. '대형 마법'은 다시 세 가지 마법을 호출하는 전순서 태스크로 분해되며, '아군 회복'은 '아군 옆으로 간다', '회복 마법을 건다', '후퇴한다'와 '아군 전원에게 회복했음을 알린다'로 분할하는 메서드를 준비한다(그림 10-17). '후퇴한다', '아군 전원에게 회복했음을 알린다'도 순서와 상관없으므로 반순서다. 이처럼 각 메서드가 상위 태스크를 하위 태스크로 분해해 간다.

▼ 그림 10-17 '대형 마법'을 분해하는 메서드와 '아군을 회복한다'를 분해하는 메서드

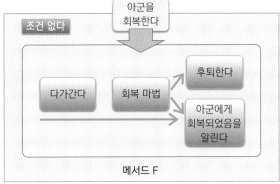

지금 적 네 명과 싸우고 있다 하자. 캐릭터 의사 결정 결과는 태스크를 네트워크 모양으로 된 태스크 네트워크로 출력한다. 실제로 이를 실행하는 화살표로 표시된 순서는 지켜야 하지만, 그 이외는 임의의 순서로 해도 상관없다(그림 10-18).

▼ 그림 10-18 생성된 태스크 네트워크

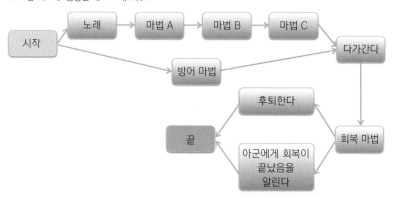

이처럼 각 태스크의 분해 방식인 메서드는 독립적으로 정의해 두고, 메서드를 실시간으로 적용해서 분해해 간다. 결국 모든 계획을 게임 내에서 만든다. 독립적으로 분해 방법을 정의해 두면 개발 유연성을 유지할 수 있고, 어느 메서드를 적용할지 게임 내에서 지정할 수 있어 동적으로 계획을 세울 수 있다는 장점도 있다.

이 기법을 처음 디지털 게임에서 적용한 것이 〈Killzone 2〉(Guerrilla Games, 2009)라는 게임이다. 메서드를 겹겹이 쌓아 올려 캐릭터 몇 개에 대해 불과 몇 프레임 안에 500개에 이르는 태스크 네트워크를 만들어 내기도 한다. 1990년대 일일이 스크립트를 기술하던 시대와는 격세지감이 느껴진다.

10.2.7 시뮬레이션 기반

시뮬레이션 기반은 문제를 일정한 정의나 명제로 규정할 수 없을 때 가능한 조합으로 시행착오 시뮬레이션을 해서 해법을 모색하는 방법이다. 예를 들어 처음 장대높이뛰기를 할 때는 몇 번이고 달려서 점프한다. 그러면서 점차 가장 좋은 도약 포인트를 찾아낸다. 시뮬레이션은 이처럼 운동 등 특히 사전에 정식화가 어려운 영역에서 그 위력을 발휘한다. 최근 예로는 바둑에서 이용하는 몬테카를로 트리 탐색(Monte Carlo Tree Search, MCTS)이 있다. 몬테카를로 트리 탐색은 시뮬레이션 기반 방식 중 하나로 방대한 시뮬레이션을 통해 최적의 해가 있는 방향을 찾아낸다.

〈Fable Legends〉(Lionhead Studios, 미발매)에서는 몬스터의 팀 움직임과 액션을 몬테카를로 트리 탐색으로 시뮬레이션하여 최선의 움직임을 실시간으로 도출한다. 몬테카를로 트리 탐색은 간결한 알고리즘이기도 해서 전략 시뮬레이션 게임 등에 이용했다.

10.2.8 케이스 기반

케이스 기반, 즉 **사례 기반 추론**(Case Based Reasoning, CBR)은 대상으로 하는 사례를 몇 가지 경우로 나누고, 그 경우에 맞는 효과적인 행동 경험을 우선 축적한다. 축적된 사례와 행동의 대응 데이터를 바탕으로 항상 변동하는 새로운 상황에서 새로운 행동을 추론하는 방법이다.

〈킬러 인스팅트〉(레어사, 마이크로소프트사, 1994~2016) 2.8 업데이트부터는 플레이어 전투와 스타일을 학습해서 성장하는 '섀도'를 작성할 수 있게 되었다. 이 배경에 있는 것은 플레이어의 플레이 로그를 축적하고, 거기에서 '게임의 상태'를 추상적 거리로 클러스터화하여 각 상태에 대한 효과적인 행동을 추출하는 데이터다. 이 데이터로 섀도는 각 상태에 따라 가장 적절한 행동을 검색한다.

이처럼 의사 결정 알고리즘은 다양하고 형태도 여러 가지다. 이번에는 하나씩 따로 설명했지만, 규모가 큰 게임 타이틀은 몇 가지 알고리즘을 조합해서 사용할 때가 많다. 각 게임마다 캐릭터에는 역할이 있고, 게임에 맞는 의사 결정 스타일이 있다. 디지털 게임은 대부분 엔터테인먼트이므로, 깊이 있는 의사 결정보다는 사용자 심리에 임팩트를 주거나 즐거움을 주는 캐릭터 의사 결정이 필요하다. 함께 여행하면서 여러 가지를 걱정하거나 이해해 주는 캐릭터나 위급할 때 자신의 등을 맡길 수 있는 동료, 어렵지만 뭔가 기지를 발휘해서 쓰러뜨릴 수 있는 적 캐릭터 등 이른바 플레이할 보람이 있는 캐릭터의 AI가 요구되는 것이다. 그런 다양한 캐릭터성을 구현하려면 강력한 기반 기술이 필요한데 그것이 바로 캐릭터 AI다.

11^장

내비게이션 AI

8장에서 게임 스테이지의 지형에 관한 지식 표현을 세계 표현이라고 했다. 8장을 정리하면 '지식 표현은 AI가 세계를 해석하는 방식을 적절한 데이터 형태로 제공하는 것'이다. 세계 표현은 그 표현을 통해 AI에 세계를 해석하는 방법을 제공한다. 예를 들어 게임 세계 안에는 걸을 수 있는 장소와 걸을 수 없는 장소가 있다. 인간은 새로운 장소에 가면 한순간에 지형을 인식하지만 AI에는 그런 능력이 없으므로, '어디를 걸을 수 있는지' 캐릭터에게 알려 줄 필요가 있다. 이 데이터를 내비게이션 데이터라고 한다. 지형과 연결(토폴로지)을 보이는 데이터로 경로 검색에 이용한다.

지형 인식에는 적을 찾을 때 어느 건물이 전망이 좋은가, 어디가 숨을 장소(커버 포인트)로 적당한가 하는 판단도 포함된다. 또 최근에는 지형과 적과 자신의 위치 관계에서 자신의 전투 스타일에 적합한 장소를 자동으로 찾아내는 '전술적 위치 해석' 기술이 확립되었다. 이제부터 이 기술들을 살펴보자.

11.1 GAME INFORMATICS
내비게이션 메시와 웨이포인트

내비게이션 데이터에는 두 가지 형식이 있다. 내비게이션 메시와 웨이포인트다. 내비게이션 메시는 지형 중에서 캐릭터가 걸을 수 있는 장소를 연결된 삼각형(볼록 다각형이면 되지만 대개는 삼각형)으로 채운다. 이 삼각형 메시는 지형을 형성하는 충돌 메시와 꼭 일치하지 않아도 상관없다. 특히 높이 등은 나중에 실제로 캐릭터를 움직일 때 보정할 수 있으므로, 위에서 내려다보고 얼추 맞으면 대개는 문제없다. 한편 웨이포인트는 포인트가 연결된 데이터다. 점이 맵 상에 분포되었고, 점 사이 공간이 통과할 수 있는 장소라면 점끼리 접속 관계로 나타낸다.

바둑은 19×19, 일본 장기는 9×9로 반면이 유한하게 규정되어 있으므로 AI는 그 한정된 공간과 규칙 속에서 생각할 수 있다. 하지만 일반 게임 스테이지 속 연속 지형은 좀처럼 그렇게 할 수 없다. 그래서 연속 공간을 유한 공간 구조로 파악하는 메커니즘이 내비게이션 데이터인 것이다.

내비게이션 메시와 웨이포인트는 서로 장점과 단점이 있다. 내비게이션 메시는 지형 기복이나 그 표면의 속성 정보 표현에 적합하다. 내비게이션 메시에서는 중심 좌표를 대표점으로 취하는 경우가 많다. 일반적으로 내비게이션 메시상의 경로 탐색도 대표점을 기반으로 대부분 검색된다. 다음 절부터 경로 탐색을 자세히 살펴보자.

11.2 데이크스트라 탐색법과 A* 경로 탐색

내비게이션 메시든 웨이포인트든 데이터 구조로는 네트워크 그래프 구조가 된다. **네트워크 그래프**는 일반적으로 해당 요소(노드)와 노드 사이를 연결하는 **엣지 비용**으로 나타낸다. 비용은 단순히 거리인 경우도 있고, 여기에 지형 정보를 가미한 비용이 되는 경우도 있다.

예를 들어 8장에서 설명한 것처럼 '위험'한 장소는 비용을 2배로 한다거나 노면에 눈이 쌓였으면 거리를 1.2배로 해서 비용을 계산하는 등이다. 네트워크 그래프상에서 두 점(노드)을 지정했을 때, 최소 비용이 되는 경로를 구하는 알고리즘을 **데이크스트라 탐색법**이라고 한다. 또 그보다 휴리스틱한 기법으로 만든 알고리즘을 **A* 알고리즘**이라고 한다. 게임 산업에서는 대부분 이 알고리즘을 이용한 **A* 탐색법**을 쓴다(그림 11-1).

A* 알고리즘은 2부에서 이미 설명했으므로, 여기에서는 데이크스트라 탐색법과 A* 탐색법의 차이만 알아보겠다. 데이크스트라 탐색법은 출발점을 시작으

로 주위 노드에 대해 가장 비용이 최소가 되는 경로를 탐색해 간다. 예를 들어 데이크스트라 탐색법으로 점 S에서 점 a까지 경로는 C를 경유하는 편이 짧으므로 (S, C, a)라는 경로를 기억하고 계속 검색한다. 하지만 목표 좌표를 알고 있을 때는 대부분 목표 방향으로 유도하면서 검색하는 편이 효율적이다. 검색을 유도하고자 검색 노드의 평가 값에 **휴리스틱 거리**를 도입한다. 이것이 A* 탐색법이다. 휴리스틱 거리는 대개 검색하는 노드부터 목표까지 유클리드 거리를 취한다. 이렇게 목표 방향을 향해서 검색할 수 있다.

▼ 그림 11-1 데이크스트라 탐색법과 A* 탐색법 비교

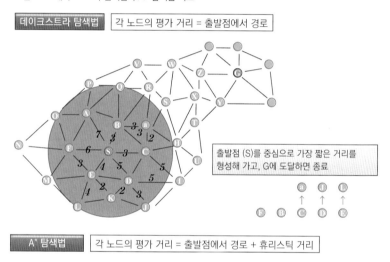

데이크스트라 탐색법 | 각 노드의 평가 거리 = 출발점에서 경로

출발점 (S)를 중심으로 가장 짧은 거리를 형성해 가고, G에 도달하면 종료

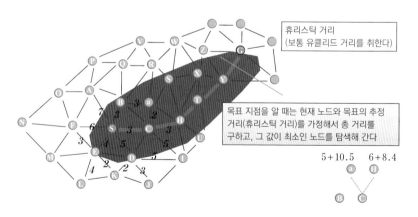

A* 탐색법 | 각 노드의 평가 거리 = 출발점에서 경로 + 휴리스틱 거리

휴리스틱 거리
(보통 유클리드 거리를 취한다)

목표 지점을 알 때는 현재 노드와 목표의 추정 거리(휴리스틱 거리)를 가정해서 총 거리를 구하고, 그 값이 최소인 노드를 탐색해 간다

$5+10.5$ $6+8.4$

'FINAL FANTASY XIV'에서는 충돌 모델에서 자동으로 생성된 내비게이션 메시상에서 경로를 탐색한다(그림 11-2). 사전에 경로를 계산하여 표 형태로 저장해 두는 **룩업 테이블법**(Look-Up Table)을 이용해서 실행한다.

▼ 그림 11-2 'FINAL FANTASY XIV'의 맵(위), 내비게이션 메시와 그 경로(아래)

11.3 지형 해석

때때로 지형을 실시간으로 해석할 필요가 있다. 예를 들어 게임을 시작할 때 자동 생성한 맵이 시작 지점부터 목표 지점까지 연결되어 있는지 확인이 필요할 때가 있는데, 이를 **연결 테스트**(connectivity test)라고 한다. 〈Age of Empire II〉(Ensemble Studio, 1999)는 많은 병사를 조종하는 RTS(Real-Time Strategy) (실시간 전략 게임)이지만, 자신의 진영과 다른 진영이 확실하게 육지로 연결되어 있지 않으면 게임이 되지 않으므로 자동으로 연결을 확인해서 문제가 있으면 다시 생성한다. 개발 중 지형 해석을 하는 경우도 있다.

로봇 게임에서는 절벽 가까이에 있는 내비게이션 메시는 낙하 위험이 있고, 벽 가까이에 있는 내비게이션 메시는 충돌하기 쉽다. 그래서 절벽 경계에 있는 내비게이션 메시를 검출해서 비용을 올려 가능한 한 지나가지 않게 한다. 반대로 스텔스 게임은 그늘에 숨는 편이 좋으므로, 물체가 있는 쪽 메시 비용을 낮추어 되도록 물체를 지나가게 한다.

점프가 있는 게임에서는 점프 링크라고 하는 링크를 만든다. 예를 들어 절벽 위 메시와 절벽 아래 메시를 잇는 링크에 비용을 매긴다. 이 비용이 낮으면 우회하기보다 점프해서 뛰어내려 이동하는 편을 선택한다. 올라갈 때와 내려갈 때는 당연히 비용을 다르게 매긴다. 이 점프 링크를 전용 에디터로 만들 때도 많지만, 맵이 넓어지면 그것도 꽤 시간이 걸리므로 조건에 맞는 지형을 분석해서 발견하고 자동 생성한다.

11.4 전술 위치 검색

가장 기본적인 문제는 게임 내에서 캐릭터가 자신이 갈 곳을 어떻게 결정하는 가이다. 예를 들어 전투 중 지형과 전황을 파악하여 이동하는 문제는 플래너가 사전에 이동할 곳을 후보 포인트로 정해서 데이터로 만들어 두고, 게임을 진행할 때는 그 후보 중에서 AI가 포인트를 평가하여 결정하는 방법을 쭉 사용했다. 혹은 아예 결정하지 않은 채로 랜덤하게 돌아다니거나 좁은 방이라면 항상 플레이어를 향해서 다가오는 등 적당한 방법을 사용했다. 하지만 게임이 대형화, 오픈월드화되면서 이 방법은 통용되지 않았다. 그래서 등장한 것이 2013년 이후 게임 산업에서 계속 확산된 **전술 위치 검색**(Tactical Point Search, TPS) 기술이다.

TPS는 전투나 동료의 협조, 대화 등에서 내비게이션 메시의 분해능보다 세밀한 단위로 위치를 선정할 때 이용한다. 원래 이 기술은 액션 게임에서 전투를 할 때 최적 위치를 결정하고자 2013년부터 CRYENGINE(CRYTEK)에서 이용한 알고리즘이다. 그때 처음으로 전술 위치 검색이라고 불렀다. 현재는 캐릭터 위치 선정에 널리 이용한다. 이 기술은 기본적으로 게임 진행 중 실시간으로 캐릭터가 향하는 위치를 결정하는 데 이용하며, 그 알고리즘은 다음에 설명하는 (1)~(3) 세 단계로 구성된다.

(1) 생성 단계

우선 검색하고 싶은 영역에 포인트를 동적으로 분포한다(그림 11-3). 분포 형태는 보통 그리드 형태를 취하지만 동심원 등 어떤 형태든 상관없다. 하지만 후처리를 고려하면 정연한 형태로 해 두는 편이 고속화할 수 있으므로 편리하다. 이번에는 궁병 캐릭터의 다음 위치를 선정해 보자. 그림 11-3에서는 이 궁병 캐릭터를 중심으로 동심원 모양의 점 열을 생성한다.

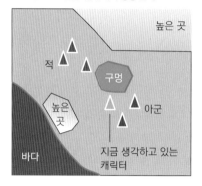 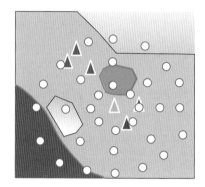

(2) 필터링 단계

생성 단계에서 생성한 점들을 지정한 조건으로 필터링하고, 필요 없는 점을 제거한다. 이때 조건을 지정하는 방법은 어느 대상과 어떤 관계인지 기술한다. 예를 들어 그림 11-4, 그림 11-5는 다음과 같이 기술할 수 있다.

1. 발 디딜 곳이 좋지 않은 점 삭제(그림 11-4 왼쪽)

2. 적 중심에서 5m 이내, 10m 이상인 점 삭제(그림 11-4 오른쪽)

3. 아군 중심에서 5m 이내 점 삭제(그림 11-5 왼쪽)

▼ 그림 11-4 전술 위치 해석 필터링 단계

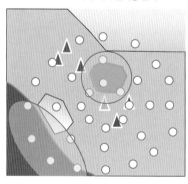 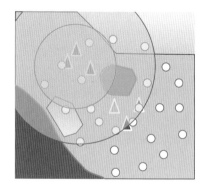

▼ 그림 11-5 전술 위치 해석 필터링 단계와 평가 단계

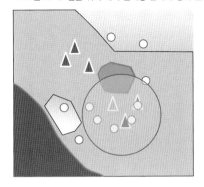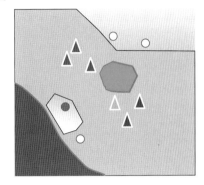

이처럼 하나하나 조건에 따라 필터링해서 생성한 점들에서 후보 위치를 좁혀 간다.

(3) 평가 단계

남은 후보점에서(그림 11-5 오른쪽) 대표점 하나를 선택하고자 점수를 매긴다. 이 평가 함수를 만드는 방법에 제한은 없지만 위치 정보와 관계없는 정보를 사용할 수도 있다. 예를 들어 채광, 높이, 날씨 등이다. 그리고 가장 높은 점수의 포인트를 선택한다. 이 경우는 각 포인트에 대해 '적과의 거리×높이'를 평가 함수로 하고, 최종적으로 포인트(바위 위 포인트) 하나를 결정한다.

이런 '생성', '필터링', '평가' 세 가지 프로세스로 가야 할 목적지를 스스로 동적으로 결정하는 것이 전술 위치 검색 기술이다. 이 기술로 캐릭터는 '스스로 목적지를 상황에 맞게 결정'할 수 있다. 그리고 경로 탐색으로 그 목적지를 '어떻게 갈지' 결정한다.

정리하면 전술 위치 검색 기술과 경로 탐색 기술로 캐릭터는 '자신의 목적지를 결정하고, 목적지까지 경로를 결정'할 수 있게 되었다. 환경을 깊이 있게 인식하고, 환경 안에서 자율적으로 운동하는 지적 능력을 실현했다.

11.5 영향맵

영향맵은 전황을 판단하는 데 이용한다. 지금 맵을 바둑판 눈처럼 구획한다고 하자. 적이 있는 장소를 열원, 아군이 있는 장소를 냉각원으로 해서 주위에 열을 전파하는 모델을 생각한다. 이를 **히트맵** 또는 **영향맵**(influence map)이라고 한다. 히트맵은 캐릭터가 있는 장소에서 열이 감쇄하면서 확산해 가는 모델이다 (그림 11-6).

▼ 그림 11-6 영향맵(가운데 라인은 세력 균형을 이루는 프론트라인(전선))

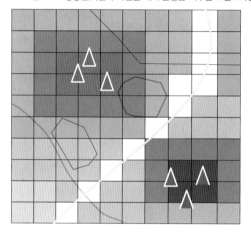

우선 열원에서 주위 칸으로 열이 전파되고, 다시 그 방향의 다음 칸으로 전파된다. 열원이 이동하면 열 전파도 변화한다. 열원이 이동해도 열은 남아 있으므로 열원 경로와 진행 방향에는 열이 남기 쉽다. 또 반대인 냉각원도 마찬가지로 경로와 진행 방향을 냉각한다. 어떤 시점의 열 분포를 취하면 적과 아군의 세력도를 알 수 있다. 시각화할 때 열이 높은 곳을 빨갛게, 낮은 곳을 파랗게 표시하면 일기 예보의 온도맵처럼 명확하게 시각화할 수 있어 좋다. 이렇게 열 값을 경로 검색에 적용해서 적의 세력권을 피할 수 있는 경로나 반대로 적 세력권을 가능한 한 통과하는 경로를 구할 수 있다.

열원과 냉각원의 중간 지점은 온도가 상쇄되어서 0이 된다. 반대로 말하면 온도가 0이 되는 지점을 연결하면 프론트라인(전선, 세력이 균형을 유지하는 라인)을 자동으로 검출할 수 있다.

11.6 사회적 공간

사회적 공간(social space)은 심리학에서 온 용어로, 사람들끼리 만들어 내는 공간을 의미한다(그림 11-7). 예를 들어 두 사람이 대화할 때는 대칭되는 위치에서 거리를 두고 대화한다. 이는 사람에게는 등이 가장 무방비하기 때문에 서로 등을 감시하여 무의식중에 안전성을 높이려는 것으로 생각할 수 있다. 벽이 있다면 벽을 등 뒤로 하고 이야기한다. 세 사람이라면 한가운데 원형 공간을 두고 이야기한다. 사람이 모였을 때 사람과 사람 사이에 생기는 공간을 사회적 공간이라고 한다.

▼ 그림 11-7 캐릭터 세 명이 만드는 사회적 공간(위에서 본다)

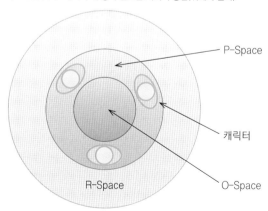

세 사람일 때의 이야기를 더 진행해 보자. 앞서 이야기한 바와 같이 세 사람일 때는 아무것도 없는 공간이라면 한가운데 원이 만들어지도록 같은 간격으로 늘어선다. 두 사람인 경우에 설명한 것처럼 사람은 등 뒤에서 하는 공격에 약하므로 이렇게 서로 등 뒤를 감시하는 형태로 배치한 것이다. 한가운데 공간을 O-Space라고 하며, O-Space와 세 사람을 감싸는 원 사이의 공간을 P-Space, 그 밖의 공간과 P-Space를 감싸는 원 사이의 공간을 R-Space라고 한다. 이 원 안을 누군가가 가로질렀을 때는 그것을 볼 수 있는 캐릭터가 시선으로 좇는다. 또 다른 캐릭터도 사회적 공간에 들어가지 않도록 경로를 탐색한다.

이처럼 캐릭터가 공간에 존재하기 때문에 그곳에서 주관적인 공간 정보와 사회적인 정보가 생겨난다. 이처럼 인간다운, 생물다운 공간을 시뮬레이션하면서 캐릭터는 더욱 인간답고 생물답게 공간을 만들 수 있다. 중요한 것은 우선 객관적인 내비게이션 데이터와 데이터를 바탕으로 한 정확한 지형 해석 및 환경 인식이다. 거기에서부터 각 생물, 각 캐릭터에 따른 주관적인 정보를 더해 가면서 캐릭터마다 개성 있는 공간 사용 방법을 구현할 수 있다.

12^장

학습 및 진화
알고리즘 응용

디지털 게임에서는 게임 디자인과 학습 알고리즘의 상성이 좋은 곳에 한해서 학습 알고리즘을 사용한다. 게임 디자인은 게임의 다이내믹스를 결정하는 것인데, 게임의 다이내믹스와 학습이 자율적으로 가진 다이내믹스를 조화시킬 필요가 있다. 게임과 학습의 다이내믹스를 연결하고자 여기에서도 에이전트 아키텍처가 중요한 역할을 한다. 캐릭터 기본이 되는 것은 '의사 결정(방침)', '행동', '결과'다. 어떤 방침을 따라서 '의사 결정'을 하고, 어떤 '행동'을 하는지 확인해서 그 '결과'를 계속 수집하는 것이 학습 기초가 된다(그림 12-1). 인간과 마찬가지로 '행동'에 대한 '결과'를 관찰하고, 그 결과를 이끌어 낸 '의사 결정'을 변화시키면서 캐릭터는 성장하기 때문이다.

▼ 그림 12-1 캐릭터의 학습 메커니즘

12.1 통계 기반 학습

우선 가장 단순한 **통계에 기반을 둔 학습**을 생각해 보자. 예를 들어 지금 격투 게임을 한다고 하자. 처음에 상대 플레이어를 오른쪽에서 공격할지, 정면에서 공격할지, 왼쪽에서 공격할지, 플레이어는 방어하므로 어느 것이 효과적인지 알수 없다. 그래서 우선은 한 번씩 모든 공격을 시도해 본다. 공격을 몇 번 시도해서 평균을 내면 각 대미지를 알 수 있다. 왼쪽 공격이 5, 정면 공격이 12, 오른쪽 공격이 37로 평균값이 나왔다고 하면 왼쪽, 정면, 오른쪽 비율이 대체로 1:2:7이 된다. 이 비율로 공격 방향을 결정하고, 또 몇 차례 공격해 보고 대미지 평균값을 낸다(그림 12-2).

▼ 그림 12-2 의사 결정, 행동, 결과(적에게 준 대미지) 세트

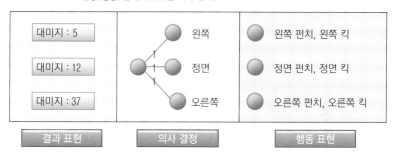

이렇게 어댑티브(adaptive)하게 플레이어에 맞추어 공격할 수 있는 것이다. 단순한 통계에 기반을 둔 학습이지만 역시 캐릭터 기본은 '의사 결정', '행동', '결과'가 세트로 된 데이터다.

더 정밀하게는 멀티 밴디드 문제로 파악해야 하지만 그러려면 어느 정도 시행 횟수가 있어야 한다. 이벤트만 몇 번 일어난다면 게임에서는 이 같은 간이 통계 방법을 이용한다.

12.2 신경망

신경망(Neural Network)은 선별 알고리즘이기도 하다. 학습해서 입력된 것을 어떻게 분류하는지 배운다. 이 알고리즘을 이용한 것이 〈Supreme Commander 2〉(Gas Powered Games, 2010)다. 이 게임은 캐릭터에 퍼셉트론형 신경망을 내장했다(그림 12-3). 입력은 주위 적의 정보고, 출력은 '어느 적을 공격하는가' 하는 판정이다. 예를 들어 적 캐릭터 열 명에게 포위되었을 때 '어느 적을 공격하는가' 하는 문제는 규칙에 따라 논리적으로 기술하려면 지나치게 복잡하다. 그래서 신경망에 적의 체력, 스피드 등을 입력하고, 출력으로 '가장 약한 적을 쓰러뜨린다', '가장 가까운 적을 쓰러뜨린다'를 결정하게 한다.

▼ 그림 12-3 적 타깃을 선택하는 신경망

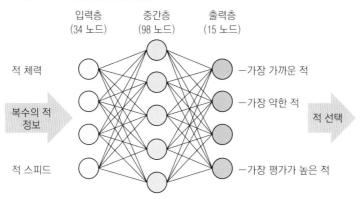

이렇게 하려면 학습이 필요하며, 이 학습은 게임 개발 중에 한다. 게임하는 도중에는 전혀 학습하지 않고 출력에 따라서만 행동하고, 격파가 잘된 상황을 보수로 하여 오차역전파법(backpropagation)[1]으로 1시간 학습시키는 형태다.

---

1   가중치 매개변수의 기울기를 효율적으로 계산하는 방법이다.

12.3 유전 알고리즘

장기적인 안목에서 보면, 지능은 진화 과정에서 환경과 조화를 이루거나 적응하는 것을 목표로 하거나 이렇게 만들어 간다. 환경의 일부가 되면서도 개체로서 존재를 강화할 수 있다. 다시 말해 신체가 환경 속에서 만들어지는 것처럼 지능 형태도 환경과 상대적으로 만들어진다. 캐릭터 AI를 만드는 것은 결국 환경과 어떻게 조화하는지에 달렸다.

유전 알고리즘은 집단 진화를 초래하는 알고리즘이다. 지금 캐릭터가 여러 개 있고 유전자 집합인 염색체를 가지고 있다 하자. 여기에서 말하는 유전자는 수치 파라미터고, 염색체는 파라미터 리스트다. 게임에서는 각 캐릭터에게 시키고 싶은 행동이 있으므로, 실제로 캐릭터에게 행동을 지시하여 점수를 매긴다.

예를 들어 강한 캐릭터를 만들고 싶다면 랜덤하게 생성된 파라미터 유전자로 만든 캐릭터 100명을 모형 정원 안에서 전투시키고, 격파 수와 생존 시간 등으로 점수를 매긴다. 그리고 1위에서 100위까지 나열해서 상위 캐릭터 열 명으로 새로운 다음 세대 100명을 만든다. 이때 부모가 되는 두 세대를 선택하여 염색체를 교배시킨다. 염색체를 잘라서 서로 잇는 것이다(그림 12-4). 이렇게 새로운 염색체 2개가 만들어진다. 상위 랭크에 있을수록 부모가 될 확률이 높아지게 선택하는 전략을 **룰렛 선택**이라고 한다.

▼ 그림 12-4 유전 알고리즘 구조

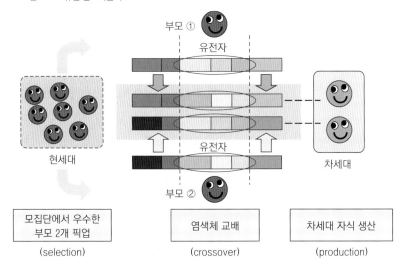

〈아스트로노커〉(muumuu, 1997)는 유전 알고리즘을 이용하여 적 캐릭터를 진화시키는 게임이다(그림 12-5). 각 캐릭터는 그 성능을 결정하는 파라미터 열을 가지고 있으며, 이 파라미터 열을 **염색체**라고 한다. 염색체는 체력, 내구성 등 유전자로 구성된다. 플레이어는 게임에서 야채를 재배하는데, '바브'라는 적 캐릭터가 야채를 뜯어먹으러 온다. 그래서 플레이어는 야채까지 펼쳐진 필드에 덫을 놓아 물리치려고 한다. 그 덫에서 재빨리 벗어나려면 강력한 유전자가 필요하다. 그래서 플레이어가 덫을 놓을 때마다 바브에게 도전시켜 점수를 매긴다. 목표에 가까울수록 점수를 높게 주는 방법을 사용한다. 물론 한 마리만으로는 유전 알고리즘이 작동하지 않으므로 화면에 보이지 않는 뒷쪽에서 20마리 분, 5세대의 시뮬레이션을 돌린다. 그래도 진화 속도가 부족하면 시뮬레이션을 몇 세대 겹쳐 간다. 이렇게 바브는 플레이어가 피부로 느낄 만큼 진화한다.

▼ 그림 12-5 〈아스트로노커〉의 점수(왼쪽)와 유전 알고리즘 플로차트(오른쪽)

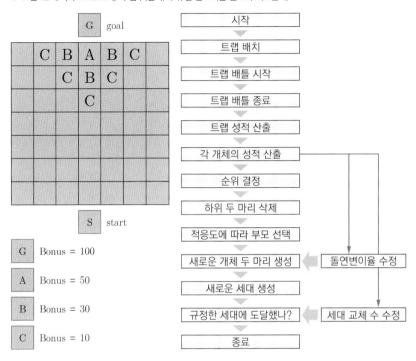

또 유전 알고리즘과 신경망을 조합한 **뉴로에볼루션**(neuroevolution)이라는 방법도 있다. 일반 신경망은 토폴로지(노드의 연결 방식)가 변하지 않는다. 하지만 연결 방식을 유전자로 신경망을 표현할 수 있다. 유전 알고리즘을 작동시켜 신경망이 구축될 때마다 진화하는 것이다. 이 기법은 카네기멜론대학의 케네스 스탠리가 개발하여 N.E.A.T(NeuroEvolution of Augmenting Topologies)라고 한다. 또 이 시스템으로 게임 내 캐릭터를 진화시키는 〈NERO〉 게임을 만들어 공개했다. 이 게임은 뉴로에볼루션 지능을 탑재한 병사를 준비한다. 입력은 환경 정보고 출력은 신체의 컨트롤이다. 그리고 모형 정원에 병사 수십 명을 넣어 싸우게 하고, 격퇴 수가 많고 오래 살아남는 병사일수록 우수한 병사로 점수를 매긴다. 그리고 엘리트 전략을 취해 다음 세대를 만든다. 이렇게 해서 우수한 병사를 생산한다.

12.4 게임 진화 알고리즘

진화 알고리즘이 캐릭터에만 적용되는 것은 아니다. 게임 전체에도 적용된다. 결국 게임 전체의 성질이 파라미터 열로 표현될 경우 그 게임 점수를 어떤 방법으로 결정하는 것이다. 예를 들어 가로 스크롤 액션 게임의 스테이지를 자동으로 생성한다고 하자. 각 스테이지 점수는 실제로 AI 캐릭터에게 클리어시켰을 때 시간과 플레이 내용으로 평가한다. 그 평가를 바탕으로 스테이지에 순위를 매겨 유전 알고리즘을 적용하면 점차 좋은 스테이지가 만들어진다(그림 12-6).

▼ 그림 12-6 유전 알고리즘에 따른 게임 진화

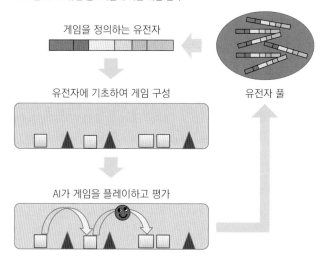

게임을 정의하는 유전자

유전자 풀

유전자에 기초하여 게임 구성

AI가 게임을 플레이하고 평가

또 보드 게임의 형태와 규칙을 유전자로 해서 유전 알고리즘을 적용하는 경우도 있다. 이때도 게임을 어느 정도 AI 플레이어끼리 대전시켜 평가하고, 그 결과에 따라 새로운 보드 게임을 생성해 간다.

12.5 강화 학습

강화 학습은 경험으로 학습하는 알고리즘이며, 목표가 되는 지표를 결정하고 (예를 들어 적의 체력을 소모한다, 목표에 도착한다 등), 그 목표를 달성했을 때 보상을 제공해서 목표를 달성하도록 학습해 간다. 그중에서도 **Q 러닝**은 어떤 상태에 대해 행동한 보상으로 그 행동을 결정한 의사 결정 파라미터를 갱신하는 방법을 사용한다. 강화 학습은 디지털 게임에 적합한 알고리즘이지만, 실용 사례는 적다. 마이크로소프트는 격투 게임 〈Tao Feng〉(Studio Gigante, 2003)에서 Q 러닝 알고리즘을 내장한 AI 캐릭터와 인간 플레이어를 대전하여 학습시키는 연구를 해서, 실제로 강화되는 결과를 이끌어 냈다. 이 예에서는 적과 자신의 위치, 속도 관계에서 액션(펀치, 킥 등)을 선택하고, 적 캐릭터의 HP 감소 정도를 보상으로 주어 학습시켰다.

12.6 플레이어의 데이터로 학습

디지털 게임에서는 플레이어의 플레이 데이터로 AI를 생성할 수 있을까 하는 아이디어가 예전부터 있었다. 예를 들어 〈Forzamotor Sports〉(Microsoft Corporation, Turn 10 Studio) 시리즈에서는 'Drivatar'라는 플레이어 데이터를 기반으로 생성된 AI 드라이버가 있다. 이 AI 드라이버는 여러 경주 코스의 이상적인 코스 라인에서 벗어난 정도를 통계 데이터로 모아 특징지은 드라이버다.

〈Killer Instinct〉(미드웨이 게임즈)에는 과거 플레이 데이터로 대전 AI 플레이어를 만들어 내는 '사례 기반 학습(case-based learning)'이 도입되었다. 사례 기반 학습이란 의사를 결정할 때, 과거 사례의 의사 결정과 경험을 떠올려 참고하고 의사를 결정하는 알고리즘이다. 플레이어의 플레이 로그를 모아 다양한 상태 (플레이어와 적의 관계)에서 어떤 액션을 취했는지 추출한다. 캐릭터가 의사를 결정할 때는 이런 추출 데이터에서 가장 가까운 상태를 찾아내고, 거기서 했던 행동을 참고한다.

이처럼 학습 · 진화 알고리즘을 가동하려면 어느 정도 한정된 상황과 반복이 많아야 한다. 예를 들어 액션 게임의 전투, 경주 게임, 격투 게임 등이 있다. 또 소셜 게임은 반복이 많게 디자인하여 축적된 데이터를 학습해서 '게임을 디버그 플레이하는 플레이어 AI'를 만들거나 '사용자 경향이나 이탈이 되는 원인을 할당'한다.

에필로그

8.1~8.5절에서는 보드 게임과 액션 게임의 AI 차이를 설명했다. 보드 게임, 카드 게임은 기본적으로 사고 게임이고, AI는 사고 게임인 보드 게임을 선택적으로 골라서 연구해 왔다. 그래서 보드 게임은 사고 깊이와 정확성이 중요하지만, 디지털 게임은 게임 흐름과 게임 플레이 감각의 다양성을 실현하는 것이 중요하다. 8.6절에서는 디지털 게임의 AI 전체 구조를 설명하고, 9장에서는 캐릭터 AI의 지능 구조를 설명했다. 10.1절에서는 디지털 게임에서 AI 기초가 되는 지식 표현을 설명했고, 10.2절에서는 캐릭터 AI 중심이라고도 할 수 있는 의사 결정 알고리즘을 설명했다. 11장에서는 디지털 게임에서 공간을 다루는 방법을 설명했고, 12장에서는 발전적인 주제인 학습과 진화와 게임 디자인 관계를 간단히 설명했다.

디지털 게임에서 가장 중요한 것은 사용자 체험이다. AI로 깊이 있는 사고를 하기보다는 사용자 주관상 깊은 맛이 느껴지는 지능을 실현하는 것이 엔터테인먼트 AI에서는 가장 중요하다. 물론 그렇게 하려면 어느 정도 깊이 있는 AI를 만들어야 하고, 그것을 어떻게 사용자에게 보여 주는가도 중요하다. 이번에는 보여 주는 방식까지는 언급하지 않고 디지털 게임의 AI 동작 방식을 중심으로 설명했다.

디지털 게임 역사는 고작 40년이고, 그 AI 발전은 아직 20년에 불과하다. 연구해야 할 과제는 산더미이지만, 일단 게임 개발 안쪽에서 바라보는 것이 그 과제를 살펴볼 수 있는 지름길일 것이다. 새로운 게임 디자인은 항상 새로운 AI 과제를 가져온다. 게임 디자인과 AI가 밀접하게 맞물린 것이 디지털 게임의 특징이다. 즉, AI가 게임 일부로 기능하는 것이 디지털 게임의 최대 특징인 것이다.

3부에서는 디지털 게임의 AI 프레임워크를 일주했다. 이를 두 번, 세 번 돌아볼 수 있게 참고 도서, 인용·참고 문헌을 소개하니 앞으로 학습에 도움이 되기 바란다.

3부 참고 도서

3부를 체계적으로 학습할 수 있는 참고 도서를 소개한다. 또 본문 중에서 인용처로 든 인용·참고 문헌도 이어서 게재한다.

다음은 디지털 게임의 AI 역사를 따라 설명한 기사다.

> 1) 21세기에 '외산 게임'에서 게임 AI가 달성한 경이로운 진화사, 전패미니코 게이머 (2017)
>
> https://news.denfaminicogamer.jp/interview/gameai_miyake

디지털 게임의 AI를 체계적으로 설명한 논문이다. 특히 참고 문헌을 100개 이상 예로 들어 연구를 시작할 때 처음 읽는 문헌으로 최적이다.

> 2) 미야케 요이치로 : 디지털 게임에서 AI 기술 응용의 현재 (2015)
>
> http://id.nii.ac.jp/1004/00001730/

AI 학회 웹 사이트에는 '내 북마크'라는 웹 페이지가 있다. 이 웹 페이지는 각 분야 전문가가 유용한 링크를 소개하는 것이다. 2017년 7월에는 '디지털 게임에서 AI'를 특집으로 다루었다.

> http://www.ai-gakkai.or.jp/resource/my-bookmark/

교과서로는 다음 세 권이 유용하다.

> 3) 〈실제 사례로 학습하는 게임 AI 프로그래밍〉(O'Reilly Japan, 2007)
>
> 4) 〈AI 제작법 - '재미있는' 게임 AI는 어떻게 동작하는가〉(기술평론사, 2016)
>
> 5) 〈성냥갑의 뇌〉(신기원사, 2000)

또 실제 타이틀의 응용 사례로는 다음 문헌을 참고할 수 있다.

> 6) 대규모 게임에서 AI - 파이널 판타지 XV의 실제 사례를 바탕으로, AI학회지 (2017)
>
> http://id.nii.ac.jp/1004/00008567/
>
> 7) 범용 게임의 AI 에이전시 구축 시도와 게임 타이틀에서 사례, AI학회지 (2017)
>
> http://id.nii.ac.jp/1004/00008566/

일본 게임 산업 콘퍼런스 'CEDEC'은 매년 여름에 개최하며, 자료는 다음 웹 사이트에서 무료로 공개한다(이메일 등록 필요). 연도 등 날짜가 없는 URL은 편집 당시의 것이다.

8) CEDiL : https://cedil.cesa.or.jp/

다음은 이 책을 이해하는 데 도움이 되는 강연 자료들이다.

9) Final Fantasy XV – EPISODE DUSCAE에서 캐릭터 AI 의사 결정 시스템, CEDEC (2015)
https://cedil.cesa.or.jp/cedil_sessions/view/1437

10) Final Fantasy XV에서 레벨 메타 AI 제어 시스템, CEDEC (2016)
https://cedil.cesa.or.jp/cedil_sessions/view/1544

11) Shadowverse의 게임 디자인에서 AI 활용 사례 및 모바일 TCG를 위한 고속 유연한 사고 엔진에 대해, CEDEC (2016)
https://cedil.cesa.or.jp/cedil_sessions/view/1586

12) LOST REAVERS에서 AI Director의 시도, CEDEC (2015)
https://cedil.cesa.or.jp/cedil_sessions/view/1475

13) 복수 타이틀에서 사용된 유연성이 높은 AI 엔진, CEDEC (2015)
https://cedil.cesa.or.jp/cedil_sessions/view/1287

캐릭터의 지능 구조 원리를 알고 싶은 독자는 여기에서 학습할 수 있다.

1) The MIT Media Laboratory's Synthetic Characters (2004)
https://characters.media.mit.edu/

2) Damian Isla의 논문집 (2017년 9월)
http://naimadgames.com/publications.html

행동 트리에 관해서는 다음 기사를 먼저 읽어 보면 좋을 것이다.

3) Isla, D. : GDC 2005 Proceeding: Handling Complexity in the Halo 2 AI
https://www.gamasutra.com/view/feature/130663/gdc_2005_proceeding_handling_.php

블랙 보드 모델(블랙 보드 아키텍처) 문헌은 다음 기사를 참고하자.

4) Isla, D. and Blumberg, B. (M.I.T. Synthetic Characters Group) :
Blackboard Architectures (2002)

캐릭터 아키텍처로 블랙 보드 모델의 원류는 다음 기사를 참고하자.

5) Abercrombie, J : Bringing BioShock Infinite's Elizabeth to Life: An
AI Development Postmortem, GDC (2014)
https://www.youtube.com/watch?v=wusK-mciCVc

F.E.A.R에서 AI: F.E.A.R(Monolith Productions, 2004)은 기억 표현, 에이전트 아키텍처, 목표 지향 플래닝 등 다채로운 기술이 집약되어 있다. 관련 정보는 AI 설계자인 제프 오킨(Jeff Orkin)의 웹 사이트에 실려 있다.

6) Orkin, J. (2017년 9월)
http://alumni.media.mit.edu/~jorkin/

특히 다음 기사에는 이해하기 쉽게 F.E.A.R의 게임 AI 설계가 기술되어 있다.

7) Orkin, J. : Three States and a Plan: The AI of F.E.A.R. Proceedings
of the Game Developer's Conference, GDC (2006)

계층형 태스크 플래닝은 〈Killzone 2〉(Guerrilla Games, 2009)에서 이용했다. HTN(Hierarchical Task Network)에 관해서는 CGF-AI(http://www.cgf-ai.com/)라는 게임 개발자 웹 사이트에 자세히 설명되어 있다. 실제 게임 설명은 다음 개발사 웹 사이트에 설명서가 공개되어 있다.

8) Straatman, R., Verweji, T. and Champandard, A. : Killzone 2 Multiplayer Bots
   https://www.guerrilla-games.com/read/killzone-2-multiplayer-bots

계통적인 설명은 AIGameDev 웹 사이트에 있다.

9) Straatman, R., Verweji, T. and Champandard, A., Morcus, R. and Kleve, H. : Hierarchical AI for Multiplayer Bots in Killzone 3
   http://www.gameaipro.com/GameAIPro/GameAIPro_Chapter29_Hierarchical_AI_for_Multiplayer_Bots_in_Killzone_3.pdf(2017년 9월, Game AI Pro는 2년이 지나면 기사를 온라인으로 공개한다.)

〈TOTAL WAR: ROME II〉(Creative Assembly, 2013)에 관해서는 다음 기사를 살펴본다.

10) 'SQEXOC 2012' FFXIV에서 사용된 AI 기술 ~ 적 NPC는 어떻게 경로를 탐색하는가?, 4gamers (2012)
    https://www.4gamer.net/games/032/G003263/20121205079/

11) Robbins, M. : Using Neural Networks to Control Agent Threat Response, GAME AI PRO
    http://www.gameaipro.com/GameAIPro/GameAIPro_Chapter30_Using_Neural_Networks_to_Control_Agent_Threat_Response.pdf

12) Robbins, M. : Neural Networks in Supreme Commander 2, GDC (2012)
    https://www.gdcvault.com/play/1015667/Off-the-Beaten-Path-Non

유전 알고리즘을 게임에 응용하는 데 모리카와 유키히토는 이 분야의 세계적인 개척자다. 주식회사 무무의 논문 및 강의 자료는 http://www.muumuu.com/product.html#thesis에 많이 있다.

13) 〈성냥갑의 뇌〉(신기원사, 2000)
    http://www.1101.com/morikawa/index_AI.html

14) 텔레비전 게임으로 인공지능 기술 이용 (1999)
   http://id.nii.ac.jp/1004/00004617/

15) 비디오 게임과 AI는 상성이 좋을까?
   http://id.nii.ac.jp/1004/00008563/

뉴로에볼루션(neuroevolution)에 관해서는 다음 기사를 살펴본다. 소스 코드와 함께 디지털 게임에서 학습, 유전 알고리즘을 잘 설명한다.

16) Buckland, M. : AI Techniques for Game Programming, Course Technology Ptr; Pap/Com (2002)

또 같은 저자가 쓴 다음 논문은 유전 알고리즘을 잘 정리했다.

17) Buckland, M. : Building Better Genetic Algorithms, AI Game Programming Wisdom 2 (2003)

NERO(Neuro Evolving Robotic Operatives)(http://www.cs.utexas.edu/users/nn/nero/video.php)의 기본 기술 정보는 다음 웹 사이트에 집약되어 있다.

18) Stanley, K. : The NeuroEvolution of Augmenting Topologies (NEAT) Users Page
   http://www.cs.ucf.edu/~kstanley/neat.html

게임 진화에 관해서는 다음 웹 사이트에 잘 정리되어 있다.

19) Nelson, M. J. : Bibliography: Encoding and generating videogame mechanics
   http://www.kmjn.org/notes/generating_mechanics_bibliography.html

격투 게임에 적용된 강화 학습에 관해서는 다음 웹 사이트의 'Download'에서 자료를 얻을 수 있다.

20) Microsoft Research : Video Games and Artificial Intelligence
   https://www.microsoft.com/en-us/research/project/video-games-and-artificial-intelligence/

21) Graepel, T. and Herbrich, R. and Gold, J. : "Learning to Fight," in Proceedings of the international conference on computer games:

artificial intelligence, design and education, pp.193−200 (2004)
http://herbrich.me/wp/publications/

22) Schlimmer, J. : Drivatar and Machine Learning Racing Skills in the Forza Series, nucl.ai Conference (2015)
https://archives.nucl.ai/recording/drivatar−and−machine−learning−racing−skills−in−the−forza−series/

AI로 게임 밸런스 조정, 자동 QA에 관한 기사는 다음 웹 사이트를 참고한다.

23) FINAL FANTASY Record Keeper에서 사용자 체험의 정량화에 기초한 게임 밸런스 설계 사례, CEDEC (2015)
https://cedil.cesa.or.jp/cedil_sessions/view/1353

24) AI에 의한 게임 앱 운용 과제 해결에 대한 접근법, CEDEC (2016)
https://cedil.cesa.or.jp/cedil_sessions/view/1511

25) 강화 학습을 이용한 자율형 Game AI 추진 ~ 고속 자동 플레이에 의한 스테이지 설계 지원, DeNA TechCon (2017)
https://www.slideshare.net/dena_tech/gameai−denatechcon

26) 유전 알고리즘에 의한 AI를 이용한 게임 밸런스 조정, CEDEC (2017)
https://cedil.cesa.or.jp/cedil_sessions/view/1655

다음은 데이터마이닝에 관한 발표 내용이다.

27) 데이터마이닝으로 달라진 '대 열광! 프로야구 카드'의 Key Performance Indicator 사례 연구, CEDEC (2012)
https://cedil.cesa.or.jp/cedil_sessions/view/890